陇上学人文存

汪受宽　卷

汪受宽　著　屈直敏　编选

甘肃人民出版社

图书在版编目（CIP）数据

陇上学人文存. 汪受宽卷 ／ 范鹏，王福生，陈富荣总主编；汪受宽著；屈直敏编选. -- 兰州：甘肃人民出版社,2020.8 (2024.1 重印)
ISBN 978-7-226-05571-7

Ⅰ. ①陇… Ⅱ. ①范… ②王… ③陈… ④汪… ⑤屈… Ⅲ. ①社会科学－文集②中国历史 －古代史 －文集 Ⅳ. ①C53②K220.7-53

中国版本图书馆CIP数据核字(2020)第152692号

责任编辑：李青立
封面设计：王林强

陇上学人文存·汪受宽卷

范鹏　王福生　陈富荣　总主编
汪受宽　著　屈直敏　编选

甘肃人民出版社出版发行

（730030　兰州市读者大道 568 号）

德富泰（唐山）印务有限公司印刷

开本 890 毫米×1240 毫米　1/32　印张 10　插页 7　字数 252 千
2020 年 11 月第 1 版　　2024 年 1 月第 2 次印刷
印数：1001～3000

ISBN 978-7-226-05571-7　定价：60.00 元
（图书若有破损、缺页可随时与印厂联系）

《陇上学人文存》第二辑

编辑委员会

《陇上学人文存》第七辑

总　序

陇者甘肃，历史悠久，文化醇厚。陇上学人，或生于斯长于斯的本地学者，或外来而其学术成就多产于甘肃者。学人是学术活动的主体，就《陇上学人文存》（以下简称《文存》）的选编范围而言，我们这里所说的学术主要指人文社会科学研究。《文存》精选中华人民共和国成立以来，甘肃人文社会科学领域成就卓著的专家学者的代表性著作，每人辑为一卷，或标时代之识，或为学问之精，或开风气之先，或补学科之白，均编者以为足以存当代而传后世之作。《文存》力求以此丛集荟萃的方式，全面立体地展示新中国为甘肃学术文化发展提供的良好环境和陇上学人不负新时代期望而为我国人文社会科学事业做出的新贡献，也力求呈现陇上学人所接续的先秦以来颇具地域特色的学根文脉。

陇原乃中华文明发祥地之一，人文学脉悠远隆盛，纯朴百姓崇文达理，文化氛围日渐浓厚，学术土壤积久而沃，在科学文化特别是人文学术领域的探索可远溯至伏羲时代，大地湾文化遗存、举世无双的甘肃彩陶、陇东早期周文化对农耕文明的贡献、秦先祖扫六合以统一中国，奠定了甘肃在中国文化史上始源性和奠基性的重要地位；汉唐盛世，甘肃作为中西交通的要道，内承中华主体文化熏陶，外接经中亚而来的异域文明，风云际会，相摩相荡，得天独厚而人才辈出，学术思想繁荣发达，为中华文明做出了重要贡献。

近代以来，甘肃相对于逐渐开放的东南沿海而言成为偏远之地，反而少受战乱影响，学术得以继续繁荣。抗日战争期间作为大后方，接纳了不少内地著名学府和学者，使陇上学术空前活跃。新中国成立之后，人文社会科学领域的专家学者更是为国家民族的新生而欢欣鼓舞，全力投入到祖国新的学术事业之中，取得了一大批重要的研究成果，涌现出众多知名专家，在历史、文献、文学、民族、考古、美学、宗教等领域的研究均居全国前列，影响广泛而深远。新中国成立之后，人文社会科学几次对当代学术具有重大影响的争鸣，不仅都有甘肃学者的声音，而且在美学三大学派（客观派、主观派、关系派）、史学"五朵金花"（史学在新中国成立之后重点研究的历史分期、土地制度史、农民战争史等五个方面的重点问题）等领域，陇上学人成为十分引人注目的代表性人物。改革开放以来，甘肃学者更是如鱼得水，继承并发扬了关陇学人既注重学理求索又崇尚经世致用的优良传统，形成了甘肃学者新的风范。宋代西北学者张载有言，"为天地立心，为生民立命，为往圣继绝学，为万世开太平"。此乃中华学人贯通古今、一脉相承的文化使命，其本质正是发源于陇原的《易》之生生不已的刚健精神。《文存》乃此一精神在现代陇上得到了大力弘扬与传承的最佳证明。

《文存》启动于中华人民共和国成立六十周年之际，在选择入编对象时，我们首先注重了两个代表性：一是代表性的学者，二是代表性的成果，欲以此构成一部个案式的甘肃当代学术史，亦以此传先贤学术命脉，为后进立治学标杆。此议为我甘肃省社会科学院首倡，随之得到政界主要领导、学界精英与社会各界广泛认同与政府大力支持，此宏愿因此而得以付诸实施。

为保证选编的权威性，编委会专门成立了由十几位省内人文社会科学领域著名学者组成的专家指导委员会，并通过召开专题会议研讨、发放推荐表格和学术机构、个人举荐等多种方式确定入选者。为使读者对作者的学术成就、治学特色和重要贡献有比较准确和全面的了解，在出版社选配业务精良的责任编辑的同时，编委会为每一卷配备了一位学术编辑，负责选编并撰写前言。由于我院已经完成《甘肃省志·社会科学志》（古代至1990年卷，1990至

2000 年卷）的编辑出版工作，为《文存》的选编提供了坚实的基础和基本依据，加之同行专家对这一时期甘肃人文社会科学发展的研究，使《文存》能够比较充分地反映同期内甘肃人文社会科学的基本状况。

我们的愿望是坚持十年，《文存》年出十卷，到 2019 年中华人民共和国成立七十周年之际达至百卷规模。若经努力此百卷终能完整问世，则从 1949 至 2009 年六十年间陇上学人以"人一之、我十之，人十之、我百之"的甘肃精神献身学术、追求真理的轨迹和脉络或可大体清晰。如此长卷宏图实为新中国六十年间甘肃人文社会科学全部成果的一个缩影，亦为此期间甘肃人文社会科学学术业绩的一次全面检阅，堪作后辈学者学习先贤的范本，是陇上学人献给祖国母亲的一份厚礼。此一理想若能实现，百卷巨著蔚为大观，《文存》和它所承载的学术精神必可存于当代，传之后世，陇上学人和学术亦可因此而无愧于我们所处的伟大时代，并有所报于生养我们的淳厚故土。

因我们眼界和学术水平的局限，选编过程中必定会出现未曾意料的问题，我们衷心期望读者能够及时教正，以使《文存》的后续选编工作日臻完善。

是为序。

2009 年 12 月 26 日

目　录

编选前言

余自 1995 年辞别家乡,负笈金城,受业于汪师受宽先生门下,至今已有二十余年。今日编选恩师文存,倍感荣幸。编选之际,细读其文,深思其学,追忆其教,不免感触良多,故简言数行,弁诸首简。

汪受宽(1943 年出生),男,江苏省东台市人,中国民主同盟盟员。小学毕业后迁兰,就读于兰州大学附属中学。1963 年考入兰州大学历史系,1968 年毕业后到青海解放军农场接受"再教育"。1970 年先后任青海省化隆回族自治县工作组成员、扎巴中学教师,1976 年至 1978 年先后任该县文教科干事、化隆中学教师。1978 年 10 月再次考入兰州大学历史系为"回炉生",主修考古文物学,1979 年 9 月考取兰州大学历史系中国史学史专业研究生,师从张孟伦教授,1981 年 10 月毕业留校任教,1985 年被评为讲师,1990 年被评为副教授,1995 年被评为教授,先后担任中国古代史教研室主任、中国历史文化研究所所长、史学理论与史学史研究所所长。1997 年被选为中国民主同盟第八届中央委员会委员、甘肃省政协委员。主要学术兼职有北京师范大学史学理论及史学史研究中心兼职教授、甘肃省历史学会理事、甘肃省陇文化研究会会长、甘肃省《四库全书》研究会副会长、中国历史文献研究会理事、甘肃省统战理论研究会常务理事等。2000 年被聘为甘肃省政府文史研究馆馆员,2002 年获国务院颁发的国家特殊津贴,2006 年被评为甘肃省高等学校教学名师,2008 年光荣退休,至今仍笔耕不辍,主要从事中国史学史、历史文献学、古代史、文化史及西北地方史研究。

汪先生自1981年毕业留校任教，即扎根兰州大学，长期坚持在教学第一线，认真从事基础课的教学工作，先后为本科生开设了中国历史文选、中国史学史、历史文献基础、历史论文写作、工具书使用、读史基础、文化史专题、中华杰出人物评介等课程，为研究生开设了中国史学史、中国历史文献学、中国史学名著选读、历史研究法、中国史学史专题等课程。在教学过程中，深入钻研教材，认真备课，努力改进教学方法，严格要求，循循善诱，不仅融通古今，而且能做到深入浅出，使学生在获得基础知识的同时，还能开启更深层次的思维，所授中国历史文选课程，虽然艰深枯燥，但因其讲课语言生动，深受学生的欢迎和校系领导的好评，2004年被评为省级精品课程。在对本科生的教学中，针对专业突出的学生，因材施教，加强辅导，调动其学习积极性，培养其研究能力，一些本科生在其指导和帮助下，研究能力得到了极大的提高，撰写了多篇有较高水平的学术论文，先后荣获全国历史学人才培养基地史学新秀论文一、二等奖。在研究生的教学中，以人为本，首重德行培养，针对研究生教育是培养高素质教学科研人才的特点，注重提高研究生的思想素质和养成严谨踏实的学风。在教学实践中，重视课堂教育和课外教育相结合，集体指导和个别辅导并行，加强理论与基础知识的教育和科研能力的培养，不仅针对不同的学生精心设计课程，而且还引导学生关注本学科前沿的发展现状，指导历届研究生编写本专业论著索引，让研究生参与自己的科研项目，从实践中得到锻炼，使其很快能独立开展科研工作。自1990年至2011年先后指导的30多名硕士研究生，毕业后在各自的工作岗位上踏实勤奋，成绩斐然，可谓桃李满天下。在教学之余，勇于创新，努力参加教学改革，在历史文献专业教学改革和教材建设方面，先后发表了《中国历史文选课教学改革》《关于中国历史文选教材选文的几个问题》《培养适应信息化时代要求的历史学人才》《中国历史文选的教材和教学改革》等多篇教学研究论文,编写出版了《读史基础手册》《中国历史文选》《中国史学史简编》等多种教材,对文献学类课程的教学改革、教材建设进行了深入的探讨,其编著的《中国史学史纲要》和《中国历史文选》,被国内许多高校历史系选作本科生教材,《读史基础手册》被国内许多高校选作文献专业研究生的主要参考教材。

学高为师,身正为范。汪先生忠于人民教育事业,甘为人梯,热爱教学工作,诲人不倦,严以律己,宽以待人,严谨治学,锐意进取,以其高尚的德行和风范,言传身教,教导学生为人之道,真正做到"为人师表",素为学生所敬仰并深受影响。他不仅专心于自己的教学与科研,还热心帮助中青年教师成长,为提高青年教师的科研能力,大力吸收青年教师参加自己的科研项目,促进了年轻人的迅速成长,其高尚之人格,广博之学识,严谨之学风,得到学界同仁和单位同事的高度好评,堪称德、才、学、识兼备的资深教授。由于其教学效果和成绩卓著,先后荣获兰州大学主干课教学优秀奖,兰州大学教学成果一、二等奖,甘肃省教学成果奖一等奖、二等奖,宝钢优秀教师奖,兰州大学教学名师,甘肃省高等学校教学名师等诸多荣誉。

教学与科研相互促进、相互提高,汪先生认为作为一名合格的教师,只有具备较强的科研能力,才能提高教学水平,培养出创造型的人才。汪先生在教学之余,勤于钻研,积极进取,多年来一直孜孜不倦地追求学术真理和科研创新,成果颇丰,主持完成了教育部基地重大项目"中国少数民族史学研究",对中国史学史、中国少数民族史学史、谥法学、文献学、目录学等有深入的研究和独到的见解,先后出版专著16部,合著、编著11部,发表论文130余篇(详见附录),其中《谥法研究》是一部关于古代礼制文化的学术专著,填补了中国古代史研究的空白,为史学研究增添了新的手段,受到学界的高度重视,国家古籍整理出版规划小组将其评为学术精品,列入《中国传统文化研究丛书》第一辑予以资助。该书出版后,先后荣获甘肃省高校1994—1995年度社科成果一等奖、甘肃省第五届社会科学兴陇奖二等奖。所著《富强与梦想——现代化的追求与探索》荣获甘肃省第七届社会科学优秀成果三等奖;《史记新编》系《二十五史新编》丛书之一,该丛书荣获上海市哲学社会科学优秀成果(1996—1997),著作类二等奖、第十一届中国图书奖,表明其学术水平已经得到学界和社会的高度评价和认可。

汪先生长期致力于西北乃至中国西部史地文化研究,取得了丰硕成果,主持完成了国家社会科学"十五"规划重点项目"西部大开发的历史反思"、甘肃省"十一五"重点出版项目《甘肃通史·秦汉卷》等,先后出版了《古代开发西北人物志》《西北史鉴》《西北史札》《西部大开发的历史反思》《甘肃通史·秦汉卷》《骊靬梦断——古罗马军团东归伪史辨识》《陇史新探》等研究专著,所著《藏族饮茶文化》一文被译成英文,流播海外。其中《西北史鉴》是对西部古代历史反思的重要成果,荣获甘肃省高校1996—1997年度社会科学优秀成果二等奖、甘肃省第五届社会科学兴陇奖三等奖。《西部大开发的历史反思》是以重庆、四川、贵州、云南、西藏、陕西、甘肃、宁夏、青海、新疆、内蒙古、广西等西部省区历史上的开发为研究对象,在坚实的专题研究基础上,吸收学界已有成果,站在21世纪建立和谐社会和可持续发展思想的高度,在科学发展观的指导下,较为全面和深入地讨论了从远古到当代西部开发的历史,理清了相关史实,总结了中国历代西部开发和社会发展的特点、规律、经验、教训等,为新时期西部大开发战略的进一步实施,提供了有益的思考和借鉴,不失为近年来国内史学界经世史学的一部上乘之作,获甘肃省第十二届社会科学优秀成果奖二等奖。《骊靬梦断》是基于长期的研究,运用大量翔实的中外史料、严谨科学的考证评判、缜密系统的论证方法,驳斥了"古罗马军团东归说"的诸多"理由",揭露了"古罗马军团东归说"的伪造和欺骗,指出古罗马军团东归骊靬乃是伪史,从而维护了学术的尊严,历史性地总结了 20 世纪最后一桩影响甚大的学术公案。

汪先生极其重视历史学的功用,认为历史学是一门历久长新的学科,它具有教育的价值,除能为社会提供经验借鉴,益人思智,提高民族文化素质,还具有发掘历史文化资源,促进经济发展,舒缓社会矛盾,促进其他学科发展,以及服务自身、进行文化积累等多方面的社会价值和学术价值。故作为一位学者,先生不囿于一己之书斋,家事国事天下事,事事关心,将自己的科研活动与地方建设联系起来,特别关注甘肃地方的发展,积极为甘肃地方的发展建言献策,先后主持调研并撰写了多篇有关地方教育发展的调研报告,如《对我省城市基础教育情况的调研》《抓住机遇,放开手脚,大力发展民办教育——关于我省民办教育情况的调查和发展对策》《切实重视,积极努力,采取措施,稳步推进我省企业自办中小学校的改革》《加快我省民办二级高校发展的调研报告》《贯彻国务院〈决定〉大力推进我省高等职业技术学院改革和发展的调研报告》《加强学生心理教育刻不容缓——兰州市中学生心理健康与心理教育调研报告》《切实解决农村教师工资待遇太低问题的建议》《西部大开发呼唤甘肃基础教育大发展》《我们对〈民办教育促进法〉内容的希望和建议》等,不少报告获得甘肃省委统战部的奖励,对甘肃省委和省政府的决策起到了参谋作用。汪先生积极参政议政,撰写提案或发言稿十数篇,如《充分发挥兰州中心城市的作用》《统筹城乡协调发展,以城市化解决农民收入增长缓慢的问题》《发挥政协群体优势,组织委员进行重大课题调查研究的建议》《增加我省社科规划项目经费的建议》《整治柳忠高速东岗镇出口,打开兰州东大门》《构建和谐社会,提高低保标准》《缩小八大差距,构建和谐甘肃》《加强文溯阁本〈四库全书〉的保管与研究》等,受到省上领导、有关部门和社会的高度重视,特别是所撰《对推进西部大开发战略的主要政策建议》,被中宣部全国社科规划办以《成果要报》的形式,呈送中央政治局、中央书记处、国务院等主要领导参阅。这不仅体现了汪先生具有较高的政策水平和较强的参政议政能力,也为建设甘肃、发展文化教育做出了贡献。

汪先生学识渊博,底蕴深厚,勤奋踏实,治学严谨,心胸开阔,涉猎广泛,在中国史学史、历史文献学、四库学、古代史、文化史及西北地方史等领域均有建树。然《陇上学人文存·汪受宽卷》,限于篇幅,仅选编了有关中国史学史等的 20 篇论文,其余大部分均无法选入,但窥一斑而知全豹,从这 20 篇专论亦可略见先生研究之广博和精深。先生以教师为业,精于史学,淹博贯通,巍然成家,古稀之年,仍力耕不倦,其治学之风范,闲淡之情操,高尚之品德,堪称后辈楷模。

最后,《陇上学人文存·汪受宽卷》的编成,首要感谢丛书总主编范鹏、王福生,副总主编马廷旭,把汪受宽先生及其成果列入丛书系列。其次要感谢汪先生本人,该书的选目及样稿校订,先生都亲力亲为,一一审定。最后要感谢甘肃人民出版社和本卷责任编辑李青立,正是你们的热忱高效以及细致审校,使本书减谬增色。

屈直敏
2020 年 9 月 10 日于兰州大学二分部陋室

史学大用论

纪事,从事历史研究工作,不能不解决对史学工作功用的认识问题。十几年前学术界就有"历史无用论"之说,历史系的大学生也有困惑,宣称要跳出"史坑"。确实,由于"文化大革命"前片面强调史学为政治服务,十年动乱中"四人帮"又大搞影射史学,使社会对历史学丧失了信任。改革开放以来,商品经济大潮的冲击,又使不能直接创造经济价值的历史学受到"冷遇"。历史学界存在一定的冷落感和危机感。但是危机预示着转机,社会冷落促进了史学工作者反省——历史学究竟有什么价值? 历史研究工作如何适应新时代对史学的要求?

马克思主义经典作家以及党和国家的领导人一贯重视历史研究工作。马克思、恩格斯在《德意志意识形态》中说:"我们仅仅知道一门唯一的科学,即历史科学。"在延安时期,毛泽东同志就强调:"今天的中国是历史的中国的一个发展;我们是马克思主义的历史主义者,我们不应当割断历史。从孔夫子到孙中山,我们应当给予总结,承继这一份珍贵的遗产。这对于指导当前的伟大的运动, 是有重要的帮助的。"[1]邓小平同志也一贯重视中国历史的学习和研究,指出"要用历史教育青年,教育人民"[2]。"要懂得些中国历史,这是中国发展的一个

①毛泽东:《中国共产党在民族战争中的地位》,载《毛泽东选集》(第2卷),人民出版社,1991年版,第534页。

②邓小平:《用中国的历史教育青年》,载《邓小平文选》(第3卷),人民出版社,1993年版,第206页。

精神动力。"①江泽民同志更是多次强调史学工作的重要性,在1999年4月25日给白寿彝先生的祝贺信中,指出:"以史为鉴,可以知兴替。中华民族历来重视治史。世界几大古代文明,只有中华文明没有中断地延续下来,这同我们这个民族始终注重治史有着直接的关系。几千年来,中华文明得以不断传承和光大,一个重要原因就是我们的先人懂得从总结历史中不断开拓前进。我国的历史,浩淼博大,蕴含着丰富的治国安邦的历史经验,也记载了先人们在追求社会进步中遭遇的种种曲折和苦痛。对这个历史宝库,我们应该运用历史唯物主义的观点不断加以发掘,在前人研究的基础上不断作出新的总结。这对我们推进今天祖国的建设事业,更好地迈向未来,具有重要的意义。"②江泽民同志精辟地阐述了史学工作的重要性,指出中华民族史学是一座丰富的知识宝库、思想宝库和智慧宝库。这对我们史学工作者是一个巨大的鼓舞和激励,使我们更加坚定地献身于21世纪中国新史学的建设。我们要大声而自豪地说,史学不是无用,而是大有其用!

不管人们承认与否,历史学历经数千年而不衰,并且有了巨大发展的事实,证明了历史学在人类文明史中是一门有着重要社会价值和学术价值的学科。

一、历史学具有教育的价值

人总是要有一点精神的,为了维系社会的安定和发展,国家必须对社会成员进行各种道德规范的教育。在实现现代化的过程中,对全体人民、广大干部,特别是青少年进行思想政治教育已成为党风建设

①邓小平:《振兴中华民族》,载《邓小平文选》(第3卷),人民出版社1993年版,第358页。

②白寿彝:《在庆祝中国史学会成立五十周年大会上的讲话》,载《史学史研究》1999年第3期。

和社会主义精神文明建设的重要内容。而历史教育则是这种思想政治教育的基本环节。江泽民同志在给白寿彝同志的信中说:"我一直强调,党和国家的各级领导干部要注重学习中国历史,高级干部尤其要带头这样做。领导干部应该读一读《中国通史》。这对于大家弄清楚我国历史的基本脉络和中华民族的发展历程,增强民族自尊心、自信心和奋发图强的精神,增强唯物史观,丰富治国经验,都是很有好处的。同时,我们也要学习和借鉴外国历史。历史知识丰富了,能够'寂然、凝虑,思接千载',眼界和胸襟就可以大为开阔,精神境界就可以大为提高。我提倡领导干部'讲学习、讲政治、讲正气',而讲政治、讲正气,也是要以丰富的历史知识作基础的。"因此,这种历史教育主要体现在:

1. 爱国主义教育。我们的民族有着悠久的历史,灿烂的文化,在世界四大文明古国中,是唯一没有中断地延续下来的文明,在世界历史上有着独特而崇高的地位, 正如黑格尔所说,"实为任何民族所不及"①。我国历史上产生过许多伟大的政治家、思想家、军事家、科学家、文学家和爱国者,了解这些,知道我们的民族经过怎样的艰难曲折才发展到今天的水平,必将引发青少年的民族自尊心和自豪感,克服民族虚无主义,振奋民族精神,增强民族凝聚力,更加热爱我们的国家,与李登辉的"两国论"和一切破坏民族团结和国家稳定的行为做坚决的斗争。而地方史的研究,在爱国主义的教育中更占有重要位置。如甘肃省有着古老而悠久的文化和历史,被称为人文始祖的伏羲氏就是天水人。在几千年的中华文明史上,甘肃的先人们不仅以其早期的科技发明闻名于世,而且出现过李广、王符、张芝、皇甫谧、宋云、牛弘、牛僧孺、吴玠、汪世显、彭泽、段续、吴镇等许多著名人物,通过

---

① 黑格尔著,王造时、谢诒微译:《历史哲学》,商务印书馆,1936 年版,第 191 页。

对这些桑梓先贤的褒扬,对培养青少年热爱家乡、建设家乡的豪情壮志也有着极为重要的教育作用。

2. 历史唯物主义教育。历史研究通过对历史的分析,说明历史的进步是不以人的意志为转移的客观规律,人类从无阶级的社会中来,最终将走向社会产品极大丰富、科学技术高度发展、没有阶级没有压迫、没有国家、没有军队的共产主义社会。这种对人类美好前途的教育,可以使人们更科学地认识历史、社会和人生,克服各种悲观和颓废没落的思想,以充沛的信心去建设我们的未来。历代史学家、思想家以睿智的目光、广阔的视野、实事求是的态度和发展的观点分析研究历史,坚持唯物论,反对唯心论的实例,给我们留下了丰富的历史哲学遗产。例如王符的《潜夫论》中就有许多批判封建迷信的内容,他认为吉凶在人,不能相信神秘无稽的梦中吉凶预兆和相术、卜筮,只要自己努力,谨慎从事,就能逢凶化吉。[1]通过对历史上唯心主义和唯物主义斗争史的研究,也可以帮助我们培养提高理论水平和思维能力,树立唯物主义的历史观和世界观,科学地辨析现实生活中某些方面的历史根源。例如,对社会上盛嚣一时的某些伪气功,如果掌握了历史唯物主义的认识论,了解历史上那些方术士、神仙家、算命先生的骗人伎俩,就会对其有所认识和揭露,而不会相信他的歪理邪说。

3. 道德品质教育。历史研究,说到底是讲历史上人与人及人与自然的关系。人与人的关系,有阶级关系、民族关系、集团关系,也有亲属关系、朋友关系、同事关系、邻里关系、服务关系等。《易经·大畜》称:"君子多识前言往行,以畜其德。"历史上的人际关系,有正面的也有反面的。孔子创立的儒家学派,以"仁"为中心,就是提倡人们应该将心比心,相互尊重,相互爱护。他提倡的"礼",实际上就是给人们规

---

[1]王符著,汪继培笺:《潜夫论》,中华书局,1919年版,第291—323页。

定了一系列自我修养和待人处世的道德行为规范。历史研究,对历史人物在历史活动中表现出的道德品质进行评论,提倡好的、正确的思想和行为,鞭笞不好的、丑恶的思想和行为,对现实中的人们是很好的榜样,将使青年继承我们民族的优秀文化传统,提高其道德修养,摒弃腐朽没落的旧道德观念,做一代社会主义新人。

4. 理想情操教育。中国古代的志士仁人一向以治国平天下为其最高理想,以培养高尚的情操作为治国平天下的基础。《礼记·大学》中说:"意诚而后心正,心正而后身修,身修而后家齐,家齐而后国治,国治而后天下平。"历史研究总结伟人的成长道路,讴歌他们的行为所体现出的高尚的志向、情感和操守,引导人们珍惜生命,认识自己的历史责任,培养高尚的情操,树立正确的人生观和世界观,为实现远大的理想去奋斗,对现实的人们是一种最有效的潜移默化的教育,从而树立崇高的理想,为民族和人类的更加美好而献身。

5. 审美观念的教育。历史创造了无数美好的事物,充满了善恶美丑的斗争。历史教育,向人们展现什么是真善美和假丑恶,可以提高人们辨别是非、审察美丑的能力,培养高尚的情趣。

二、历史学具有经验借鉴的价值

历史与现实有着密切的联系,李大钊说:"把人类的生活整个纵着去看,便是历史;横着去看,便是社会。"[1]现实是历史的发展,是历史发展长河中的一定阶段。《吕氏春秋·长见》中说:"今之于古也,犹古之于后世也。今之于后世,亦犹今之于古也。故审知今则可以知古,知古则可知后,古今前后一也。"古今中外,人们为了解现实,把握现

---

[1]李大钊:《史学要论》,载《李大钊史学论集》,河北人民出版社,1984年版,第199页。

实和预见未来,总要去研究历史。所谓"鉴往知来""经世致用""古为今用""历史的启示""总结历史经验"都是这个意思。不了解中国的昨天和前天,怎么可能正确地认识今天?只有从历史的发展中认识了解国情、省情,并借鉴外国和外地的成功经验,才能制定出适合中国和本省实际所需要的各种对策。美国历史学家鲁滨逊说:"历史可以帮助我们了解我们自己,我们的同类,以及人类的种种问题和前景。这是历史最主要的功用,但一般人所忽略的恰恰就是历史所产生的这种最大效用。"①

历史的经验借鉴,最根本的,是历史上兴衰得失的规律和倾向的借鉴;也包括了解历史背景、根源,以提供解决问题的依据;还有采用古今历史或人物的对比法,在相似的某个环节、某个方面、某种动向、某些政策上,作历史的客观分析,使人们得到启迪,开阔眼界,或受到鼓舞,或当作警诫,或予以批判,使它们作用于当时的社会政治、经济、文化、生活等各个方面,予以参考、警诫。例如历史上的官箴可以对我们加强廉政建设有所帮助;从汉代以后的任官回避制度对今天的人事工作会有所启迪;对社会封建余毒的肃清有利于杜绝"文化大革命"悲剧的重演;由甘肃历代的生态环境演变、经济结构、科技教育发展等方面的研究,对甘肃实施西部大开发战略有重大的借鉴意义。

这种历史的检讨和借鉴在当代世界的政治上也有突出的表现。第二次世界大战给人类造成了巨大灾难。从20世纪60年代起,德国以弗里茨·菲舍尔为代表的史学家深刻挖掘和反思纳粹主义的历史根源和社会根源,使日耳曼民族能够面对历史,正视现实,受到全世界的赞誉。其首相甚至在以色列被害犹太人纪念碑前下跪。最近德国人又决

---

①鲁滨逊著,齐思和译:《新史学》,商务印书馆,1964年版,第15页。

定在柏林市中心建立一座欧洲被害犹太人纪念广场,以永记国耻。但在日本,其国内的一部分学者将日本现代史写成了从贫穷到富裕的历史,千方百计美化日本法西斯的侵略战争,无视日本的侵略史实和责任,甚至专门研究日本如何从二战中吸取教训,在下次战争中争取获胜,这会给亚洲和平造成严重的威胁。一正一反两个例子,证明历史的借鉴对任何一个民族的生存、发展和未来都有着极为重要的意义。

三、历史学具有益人思智、提高民族文化素质的价值

人们常说:"读史使人明智,问古可知兴替。"历史知识是具体真实的形象与理论抽象的统一。它从偶然事件中抽出历史的必然,又再现到具体的历史事件中去。它是生活中的真实形象,是曾经真实存在过的人和事。它于具体历史现象中融进了理论抽象的力量。因此,历史研究和历史知识能够扩大人们的眼界,启发人们的智慧,提高人们的思辨能力,增进人们的文化素养,从而最终提高全民族的文化素质。人的素质不是表面的肤浅的,而是其各方面综合知识和能力的表现。我们中国有着深厚的历史沉淀,懂得历史,知道中国与外国历史上的各种人和事,遇到问题必然会以史为镜,从多层次多侧面加以思考,从而想出办法,提出建议或者理智地做出自己的选择,这就是高素质的表现。21世纪中华民族的复兴,必将实现精神文明建设和物质文明建设的双重任务。而最根本的是人的素质问题,人的素质不提高,无论文明公约还是技术创新都只能是空谈。所以党中央特别强调科教兴国。

四、历史学具有发掘历史文化资源,促进经济发展的价值

我国的历史文化遗产十分丰富,它是我们促进经济发展的重要因素。江泽民同志提出"再造一个山川秀美的西北地区",就是根据历

史上西北地区,尤其是甘肃曾经山川秀美而且富裕才提出的。在《汉书·娄敬传》中就说过,西汉初年的西北,"被山带河,(有)甚美膏腴之地,此所谓天府"①。《资治通鉴·唐纪三十二》玄宗天宝十二载记道:"是时中国盛强,自(京师)安远门西尽唐境万二千里,间阎相望,桑麻翳野,天下称富庶者无如陇右。"②在中央关于西部大开发战略的实施中,只要抓住退耕还林、种草种树这个根本,就可以实现再造秀美山川,从而使西部地区人民富裕起来。就甘肃而言,有着丰富的远古和汉唐考古遗存,有被推为世界文化遗产的敦煌莫高窟等文化艺术遗迹,这是得天独厚的旅游资源,如果很好地挖掘,一定能极大地促进甘肃旅游事业的发展。

五、历史学具有舒缓社会矛盾,宣泄人们
对某些社会问题的情绪的价值

历史研究揭示了历史上如何惩治贪官污吏,见义勇为,除暴安良,劫富济贫,平反冤狱等等的史事。而当今社会,老百姓最恨的就是贪污受贿、媚上压下、恃强凌弱的小人,以及抢劫、奸淫、拐卖、欺诈、偷盗等等扰乱社会治安的歹徒,其实这些是古今中外都可能存在的社会问题。人们在现实生活中的愤懑,通过阅读史书,觉得其针砭了现实,从而引起共鸣,情绪得到宣泄,可以在一定程度上舒缓社会矛盾,维护社会的安定。

六、历史学具有促进其他学科发展的价值

从历史学科与其他学科的关系看,历史学科具有基础性与综合

---

① [汉]班固:《汉书》,中华书局,1964年版,第2120页。
② [宋]司马光等:《资治通鉴》,中华书局,1976年版,第6919页。

性的特点。自然科学和人文社会科学的任何一门学科,都是建立在历史与现实这两块基石上。历史知识是其他各个专门学科的基础,对其发展有着积极的推动作用。而这些学科的既往发展形态,如科学史、文化史、政治史、经济史、法制史等,又综合地构成了历史学的整体。没有一个科学家不通晓他本学科的发展历史,因为舍此他就不可能从历史的经验教训中,在前人的基础上,去弊就利,少走弯路,做出新的贡献。其他各门学科也是如此,交通史的研究能为交通部门提供进行交通建设的历史依据。矿业史的研究,可以对发现新的矿藏有所启迪。古代服饰的研究,不仅可以使文化艺术作品更真实地表现过去,还可以为新的服装设计提供灵感和参照。历史研究的深入和进步,对其他各门学科的发展,有着积极的推动作用。就甘肃来说,敦煌壁画和文书的研究,对文献、体育、健身、中医、美术和戏剧的发展所起的推动作用,就突出地体现了历史研究具有促进其他学科发展的价值。

七、具有服务自身,进行文化积累的价值

历史研究的一个基本方面,是进行具体历史问题的考察,从事史料的整理、考据、校勘、编纂,揭示历史的真实和探求历史的规律。这类工作,恐怕很难直接服务于现实和创造经济效益。但它是史学工作的基础,是科学地认识历史的保证。另外,"一时代有一时代比较进步的历史观。一时代有一时代比较进步的知识。史观与知识不断地进步,人们对于历史事实的解喻自然要不断地变动"[①]。这些,对丰富人们的历史知识,对撰述专门史、断代史、通史都具有参考价值。而且它

---

①李大钊:《史学要论》,载《李大钊史学论集》,河北人民出版社,1984年版,第202页。

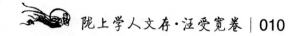

也是一种必要的文化积累,到一定的时候或某些特定的场合,就会产生重要的作用。

　　总之,历史工作有着很高的社会价值和学术价值。这种价值的实现,一方面取决于社会认识史学的程度,另一方面也决定于史学服务于社会、努力贴近于现实生活的程度。我们史学工作者任重而道远!

　　　　　　　　（原文载《兰州铁道学院学报》人文社科版,2000年第2期）

建立全民族的中国史学史

中国史学源远流长，史学史的意识和观念也具有悠久的历史和传统，对中国史学史的研究在古代已经开始了，西汉司马迁论《春秋》,[①]东汉班彪《续太史公书》作后传数十篇以论前史得失,[②]应是中国早期史学史意识的产生。南朝齐梁之际则出现了有关史学史的专论，如：刘勰著《文心雕龙》(约成书于501年左右)辟《史传》专篇，从纵横两方面对前代史学作了较为全面的评论。唐代刘知几著《史通》(成书于唐中宗景龙四年，即710年)，则是一部有系统的、颇具规模的史学批评和史学史专著。此后宋代郑樵著《校雠略》、清代章学诚著《文史通义》等著作，都是建立在史学意识和理论分析基础之上的史学史专著，对中国古代史学的发展提出了一些宝贵的意见，反映了中国古代学人史学史观念发展的清晰轨迹，在中国古代史学史上具有重要意义。但就中国古代史学史的研究来说，有著作，却不发达，而现代意义上的中国史学史，其研究及学科的建立则是近代西方史学史观念传入之后的事。

西方史学也有极其辉煌的传统，但西方史学史出现的时间却比较晚，在西欧，直到19世纪中叶才开始重视史学史的研究，其先驱为

[①]司马迁：《史记》卷14《十二诸侯年表序》，中华书局，1959年版，第509—511页。

[②]范晔：《后汉书》卷40《班彪传上》，中华书局，1965年版，第1324—1327页。

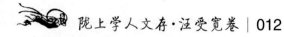

德国史学家兰克和威格尔，如威格尔的《人文主义以来的德国史学史》(1885年)等史学史专著。①至20世纪初叶才陆续出版了一些有分量的史学史专著，如德国历史学家佛特的《近代史学史》(1911年)、英国历史学家古奇的《十九世纪历史学与历史学家》(1913年)、意大利哲学家克罗齐的《历史学的理论和历史》(1915年)、德国历史学家里特尔的《历史科学的发展》(1919年)等。随着源起于德国的"新史学"被鲁滨逊引介到美国，并利用詹姆斯和杜威的实用主义哲学作为指导思想，加以发挥，建构起一个完整的"新史学"体系而广为传布，美国史学史的研究和撰述也因此盛极一时，并取得了突出的成就，20世纪中叶美国出版了班兹的《历史著作史》(1937年)、绍特威尔的《史学史》(该书原名《史学史导论》，1922出版，1939年著者修订原书，改称《史学史》第1卷)、汤普森的《历史著作史》(1942年)三部极具影响力的史学史著作。②由于"鲁滨逊及其学生们的许多著作，其原本或译本，1949年前我国有些大学里用作课本，1930—1940年间我国出版的许多史学概论一类的著作都是沿用他们的著作，作为'新史学'理论传布全国，这种思想对我国的史学界的影响是很大的"③。正是在这种思潮的影响下，中国学人才开始了中国史学史学科的建构。④

---

① [英]古奇著、耿淡如译：《十九世纪历史学与历史学家》中译本第一版序言，商务印书馆，1997年版，第6—7页。

② [美]汤普森著、谢德风译：《历史著作史》中译本译者前言，商务印书馆，1996年版，第2页。

③ [美]汤普森著、谢德风译：《历史著作史》中译本译者前言，第4—5页。

④ 参见许冠三：《新史学九十年》，香港中文大学，1986年版。侯云灏：《新史学与马克思主义史学》，载《历史学》2002年第12期，第22—25页；又《20世纪初"新史学"的产生及其演变》，载《淮北煤炭师范学院学报》2003年第5期，第32—36页。史革新：《20世纪初西史东渐与中国近代新史学的发轫》，载《郑州大学学报》2004年第2期，第60—65页。

一、80年来的中国史学史研究

20世纪初,在中国追寻建立新史学已成为知识分子的共识,其先驱者当属梁启超无疑。虽然胡适在1924年发表的《古史讨论的读后感》一文中已经使用了"中国史学史"这一名称,但其所指为中国史学的历史,而没有"中国史学史"学科的意思。①作为近代具有学科范畴意义上的史学史概念及其研究则是在20世纪20年代由梁启超明确地提出,1922年至1937年,梁启超先后发表了《中国历史研究法》及其《补编》《历史统计学》《研究文化史的几个问题》等。他在《中国历史研究法补编》中不仅明确提出了"史学史"这一概念,而且对中国史学史研究的对象及内容范围作了概要论述,从而为中国史学史学科的产生奠定了基础。②所以中国史学史研究,如果从20世纪20年代梁启超《中国历史研究法补编》开辟"史学史的做法"章节算起,已经历了80余年(截止作者写作本文时——编者)。而在此同时,马克思主义史学的先驱人物李大钊,从1919年至1920年之间,先后在《新青年》《每周评论》《新潮》等主要刊物上发表了《我的马克思主义观》《马克思历史哲学》《史观》以及《唯物史观在现代史学上的价值》等代表著作,并在北京大学等高校讲授"史学思想史"课程,比较系统地介绍了马克思主义唯物史观的基本原理,并以马克思主义唯物史观来指导历史研究。1923年发表了《研究历史的任务》,1924年和1926年一再出版了《史学要论》一书,对史学的对象、任务、目的、方法、作用和意义等史学理论的基本问题作了比较系统的阐释。李大钊的这些理论建树和学术活动,为中国马克思主义史学的诞生奠定了理论基础,从而揭开

①胡适:《胡适文存》二集,黄山书社,1996年版,第70页。

②参见梁启超:《中国历史研究法补编》,商务印书馆,1933年版。

了在马克思主义史学指导下研究中国史学史的序幕。①

在梁启超之后,20世纪30—40年代,因受其影响,一些高等学校史学系开设了中国史学史课程,史学史的研究也备受史学界的关注,发表了许多关于中国史学史的专题研究论文,有的研究者写出了比较系统的中国史学史讲义,甚至公开出版了中国史学史专书。主要有卫聚贤《中国史学史》(暨南大学印行1933年)、蒙文通《中国史学史》(四川大学铅印本1938年)、陆懋德《中国史学史》(北平师范大学铅印本)、魏应麒《中国史学史》(上海商务印书馆1941年)、王玉璋《中国史学概论》(重庆商务印书馆1942年)、朱希祖《中国史学通论》(重庆独立出版社1943年)、傅振伦《中国史学概论》(史学书局1944年)、金毓黻《中国史学史》(重庆商务印书馆1944年)、方壮猷《中国史学概要》(中国文化服务社1947年)、周谷城《中国史学之进化》(上海生活书店1947年)、顾颉刚《当代中国史学》(胜利出版社公司1947年)、何炳松《中国史学史》(王云五主编《中国文化史丛书》之一)等②十几种史学史讲义和著作问世,表明了史学界对建立史学史学科的自觉要求。其中最具代表性的是金毓黻的《中国史学史》。该书材料丰富,条理分明,构建了中国史学发展的基本的框架,行世60余年,一直是史学史研究者的重要参考书。这些著作,一般都重视史部目录学和历史要籍介绍,且对于史官、史家的论述较多,从中不难看到受梁启超有关论点影响的痕迹。

1949年以后,史学工作者致力于辩证法和唯物论的学习,逐渐产生了用新的历史观对中国史学的发生发展进行科学分析的愿望。1961年初,教育部要求各高等学校历史系科开设中国史学史课程,史

①参见李大钊:《李大钊史学论集》,河北人民出版社,1984年。

②参见朱仲玉:《中国史学史书目》,《史学史研究》1981年第2期,第62—67页。

学史的研究重新受到重视，学界展开了对中国史学史研究对象和任务的讨论，一些高校中对传统史学研究很深的学者陆续开设中国史学史的课程，有关著作与研究更加深入。金毓黻在旧作的基础上，重加修订，于1957年在商务印书馆再版，刘节撰成《中国史料学与史学史》，1978年由曾庆鉴等整理成《中国史学史稿》（中州书画社1982年），李宗侗《中国史学史》（台北1955年版、中国友谊出版公司1984年版）、白寿彝《中国古代史学史教本（上）》（北京师范大学铅印本）等等，同时发表了许多单篇研究论文。然而，"文化大革命"使中国史学史研究中断了十年。

1978年十一届三中全会至今近30年，是中国史学史研究最繁荣的时期。有关中国古代史学史的专著主要有朱杰勤《中国古代史学史》（河南人民出版社1980年），仓修良、魏得良《中国古代史学史简编》（黑龙江人民出版社1983年），张孟伦《中国史学史（上、下）》（甘肃人民出版社1983、1986年），高国抗《中国古代史学史概要》（广东高等教育出版社1985年），白寿彝《中国史学史（第一册）》（上海人民出版社1986年），施丁《中国史学简史》（中州古籍出版社1987年），陶懋炳《中国古代史学史略》（湖南人民出版社1987年），周春元《中国史学史》（贵州师大学报编辑部1989年），邹贤俊《中国古代史学史纲》（华中师大出版社1989年），等等。有关中国近代史学史的专著则有吴泽主编，袁英光 桂遵义著《中国近代史学史》（江苏古籍出版社1989年），高国抗、杨燕起主编《中国近代史学史概要》（广东高等教育出版社1994年），陈其泰《中国近代史学的历程》（河南人民出版社1994年），马金科、洪京陵《中国近代史学发展叙论》（中国人民大学出版社1994年），蒋俊《中国史学近代化进程》（齐鲁书社1995年），张岂之主编《中国近代史学学术史》（中国社会科学出版社1996年），等等。贯通古今的中国史学史专著则有尹达主编《中国史学发展史》（中州古籍出版社1985年)、宋衍申主编《中国史学史纲要》(东北师范大学出版社1992年)、施丁《中国史学史纲要》(河南人民出版社1992年)、王树民《中国史学史纲要》(中华书局1997年)、李炳泉、邸富生主编《中国史学史纲》(辽宁师范大学出版社1997年)、瞿林东《中国史学史纲》(北京出版社1999年)、等等。①有关史学思潮与流派的研究专著主要有胡逢祥、张文建《中国近代史学思潮与流派》(华东师范大学出版社1991年)、王学典《二十世纪后半期中国史学主潮》(山东大学出版社1996年)、张书学《中国现代史学思潮研究》(湖南教育出版社1998年)、陈其泰《史学与中国传统文化》(学苑出版社1999年)、罗炳良《18世纪中国史学的理论成就》(北京师范大学出版社2000年)、等等。20世纪80年代以后,关于中国史学史断代与专题研究的著作不断增多,诸如瞿林东《唐代史学论稿》(北京师范大学出版社1988年)、吴怀祺《宋代史学思想史》(黄山书社1992年)和《中国史学思想史》(安徽人民出版社1996年)、谢保成《隋唐五代史学》(厦门大学1996年)、陈桐生《中国史官文化与史记》(汕头大学出版社1995年)、许兆昌《周代史官制度研究》(吉林大学古籍所博士论文1995年)、姜胜利《清人明史学探研》(南开大学出版社1997年)、牛润珍《汉至唐初史官制度的演变》(河北教育出版社1999年)、汤勤福《朱熹史学思想研究》(齐鲁书社2000年)、任冠文《李贽史学思想研究》(广西师范大学出版社2000年)、等等。台湾出版的有关著作有逯耀东《魏晋南北朝史学》、杜维运《清代史家与史学》、张荣芳《唐代的史馆与史官》、陈锦忠《先秦史官制度的形成与演变》、席静涵《周代史官研究》、蔡崇榜《宋代修史

---

① 参见朱仲玉:《中国史学史书录续篇》,《史学史研究》1997年第4期,第21—28页。又见牛润珍:《20世纪中国史学史著作述评》,《中国史研究动态》2001年第8期。

制度研究》，等等。在史家、史著、史学史资料编年方面编辑出版的专著主要有张舜徽《中国史学家传》（辽宁人民出版社，1984年），陈清泉、苏双碧等《中国史学家评传（上、中、下）》（中州古籍出版社1985年），瞿林东、杨牧之《中华人物志·史学家小传》（中华书局1988年），李侃《中华历史文化名人传·史学家系列》（广西教育出版社1996年），戴逸《二十世纪中国著名学者传记丛书》（北京图书馆出版社1999—2000年），仓修良主编的《中国史学名著评介》（山东教育出版社1990年），杨翼骧《中国史学史资料编年》第一册（1987年）、第二册（1994年）、第三册（1996年），（南开大学出版社），等等，以及大量关于《左传》《史记》《汉书》《三国志》《史通》《文史通义》及古代著名史家的研究论著，不胜枚举，质量很高。①这些著作，显然受到唯物史观和进化史观的影响，重点在于论述中国史学史的产生和发展过程，阐明中国史学史的内容、性质和任务，总结中国史学史的规律。

20世纪是中国史学史发展的重要时期，自30年代至今，中国史学史的研究两起两落，历经活跃与寂寥，在史官、史家、史著及修史制度、断代史学史和史学通史、史学流派、史学思想史，以及中国史学史的起源、分期、特点等领域均取得了显著成就。由于这一时期的史学界对中国史学史进行了多领域、多层面的深入研讨，使得中国史学史的研究与建设登上了一个新的台阶。当然，与其他史学门类相比，中国史学史还是一门新兴的学科，研究的基础至今还不够雄厚。从总体上看，论著多为个人或少数人合作的产品，未能聚集全国史学史研究

①参见白寿彝：《六十年来中国史学的发展》，载白寿彝著《中国史学史论集》，中华书局，1999年，第328—339页。瞿林东：《中国史学史：20世纪的发展道路》，《北京师范大学学报》1999年第2期，第39—49页；又《近五十年来中国史学史研究的进展》，《史学月刊》2003年第10期，第5—25页；张子侠：《20世纪上半期中国史学史研究述论》，《河南大学学报》2004年第4期，第107—112页。

的力量,撰写大型多卷本中国史学史,以及各种系列的断代和专门的史学史;从时域上看,古代研究的多,明清的却不够充分,特别是20世纪新史学的研究兴趣兴起之后,近现代的史学史研究已经成为学界关注的焦点,但相对于中国古代史学史的研究而言,对近现代史学史的研究却相当薄弱;从地域上看,汉族和中原王朝的多,少数民族学史的研究不多;从具体对象看,名著名家研究的多,一般著述和史家研究得不够等等,诸如此类,不胜枚举。诚如白寿彝先生所言:"就中国史学史讲,现在中国史学史的研究实际上还逗留在汉族史学史研究阶段。"①虽然作为全国范围的中国史学史研究已经展开,但就少数民族史学史的研究而言,距白寿彝先生提出建立"全民族的史学史"这一目标却相去甚远。造成这些缺憾的主要原因是现在实行的学术评价制度,也与史学史界至今尚未建立全国性的学术组织有关。今后在这些方面要加以注意,全国同行共同努力,分工协作,填补史学史研究的各项空白,使中国史学史研究取得更大成绩。2005年5月13日,中央民族大学历史系和中国社会科学院民族学与人类学研究所在西山中央民族干部学院联合召开了"中国民族史研究的回顾与前瞻"学术研讨会。罗贤佑研究员在会上做专题报告时呼吁,目前民族史研究的迫切任务是修撰一部中国少数民族史学史,以总结学科的发展,并对未来研究加以指导。②由此可见,进行中国少数民族史学史的研究,编撰一部中国少数民族史学史专著,加强全族史学史的研究,是当前中国学界同仁的共同愿望。

为此,在教育部人文社会科学重点研究基地北京师范大学史学

①白寿彝:《在第一次全国史学史座谈会上的讲话》,载《中国史学史论集》,第414页。

②肖春娟:《历史系与中国社科院有关单位合办专题学术研讨会》,载《中央民族大学新闻网·院系经纬》,2005年5月26日。

理论与史学史研究中心主任瞿林东先生的倡导下，于2005年提出了"中国少数民族史学"基地重大项目的建设。该项目由兰州大学历史文化学院史学理论与史学史研究所所长汪受宽先生负责，联合了甘肃、云南、内蒙古、东北、广西、新疆、海南等地的少数民族史学史研究专家进行投标申请，成功获得了立项。目前，我们正在积极开展中国少数民族史学研究项目的各项研究工作，计划用3年以上的时间，初步撰成一部中国少数民族史学史，为建立全民族的中国史学史做贡献。

二、少数民族史学及史学史研究的历史和现状

少数民族史学史研究[①]，是中国史学史研究的一个方面，以中国少数民族史学为研究对象。20世纪是中国少数民族史学研究的重要发展时期，成就显著，为我们进行少数民族史学史研究做了一定的准备。

20世纪的民族史学研究缘起于新史学思潮下的近代民族史观。清朝末年，黎庶昌、孙中山、黄兴等人提出"民族平等"口号，倡导"五族一家"，特别是孙中山所言："国家之本，在于人民，合汉、满、蒙、回、藏诸地为一国，即含汉、满、蒙、回、藏诸族为一人，是曰民族之统一。"[②]

---

①在现存的研究中，诸多学者多用"民族史学"这一范畴，而"民族史学史"这一范畴却较少使用，大多数学者是将两者等同视之，如，李珍在《近五十年来的中国民族史学研究》一文中认为："中国民族史学研究，指的是史学史学科的一个重要分支，它所研究的对象是中国史学中的民族史学，包括少数民族史学及汉族史家的民族史撰述两个部分，其研究任务是探讨民族史学发展的过程、成就与规律。"但有的学者却认为："中国民族史学是研究中国古今各民族历史的学科。"（参见杜荣坤、华祖根：《中国民族史》，载肖黎主编《中国历史学四十年》，书目文献出版社，1989年，第460页）

②孙文：《中华民国临时大总统宣言书》，载《孙中山全集》（第2卷），中华书局，1982年，第2页。

开启了中国近代的民族观。然而较早使用"中华民族"这一概念的先驱则是梁启超、杨度和章太炎等人。1901年梁启超在《清议报》(9月第90~91册)上发表《中国史叙论》、1902年在《新民丛报》上发表《论中国学术思想变迁之大势》(第3~58号,1902年3月至1904年12月)、1905年在《新民丛报》(第65~66号,3~4月)上发表《历史上中国民族之观察》、1922年发表《中国历史上民族之研究》(作为讲演的记录稿发表于中国地学会出版的《地学杂志》1922年第1~7期,此讲演的记录稿又以《中华民族之成分》为题发表在上海中华书局印行的《史地丛刊》1923年第2卷第2、3期合刊,其内容与《中国历史上民族之研究》基本相同)等系列论文,阐发中华民族固有的民族精神,中国古代各民族的源流、系属和分布。①继梁启超之后,晚清著名立宪派代表杨度于1907年在《中国新报》连载的《金铁主义说》中也使用了相同意义上的"中华民族"一词,并且还较为清楚地说明了"中华"作为民族名称的由来、特点,以及他自己对于民族识别和认同的理解。②1900年章太炎在《检论·序种姓》一文中,论述了中国民族的起源和形成史,1907年章太炎在《民报》(7月15日,第15期)发表《中华民国解》也使用了"中华民族"这一概念。③1926年蔡元培在《一般》(第1卷,第12号)上发表了《说民族学》一文,首倡在中国开展民族学研究。④1928年蔡元培任中央研究院院长后,设立民族学组,并亲自主持对广西瑶族、台湾高山族、黑龙江赫哲族、湘西苗族等民族的历史、社会、文化、语言进行综合或专题调查,留下了一批有价值的资料。其他学者也先后编撰了一些有关中

①梁启超:《饮冰室合集》第1册,《文集》第1册之6、7,《改造》1922年3月第4卷第7号册,《专集》第3册之41、42,中华书局,1989年。

②刘晴波编:《杨度集》,湖南人民出版社,1986年。

③《章太炎全集》第3、4册,上海人民出版社,1985年。

④《中国学术经典·蔡元培卷》,河北教育出版社,1996年。

国民族史方面的专著,为中国近代民族研究做了开拓性的工作。同
时,燕京、清华,及云南、四川等地的大学也分别进行了一些民族史研
究工作。1934年3月顾颉刚创办《禹贡》半月刊,同年冬,中国民族学会
成立,推动了民族史地研究和边疆问题研究的开展。历年相继出版了
张其昀《中国民族志》(上海商务印书馆1933年)、王桐龄《中国民族
史》(北平文化学社1928年,1934年出版订正增补本)、常乃惠《中华民
族小史》(爱文书局1928年)、曹松叶《中华人民史》(商务印书馆1933
年)、吕思勉《中国民族史》(上海世界书局1934年)、吕思勉《中国民族
演进史》(上海亚细亚书局1935年)、宋文炳《中国民族史》(中华书局
1935年)、柳诒徵《中国民族史》(上海世界书局1935年)、林惠祥《中国
民族史》(上海商务印书馆1936年)、郭维屏《中华民族发展史》(成都
1936年)、李广平《中华民族发展史》(正义出版社1941年)、张旭光《中
华民族发展史纲》(桂林文化供应社1942年)、俞剑华《中华民族史》
(国民出版社1944年)、昌振羽《中国民族简史》(光华出版社1948年)
等10多种专著。在抗日战争期间,许多民族学者、历史学者和语言学
者对西南和西北各民族进行调查研究,出版了一系列有关民族和边
疆问题的书刊,使国内民族研究粗具规模,形成了前期中国民族史学
研究的兴盛局面。①这一时期中国民族史学研究主要是运用了西方传
入中国不久的关于民族的概念和人类学理论,通过扒梳整理古籍文
献中有关的民族史料,分别对中国民族的分类,民族史的分期,民族
的起源、名称,以及与他族的关系、历史沿革及现状等,进行了较为全
面的论述,初步建构了中国民族史学的体系。

　　新中国成立后,确立了以马克思主义历史观和民族观为理论指

_____

①田亮:《抗战时期史学研究》,人民出版社,2005年。李珍:《试论五四时期的
民族史研究》,《东岳论丛》1999年第3期,第21—23页。

导的民族史学，在中国科学院系统内先后建立少数民族语言研究所和民族研究所，并在全国范围内开展了三次大规模的少数民族调查，即民族识别、少数民族语言调查和少数民族社会历史调查，获得了逾千万字的调查资料，从1958年到1963年，国家民委编印了各少数民族简史等三套丛书。1979年全国民族研究工作规划会议以后，民族史学研究进入了一个崭新的发展时期，自(20世纪)80年代起，中国民族史学的研究迅速发展，成果累累，这一时期的主要研究专著有：翁独健《中国民族史研究》(中央民族学院出版社1987年)、中国社会科学院民族研究所《中国民族史研究》(中国社会科学院出版社1987年)、吕思勉《中国民族史》(中国大百科全书出版社1987年)、唐嘉弘《中国古代民族史研究》(青海人民出版社1987年)、黄烈《中国古代民族史研究》(人民出版社，1987年)、黄崇岳《中华民族形成的足迹》(人民出版社1988年)、徐杰舜《中国民族史新编》(广西教育出版社1989年)、江应梁《中国民族史》(民族出版社1990年)、文史知识编辑部《中国古代民族志》(中华书局1993年)、王钟翰《中国民族史》(中国社会科学出版社1994年)、田晓岫《中华民族发展史》(华夏出版社2001年)，等等。台湾地区的中国民族史学研究主要有：罗香林《中国民族史》(台北文化出版事业社1953年)、刘义棠《中国边疆民族史》(台北"中华书局"1969年)、杨学琛《中国民族史》(台北文津出版社1994年)等，①同时，国家民族事务委员会主持和组织编写了《中国少数民族》《中国少数民族简史丛书》《中国少数民族语言简志丛书》《中国少数民族自治地方概况丛书》《中国少数民族社会历史调查资料丛刊》五套丛书，共数百册。这些先后出版的研究成果，都比较系统全面地论述了我国各少

---

①罗贤佑：《中国民族史研究20年》，《民族研究》1998年第5期，第59—68页。

数民族的历史，阐述了各个民族起源、形成以及发展演变的历史过程，为中国少数民族史学史的研究提供了宝贵的资料。①林幹、冯家昇、耿世民、周伟洲、王尧、陈践、杨富学、陈燮章、汤开建、刘建丽、韩荫晟、和万宝、和家修、包文汉、乔吉、魏治臻、方国瑜、施联朱、吕大吉等学者，对匈奴、突厥、回纥、维吾尔、吐谷浑、吐蕃，藏族、党项、纳西、蒙古、彝族、傣族、畲族等民族及各民族原始宗教资料文献进行汇集、整理或研究，从而形成了中国民族史学研究的高潮，同也为中国少数民族史学史的研究提供了丰富的文献资料。②纵观20世纪中国民族史学研究，不但在学术上有新的探索和开拓，而且也是以民族平等思想原则研究民族历史的具体范例。所以无论从数量还是从质量来说，可谓成就空前，显示了中国民族史学研究的深厚基础和累累成果。③

相对于兴旺发达的中国民族史学研究而言，民族史学史的研究则显得较为滞后。虽然历史上也有关于民族史学史的研究和撰述，但由于种种历史原因，仅是一些零散的、片断的研究和撰述，更谈不上形成专门学科。④新中国成立以后，随着马克思主义唯物史观指导下的史学史研究的兴起和发展，民族史学史的研究亦有所开展，特别是少数民族史学及其理论的研究获得了空前发展。费孝通主编的《中华

①《〈中国少数民族简史丛书〉编辑出版情况述略》，《史学史研究》1982年第2期，第71—72页。

②参见杜荣坤、华祖根：《新中国民族史学的回顾与展望》，《民族研究》1984年第6期，第1—10页。

③参见蔡美彪：《中国少数民族史研究的近况与前景》，《西北民族研究》1986年第3期，第8—13页；史式：《五十年来中华民族史的研究》，《历史教学》1999年第6期，第51—54页；方素梅：《最近十余年的中国民族史研究》，《民族研究》2005年第2期，第95—105页。

④参见李珍：《近五十年来的中国民族史学研究》，《北京师范大学学报》2000年第1期，第129—136页。

民族多元一体格局》(中央民族大学出版社1989年)和《中华民族研究新探索》(中国社会科学出版社1991年)先后出版,提出了"多元一体格局"论,全面推动了中华民族整体研究的开展。白寿彝在《中国通史》第1卷(上海人民出版社1989年)和《关于中国民族关系史上的几个问题》)(《民族宗教集》,河北教育出版社2001年)等著作中,则提出了"各民族共同创造中国历史的理论、历史疆域理论、统一多民族国家形成和中国历史上民族关系的主流理论",揭示出民族关系的本质——各民族共同创造中国历史、缔造中华文明,推动了民族史学的发展。白寿彝在《中国史学史·叙篇》(上海人民出版社1986年)中指出:"就中国史学史来说……国内的兄弟民族,如蒙古、维吾尔、藏族、傣族、白族等,也都有他们的史学,现在我们知道得还很少。把中国史学史写成一部多民族的中国史学史,需要一个长期的过程……不写兄弟民族的史学史,中国史学史就不算完整。"这一观点为中国少数民族史学史的研究奠定了一定的理论基础,并在史学界产生了积极的反响。1989年,施丁先生在总结新中国40年史学史研究成果时指出"对中国古今之史学,如不通,则称不得中国史学史。对中国各阶段之中各族之史学,如不通,则也称不得中国史学史。故我们对古代史学史要研究,对近代、当代的史学史也要研究;对汉族的史学史要研究,对蒙古、藏、回等各族的史学史也要研究"①。陈连开著《中华民族研究初探》(知识出版社1994年),提出"民族史研究的整体史观和中华民族整体研究架构",推动了民族史学研究向综合和纵深发展。饶宗颐著《中国史学上之正统论》(上海远东出版社1996年),对古代史学中的"正统"思想进行了详尽的历史考辨,丰富了民族史学研究的理论内含。瞿林东的《历史·现实·人生——史学的沉思》(浙江人民出版

---

①施丁:《中国史学史》,载肖黎主编《中国历史学四十年》,第600页。

社,1994年)一书以及陈其泰的《史学传统与民族精神》(《北京师范大学学报》(社科版),1996年第3期)一文,则对"民族史学与民族凝聚力"这一理论进行了阐释。此外,林甘泉先生的《夷夏之辨与文化认同》(《传统文化与现代化》1995年第3期)、谷苞先生的《论中华民族的共同性》《再论中华民族的共同性》(《新疆社会科学》1985年第3期、1986年第1期),都从不同角度提出了独到见解。这说明,民族史学研究的自觉意识在不断朝着明确、具体的方向发展。

这一时期,论及少数民族史学史研究的专著主要有:白寿彝主编多卷本《中国通史》第一卷《导论》第一章《统一的多民族的历史》,高屋建瓴地概述了中国历史上多民族史的撰述传统。瞿林东的《中国史学史纲》(北京出版社1999年版)着重论述了"辽金史学的民族特色及其对多民族国家历史文化的认同",并以数万字的篇幅阐述了"多民族史学的进一步发展——元代史学",开史学史著述新面。少数民族史学研究的重要专著主要有:林耀华主编《民族学通论》(中央民族学院出版社1990年版)对民族学的理论、内容以及当代民族学研究的任务进行了系统的阐述。陈育宁编,宁夏、内蒙古科研人员合著的《中华民族凝聚力的历史探索——民族史学理论问题研究》(云南人民出版社1994年)一书,主要从理论高度对中华民族凝聚力这一具有历史意义和现实意义的课题作了全面系统的阐释。陈育宁《民族史学概论》(宁夏人民出版社2001年)一书主要对一些重要民族的史学进行了简要的概述。王建民等《中国民族学史》(云南教育出版社1997、1998年)一书依据中华人民共和国成立前后分为上、下卷,主要对20世纪前半期和中华人民共和国成立后民族学的发展、演变历程进行了探讨。此外,陈琳国著《伟大的步履——中华民族的形成、发展及其凝聚力》(浙江人民出版社1994年)、木芹著《中华民族历史整体发展论》(民族出版社1995年)等著作,马戎 周星《中华民族凝聚力形成与发展》(北京大学出版社1999年),卢勋等著《中华民族凝聚力的形成和发展》(民族出版社2000年)等。这些著作,探讨了中华民族凝聚力的概念、形成的历史过程及形成的诸因素等问题,既有翔实的史料根据,又有深刻的理论分析,颇具学术价值和现实意义,是我国史学界对中华民族史学研究的可喜收获。

这一时期,少数民族史学的研究综述和专题论述也不少。主要论文有:陈连开《中国民族史学的基本形势与发展前景的蠡测》(《云南民族学院学报》(社科版,1990年第1期),从中国民族史学的成就与潜力、中国民族史学的特点、中国民族史学要进一步适应新的形势,争取新的发展等方面,讨论了中国民族史学的基本现状和未来的良好前景。史金波《把中国民族史学研究引向深入》(《黑龙江民族丛刊》1992年第2期),从中国民族史学的蓬勃发展、中国民族史学的社会功能、深入开展民族史学研究等方面,论述了中国民族史学的研究现状、功用和未来。李珍《近五十年来的中国民族史学研究》(《北京师范大学学报》(社科版,2000年第1期)一文,主要从民族史学研究的源流、成果分析和理论探讨,对新中国50年来的民族史学研究进行了总结。其他相关研究有:史式《五十年来中华民族史的研究》(《历史教学》1996年第6期),雷虹霁《中国民族史学与中华民族形成史研究的新思考:20世纪的学术回顾与理论反思》(《黑龙江民族丛刊》2002年第4期)等,主要对民族史学的现状与未来发展进行了综合性的论述。专论某一个民族史学的论文,如:王尧《藏文古代历史文献述略》(《西藏民族学院学报》(社科版,1980年第2期),王尧、沈卫荣《试论藏族的史学和藏文史籍》(《史学史研究》1988年第2~3期),分别对藏族历史上主要史籍的基本情况、藏族史学发展的基本脉络等问题作了概括性论述。向中银《试论彝族的重史传统》(《贵州文史丛刊》1997年第4期)、《中国彝族古代史官制度初探》(《中国史研究》1998年第2期),对彝族史学的制度、传统作了初步探索。吴怀祺《金世宗时期的史学和大定之治》(《史学史研究》1996年第2期),何宛英《金代修史制度与史官特点》《金代史学与金代政治》(《史学史研究》1996年第3期);《北京师范大学学报》(社科版,1998年第3期),金北人《完颜勖与金代女真史学》(《蒲峪学刊》1992年第1期)等主要对辽金时期的史学成就进行了论述。

从以上所述可以看出,有关中国少数民族史学史的研究,对民族史学中的具体问题研究较多,理论问题研究较少;微观问题研究多,宏观问题研究较少;对个别问题研究多,综合性的规律认识少;多侧重于民族史学研究现状的论述和对未来的展望,或则重于民族史家、史著以及断代民族史学的专题研究,缺乏对某一少数民族的史学以及中国少数民族史学,进行全面系统的综合性研究,有关中国古代的少数民族史学的研究也十分薄弱。这表明,中国少数民族史学史是一个亟待加强的领域。

三、少数民族史学史研究的意义

1991年2月江泽民同志接见中国社会科学院专家学者时指出:"社会科学研究的方向正确与否,社会科学发展状况如何,对人们思想意识和社会道德风尚、对经济建设,对社会的稳定和发展,都会产生巨大而深刻的影响,甚至关系到中华民族的兴衰和社会主义的命运。"中国少数民族史学史是中国史学史学科的一个重分支,是社会科学的一个重要学科,因而推进中国少数民族史学史的研究更是具有深刻的现实意义。

1. 促进中国史学史学科的建设

中国自古以来就是一个多民族的国家,拥有多民族的历史和史学,中国史学史应该对此有较为全面的反映。白寿彝先生论及中国史学史的研究和学科建设时,曾提出应该撰写"全民族的史学史"。白寿彝先生在1985年第一次全国史学史座谈会期曾指出:"兄弟民族的史学史工程很大,内蒙古、新疆的研究工作有一定成绩,可彼此没有联系。西南也有一些,云南、贵州是多民族的地区,也要进行这项工作。我们史学史将来要发展成全民族的史学史,应该把进行少数民族史学史的研究工作作为一项重要科目加以提倡。"[①]将少数民族史学作为中国史学史研究的重要内容,这说明少数民族史学史的研究,是中国史学史研究和学科建设的重要方面。从古至今,中国都是一个多民族的国家,没有少数民族的历史,中国历史是不完整的,同样,没有少数民族史学史的中国史学史,也是不完整的中国史学史。因此,加强中国少数民族民族史学史的研究,将中国少数民族民族史学史置于中国史学史的总体发展过程中加以系统考察,写出完备的中国史学史,不仅对史学史学科的建设是不可或缺的,对于客观历史尤其是民族史研究而言,同样是非常重要的。在白先生的倡导下,中国史学史研究者已经认识到加强少数民族史学研究的重要性,并取得了一些成果。然而,少数民族史学史的研究是一项艰巨而长期的任务,现在还处在起步的阶段,需要广大的史学研究者进一步付出艰辛的努力。

2. 少数民族史学的研究有助于推动各民族历史的深入研究

中国各少数民族在其发展过程中积累了丰富的史学成果,留下了珍贵的史学遗产,它们是各少数民族创造自己的历史和共同创造中华历史的记录。要深入研究这些文化遗产,当然需要兼通有关的学科,多学科的知识和方法的相互渗透相互补充,将会成为民族史研究发展的关键,同时也需要民族学家、社会学家、语言学家掌握历史学的资料和方法,才能优势互补,触类旁通,有所创获。本课题以少数民

---

① 白寿彝:《在第一次全国史学史座谈会上的讲话》,载《中国史学史论集》,第414页。

族及少数民族地区的历史记载和史学发展为研究对象，以探索少数民族史学的起源、形成及其发展为研究目标。一方面对各少数民族史学进行具体的研究，通过系列的个案研究了解各少数民族的史学成就；另一方面在具体研究的基础上，对少数民族史学进行综合研究和宏观的把握，探索少数民族史学的特点、优良传统，各民族史学在其发展过程中的相互影响和借鉴等，从不同的层次对少数民族史学遗产进行发掘与总结，揭示各民族对中华历史及中国史学史的贡献。同时也为更全面地研究各少数民族的历史提供更多的历史资料，推动少数民族历史研究的深入发展。

3. 少数民族史学的研究有助于增强民族凝聚力

中国是一个历史悠久的、多民族的国家，在历史上各民族之间就有着密切往来、共同发展的友好关系，特别是在近现代，各族人民为保卫祖国领土完整和实现民族独立自由，团结一致，奋起抵御外侮，更加增强了各族人民的凝聚力。新中国成立后，实行各民族一律平等的民族政策，建立起了新型的民族关系，使各民族的社会地位、经济文化与生活水平得到极大的发展和提高。在当前改革开放和经济文化建设的浪潮中，只有各民族之间互相交流和支援，团结稳定，共同繁荣，才能实现各民族共创中华的伟大理想，才能使中华民族自豪地屹立于世界民族之林。因此，发挥中国民族史学的社会功能，使全国各族人民深刻地理解民族团结、祖国统一的重要性和必要性，增加民族凝聚力，促进社会主义经济、文化建设，是当前民族史学研究非常紧迫而艰巨的任务。

中国史学史是以汉民族为主体，包括境内各少数民族的史学史。在中国历史与中国史学发展的总体框架中系统考察各少数民族史学，不仅能够促进史学史学科的建设，而且有助于人们对统一的多民族国家历史的认识。通过少数民族史学的研究，从史学史发展的层面上,探求多民族统一国家发展过程的特点,揭示中华民族的不断进步和中国史学的发展都是中华各民族共同奋斗的结果,说明中国传统文化的建设,各少数民族功不可没,成绩巨大,证明了中国自古以来就是一个多民族国家,证实汉族和少数民族谁也离不开谁的真理。通过对少数民族史学的系统研究,揭示少数民族史学的丰富内涵和优良传统、汉族史学与少数民族史学以及各少数民族史学之间在其发展过程中的相互影响与借鉴,从史学和文化的发展方面,证明各个民族共创中华历史,从而有助于建构文化认同和民族认同。因而进行本课题的研究对于进一步总结继承优秀文化遗产和推进史学的发展,促进中华各民族的团结进步和共同繁荣,增强民族凝聚力,具有重要的意义和价值。

4. 构建全民族的史学史有助于提高民族素质,促进中华民族的伟大复兴

中国历史以来就是一个多民族的国家,对于各民族而言,了解本民族的族源、发展、与其他民族的关系以及对祖国大家庭、对人类历史的贡献,是人们增加文化营养,树立民族自尊心,培养民族心理素质的一种正当的要求。在当前改革开放、各民族交流频繁、共同繁荣、共建和谐社会的时期,尽量多地增加民族历史知识,对提高民族素质、提高生产力水平都是十分重要的。因此,通过对少数民族史学的全面系统研究,揭示各个民族璀璨而独特的历史文化特点,构建一部全民族的史学史,必将丰富中华民族的历史知识,提高各民族的民族自信心,为增进民族素质,增强民族团结,维护祖国统一,弘扬爱国主义做出重要贡献。另外,正确制定民族政策,除了要有正确的指导思想以外,还必须有历史的依据,因而,熟悉掌握各民族的历史和现实情况,总结历史上的经验教训,可以为我们多民族国家在处理民族关系和制定民族政策方面提供必要的借鉴和参考。

四、少数民族史学史研究的基本设想

中国各少数民族在其发展过程中积累了丰富的史学成果，留下了珍贵的史学遗产，它们是各少数民族创造自己的历史和共同创造中华历史的记录。在史学研究中，对各兄弟民族历史与现状的研究，已由个别的、零散的研究发展为有组织的、全面的以马克思主义唯物史观与民族观为指导的科学研究，由猎奇式的或个别领域的畸形研究，转变为对各民族起源、形成、发展及其在历史发展中所做贡献的系统研究，由偏重各民族首领人物及其家系的研究转变为对各民族社会历史与文化发展的研究，①从而为我们进行全民族史学史的研究奠定坚实的基础。下面仅就我们进行少数民族史学史研究的任务、理论、方法、史料、内容等提出一些基本设想。

1. 中国少数民族史学史的研究任务

中国少数民族史学史主要以少数民族史学发展过程及其阶段性特点为研究对象，以探索少数民族史学的起源、形成、发展及其在中国史学发展中的作用与贡献为研究目标。通过研究了解各少数民族的史官、史家与史学成就，综合研究和宏观把握少数民族史学的史学思想、历史观念及与其他社会科学及社会的关系，探索少数民族史学的个性特点、优良传统，各民族史学在其发展过程中的相互影响和借鉴等，从不同的层次对少数民族史学遗产进行发掘与总结，揭示各民族对中华历史及中国史学史的贡献，展示中国史学史多元一统的历史面貌与特点。同时也为更全面地研究各少数民族的历史提供更多的历史资料，推动少数民族历史研究的深入发展。

---

①陈连开：《中国民族史学的基本形势与发展前景的蠡测》，《云南民族学院学报》1990 年第 1 期，第 55 页。

2. 少数民族史学史研究的理论

我们在少数民族史学史研究中,既要坚持马克思主义基本原理,又要重视与我国少数民族史学研究的实际相结合,从而突破传统史学的局限,站在宏观的角度,进行微观而有效的研究。1949年以来,少数民族史学史研究一直以马克思主义唯物史观和辩证法为指导,并取得了辉煌的成就,也是我国少数民族史学史研究与西方一些国家的民族史学根本区别所在。但马克思主义并不是一成不变的教条,而是不断发展的,因此,我们必须将马克思主义与我国少数民族史学史研究的具体情况相结合,才能建立具有中国特色的少数民族史学史理论思想体系。

3. 少数民族史学史研究的基本方法

少数民族史学史研究采用的基本研究方法是历史学方法、民族学方法、文献学方法和跨学科研究方法,主要通过对少数民族的历史观念、历史编纂、民族史家与史著、民族史学批评进行分析总结,揭示少数民族史学的内容与特点,探讨中国少数民族史学在中国史学史中的地位与作用。建构中国少数民族史学史的基本框架,使中国境内的各个少数民族史学形成比较,从而建立起中华各民族的比较史学,更充分地探讨史学的性质、史学的起源、史学发展的动因和机制、史学史的理论体系,为中国史学史研究走向理论化、科学化做出应有贡献。

4. 少数民族史学史研究的资料

少数民族史学史研究的资料应尽可能包括:少数民族口传史、民歌、说唱,少数民族的史诗、史书、史论、碑铭、谱牒、文物,地方和少数民族典志,汉文及其他文字(如英文、日文等)反映的少数民族史学,少数民族史学家对本民族的史学或中华各地各时代史学的记载和研究成果等。还要进行一定的社会调查,充分吸收利用国内外已有的研究成果。

5. 少数民族史学史研究的内容

少数民族史学史研究的内容包括：该民族历史概述，民族口传史学、史诗，民族文字的历史著述，非该民族文字的该族历史著述，该民族史学的萌芽产生，民族史学的奠定、发展、演进、现状，该民族史学产生发展演进动因和机制，该民族史学的个性特点，宗教、风俗、教育、政治体制等与民族史学发展的相互关系，该民族史料保存和史书编撰机构的建立、运行、成果与特点，该民族史学要著的专题研究（作者[本民族或非本民族]、成书、体例、内容、特点、地位、评价），该民族史学家研究（出身，生平业绩，思想，著作[撰写的本民族史书，中原或全国性史书，世界史史书，史学理论著述等]，特点，评价等），该民族史学组织或流派研究，该民族史学理论、史学思想及史学批评研究，该民族史学与汉族史学（或其他民族）的关系与相互影响研究。要将各少数民族的史学放到整个中国史学史发展的大背景下予以考察，揭示少数民族史学的特点，同时探索少数民族史学对中国史学史的深刻影响。

6. 中国少数民族史学研究课题的基本结构

中国少数民族史学研究是一个宏大的课题，为了在有限的时间内完成研究任务，必须捕捉重点、分民族、分时段和以问题为中心进行研究。因此，我们拟选择在历史上具有重要影响力的少数民族为主要研究对象，兼及其他少数民族，既要充分利用汉文典籍中所反映的少数民族史学，更要深入发掘少数民族文字的历史典籍，还要研究少数民族史家对中华民族历史的研究成果，以及少数民族史学与传统汉族史学的相互影响与促进。

为了便于更好地揭示中国少数民族的史学发展的历史，我们将整个研究分为四个支课题，即：导论，中国北方少数民族史学研究，中国南方少数民族史学研究,中国西北少数民族史学研究。导论不仅要勾画出中国少数民族史学发展的基本线索, 还要探讨中国少数民族史学的历史观念和史学批评,以及基本特点,分析中国少数民族史学在中国史学史中的地位和作用,说明全书的研究范围、体例等。中国北方少数民族史学研究,以内蒙古和东北为中心,要勾勒北方少数民族史学产生与发展的概况,总结其特点。主要以匈奴、鲜卑、拓跋、靺鞨、契丹、女真、蒙古、满、朝鲜等族的史学发展及其特点为重点,兼及其他少数民族,研究北方少数民族的史学发展史。中国南方少数民族史学研究,以桂、黔、滇、川、藏为中心,在勾勒南方少数民族史学的概况,总结其特点以后,重点研究蛮夷、百越、吐蕃、乌蛮白蛮、藏、苗、彝、壮、傣、白、台湾蕃夷高山等族的史学发展及其特点,研究南方少数民族的史学发展史。中国西北少数民族史学研究,以甘、宁、青、新为中心,重点研究氐、羌、戎狄、吐谷浑、突厥、回鹘、党项、回、维吾尔、哈萨克等族的史学发展及其特点,研究西北少数民族史学的发展史。通过这四个支课题的研究,构建中国少数民族史学史的总体框架。

中国少数民族史学研究从纵的(各个时期)和横的(各个民族)方面,全面研究中国少数民族史学,涵盖了中国境内古今各少数民族的史学成就,这种综合性的课题,以前从来没有人做过,难度很大。研究这样一个涉及范围广、时间长、理论性强的课题,我们要从党的民族政策出发,用马克思主义的民族观去研究中国少数民族史学史,要有开阔的眼界, 从时空两方面宏观把握中国少数民族史学发展与变化过程中所呈现的共性与个性。我们有信心有决心做好中国少数民族史学史的研究工作,立足创新,拿出高质量高水平的研究成果。同时也恳切地希望史学界各位师友同仁大力支持和帮助。

(原载于《兰州大学学报》社科版,2007年第1期)

中国少数民族史学的特点与定位

　　中华民族在其发展过程中积累了丰富的历史学成果，留下了珍贵的史学遗产，它们是中华各族创造自己的历史和共同创造中华历史的记录。与兴旺发达的中国民族史研究相比，少数民族史学史的研究则显得滞后。虽然历史上也有关于民族史学史的研究和撰述，但由于种种原因，仅有一些零散的、片断的成果，谈不上形成专门学科。[①]在1984年撰写的多卷本《中国史学史·导论》中，白寿彝先生提出："单就中国史学史来说，汉文史书浩如烟海，整理出来一条发展的线索，已经很不容易。国内的少数民族，如蒙古、维吾尔、藏族、傣族、白族等，也都有他们的史学，现在我们知道得还很少。把中国史学史写成一部多民族的中国史学史，需要一个长期的过程……不写兄弟民族的史学史，中国史学史就不算完整。"[②]1985年第一次全国史学史座谈会上，白寿彝指出："兄弟民族的史学史工程很大，内蒙古、新疆的研究工作有一定成绩，可彼此没有联系。西南也有一些，云南、贵州是多民族的地区，也要进行这项工作。我们史学史将来要发展成全民族的史学史，应该把进行少数民族史学史的研究工作作为一项重要科目

　　[①]李珍:《近五十年来的中国民族史学研究》，《北京师范大学学报》2000年第1期。

　　[②]白寿彝主编:《中国史学史》第1卷，上海人民出版社，2006年，第114页。

加以提倡。"①号召学术界从中国史学史研究和学科建设的高度,加强少数民族史学史的研究。白寿彝主编多卷本《中国通史》之《导论》第1章《统一的多民族的历史》(1989年)和《关于中国民族关系史上的几个问题》(2001年)中,高屋建瓴地概述了中国历史上多民族史的撰述传统,提出了"各民族共同创造中国历史的理论、历史疆域理论、统一多民族国家形成和中国历史上民族关系的主流理论",揭示出民族关系的本质——各民族共同创造中国历史、缔造中华文明,奠定了中国少数民族史学研究的理论基础。

白寿彝的号召和示范得到历史学界和民族学界的积极响应,学者对少数民族史学及少数民族史学史的研究渐次展开。北京师范大学瞿林东教授始终将白寿彝的号召作为自己的治学重点,所著《历史·现实·人生——史学的沉思》(1994年)一书,对"民族史学与民族凝聚力"理论进行了阐释。所著《中国史学史纲》②,着重论述了"辽金史学的民族特色及其对多民族国家历史文化的认同",并以数万字篇幅阐述了"多民族史学的进一步发展——元代史学",开史学史著述新面。2005年他提出"中国少数民族史学研究"的基地重大项目建设课题,受到教育部的大力支持。2007年9月,以北京师范大学史学理论与史学史研究中心牵头,在河北承德举办了"中国少数民族史学与历史学多学科研究方法"学术研讨会,编辑出版论文集《中国少数民族史学研究》③,有力地推动了中国少数民族史学史的研究。瞿林东还率先垂范,发表了《少数民族史学的发展与多民族统一国家观念的形成》《中国少数民族史学发展的几个阶段》《探索民族间的心灵沟通——

①白寿彝:《在第一次全国史学史座谈会上的讲话》,《中国史学史论集》,中华书局,1999年,第414页。
②瞿林东:《中国史学史纲》,北京出版社,1999年。
③瞿林东:《中国少数民族史学研究》,北京图书馆出版社,2008年。

深入研究中国历史上历史文化认同的传统》①等论文。

2005年底，由兰州大学史学理论与史学史研究所汪受宽教授牵头，联合甘肃、云南、广西、西藏、内蒙古、辽宁、海南等地的少数民族史学研究专家投标申请的"中国少数民族史学研究"课题，获教育部立项资助。在北京师范大学史学理论与史学史研究中心的指导和支持下，项目组全体成员，通过对民族理论、中国民族史和中国史学史的学习，在已有成果的基础上，明确了指导思想、相关概念、总体框架和撰写规则，分西部、南方、北方三个研究方向，分工协作，细究古今各少数民族史学个案，综合探讨各时段、各区域少数民族史学状况，分析少数民族史学的内容、特点、阶段，及与中央政权史学及其他民族史学的关系等，对中国历代少数民族史学进行了全面系统的研究。十余年来，先后发表了50余篇专题论文，完成了25篇博士、硕士学位论文，撰写了300余万字论著稿。在这一系列成果的基础上，项目负责人按照史学史的学科规范，进行统稿删改补充，终于完成了"中国少数民族史学研究"项目成果，并通过教育部审定结项。

通过长期的探索和分析，我们从史学史的高度，对中国少数民族史学的特点有了自己的认识。

一、中华大地上古往今来生活着数十百种少数民族 各少数民族都有悠久的历史和丰富的史学传统

中国的少数民族是指历史上和现实中主要在国境以内活动的所有非华夏/汉族的民族，故而无论是历史上曾经存在过的戎、狄、蛮、夷、胡、越、匈奴、鲜卑、羯、氐、吐谷浑、突厥、回鹘、党项、契丹、女真

---

①三篇文章分别发表于《河北学刊》2007 年第 6 期、《中国少数民族史学研究》，北京图书馆出版社 2008 年、《史学史研究》2010 年第 4 期。

等,还是20世纪五六十年代国家民族识别所确定的55个少数民族,我们一律称之为"民族",亦即中国的少数民族。我们习称的高山族,其实并非单一民族。20世纪80年代后期,台湾世居各族群开始正名运动,并进行了详细的族群划分。本课题中以世居各族群取代原来的高山族之名。

在长期的历史发展进程中,各民族的分化组合十分复杂,而且始终处于动态之中。有的在历史上曾经颇为强大的民族消亡了,有的以前声息极微的民族壮大起来,有的几个古代民族演聚为一个新的民族,有的一个古代民族分化为多个新的民族。即使两千年间作为人口多数的汉族,也始终处于不断吸收各少数民族的成分,以及不断有成员转变为少数民族的过程。所以,作为我们研究对象的少数民族,都是指特定历史时期作为相对整体存在的具体的民族,而且许多古代民族都不一定能找出与其完全对应的当代民族。

各少数民族历史或长或短,为了生存和发展,他们珍惜自己民族的历史,尊崇先祖,敬佩民族的英雄人物,注重历史经验的总结和借鉴,有意识地以各种方式传承和记述民族历史,对历史和史学有着或浅或深的思考和认识,在不断学习汉族和周围其他民族史学的过程中,丰富、发展和构建了各民族独具特色又与中华其他民族有共通性的史学,共同创构了中华民族的史学史。

例如,哈萨克族已经搜集到250多部民间长期流传的史诗,其中比较重要的有《阿勒帕米斯》《霍尔赫特祖爷书》《阔孜情郎与巴艳美人》《库布兰德》《科茹胡里苏里坦》《康巴尔》《阿尔卡勒克》等。而自13世纪开始记录的哈萨克族的系谱数量很大,内容丰富,系谱延续了哈萨克族的神话传说以及口号印记,记录了本氏族或部落的世系,还记载有组成各玉兹氏族部落及附属部落,玉兹繁衍分离出去的新世系,前人所处时代的生活状况,与邻近政权及其他民族的关系,各个时代的著名人物等等。据之可以追溯哈萨克族的族源，以及它的形成和发展过程，有很高的史学价值。

藏族，其历史记载最早是发现于敦煌的藏文卷子《敦煌本吐蕃历史文书》，分为《大事纪年》《赞普传记》《小邦邦伯家臣及赞普世系》三个卷子。《大事纪年》始于藏历狗年（650年）终于水兔年（763年）是松赞干布至赤松德赞时期的大事编年，《赞普传记》以止贡赞普上名号开篇，以赤松德赞执政为下限，共有八个部分，各有一个核心事件，可以视为纪事本末体例的史书。这些历史记载文字虽简，史料却很丰富，始终着眼于世俗政治生活，无丝毫佛教痕迹。后来，宗教在藏族史学中的影响日益增大，撰写出一大批在神学史观统率下的成熟史著。20世纪前半期，随着新思想和新史料的发现，藏族史学发生了巨大的转变，不仅撰述出《白史》《西藏史大纲》等人文色彩鲜明的史书，而且涌现了大量研究考证性的著述，表明其史学更为近代化。1949年以后，以历史唯物主义为指导，藏族史学走向繁荣，更撰写出了《西藏通史——松石宝串》这样著名的作品。

纳西族早在1000多年前已经用其象形文字——东巴文，撰写其宗教经书《东巴经》，其中有许多纳西族古老传说、历史发展和迁徙进程。有描述纳西族劳动、生活和爱情的长篇史诗《创世纪》。明代就撰写出有自觉史学意识的土司传记《木氏宦谱》。

台湾世居各族群没有自己的文字，但流传的神话中包含了许多部落起源、迁移、宗教信仰、社会组织等历史内容。在三国东吴沈莹的《临海水土志》中就有了台湾世居各族群的相关记载，明朝陈第《东番记》，是第一篇详细记载台湾世居各族群的文献。17世纪中期，台湾被荷兰强占。荷兰东印度公司留下了一批包含有台湾世居各族群情况的台湾地方史料。康熙二十三年（1684年）台湾纳入清朝版图，赴台官员和学者的著述如黄叔璥的《台海使槎录》有较多的台湾世居各族群历史、习俗、社会的记载。甲午以后的日据时期,总督府和日本学者鸟居龙藏、伊能嘉矩、森丑之助等对台湾世居各族群从人类学、民俗学的角度进行了一定的调查研究,出版了《蕃族调查报告1~8卷》(1913—1922年),《蕃族惯习调查报告1~5卷》(1915—1922年)等书。1945年以后,学者对台湾世居各族群历史和习俗的调查研究更为深入,并产生了一批台湾世居各族群学者,他们对台湾世居各族群历史的深入调查和研究,书写了台湾世居各族群史学的新篇章。

二、丰富的口述历史是中国少数民族史学的重要组成部分

侗歌中唱道:"古人讲,老人谈,一代一代往下传。树有根,水有源,好听的话儿有歌篇。没有文字好记载,侗家无文靠口传。"①中国各少数民族都有丰富的口述历史,许多民族有专职记忆和传颂历史的人员,如彝族"奢哲",哈萨克族"谢吉列西",黎族"道公、奥雅"等,他们以神话、史诗、故事、谱系等形式传承本民族早期乃至后来的历史和思想。这些口述历史反映了本民族对宇宙生成、环境自然、种族起源、图腾崇拜、民族英雄、历史事件、民族关系、民俗风情等方面的记忆和认识。各少数民族口耳相传的历史,有的为本民族的学者用民族文字或汉文记录下来,有的为历代中原史书所记录,有的一直口头传承至今,这些都是少数民族史学的有机组成部分。

例如,鲜卑拓跋族早期游牧北方,"不为文字,刻木纪契而已,世事远近,人相传授,如史官之记录焉"②。这些口传历史中有被称为"拓跋史诗"的《真人代歌》,"上叙祖先开基所由,下及君臣废兴之迹,凡一百五十章"③。古

①转引自朱崇先主编:《中国少数民族古典文献学》,民族出版社,2005年,第6页。
②《魏书》卷1《序纪》,中华书局,1974年,第1页。
③《魏书》卷109《乐志》,中华书局,1974年,第2828页。

突厥民族关于其族源的传说之一,言其为匈奴别种,被邻国灭后只剩下一位十岁小儿,长大后与母狼交合,后邻国派人将长大后的小儿杀死,有孕的母狼逃到高昌国北山,生十男,其后各一姓,阿史那即其一。显然,古突厥最早的民族记忆就是部族从神到人的狼图腾。哈萨克先民对于人类起源的传说,不局限于神创造了人类的形体,更要给予人类灵魂。称创世主迦萨甘创造了天地、太阳和月亮,"还要给大地创造主人。于是,就在大地的中心栽了一棵'生命树'。生命树长大了,结出了茂密的'灵魂'"①。迦萨甘用黄泥捏了一对空心小泥人,晾干后,就将灵魂放进去,创造了哈萨克的先祖阿达姆阿塔和阿达姆阿娜。俩人长大后婚配,生了二十五胎双胞龙凤胎,后来发展为二十五个部落,再发展为各个不同的民族。人口很少的独龙族、赫哲族也有本族讲述人类起源、民族英雄、住地迁徙的历史传说。

土家族、拉祜族、基诺族、黎族,及台湾世居各族群等,和汉族一样,都有洪水记忆和兄妹通婚人类繁衍的传说。如土家族神话《洪水登天》,讲从前有七个兄弟(一说五兄弟)抓住了雷公,准备把它烹煮来吃。雷公用计逃回天宫,为了惩罚七兄弟,怒降七天倾盆大雨,世上的人都被淹死了,只有罗公、罗娘躲在葫芦中得以逃生。洪水消退后,兄妹经过几番周折,根据天意成了亲,生下了一个肉坨坨,肉坨坨被剪成了几块。这些肉块掺和着泥巴撒出去就成了土家。柯尔克孜族创世神话说,野鸭鲁弗尔创造了天地万物。这既是万物有灵思想的体现,也隐含有先民对洪水的记忆。

由称为玛纳斯奇的演唱者世代传唱的英雄史诗《玛纳斯》,描述了柯尔克孜人离开叶尼塞河西迁到天山地区以后,英雄玛纳斯及其

---

①苏北海:《哈萨克族文化史》,新疆大学出版社,1989年,第140页。

子孙八代带领柯尔克孜人,团结哈萨克人、乌兹别克人、土库曼人等民族兄弟,反抗克塔依(契丹)和卡勒玛克人(蒙古部落)的斗争,展现了柯尔克孜人民丰富多彩的民族生活画面。蒙古族"有许多支系与部落是阿阑—豁阿的后裔(nasl),如果将他们的人数统计一下,〔他们的总数〕将达一百土绵以上。所有〔这些部落〕全都有清晰的系谱(sajareh),因为蒙古人有保存祖先的系谱,教导出生的每一个孩子〔知道〕系谱(nasab)的习惯。这样他们将有关系谱的话语当作氏族(millat)的财产,因此他们中间没有人不知道自己的部落(qabileh)和起源"①。蒙古族史学巨著《蒙古秘史》(蒙古语言译《忙豁仑·纽察·脱卜察安》)所载上起孛儿帖赤那的成吉思汗祖先世系,就是根据族人对往昔历史的回忆及传说撰写而成的。

吐谷浑和蒙古族都有折箭教子的故事。前者见于《魏书·吐谷浑传》,言吐谷浑国主阿豺有子二十人,长子名纬代。阿豺暴病,临死召集诸子弟,说要将君位给侄子慕璝,为了使他们将来能团结起来,"阿豺谓曰:'汝等各奉吾一支箭,折之地下。'俄而命母弟慕利延曰:'汝取一支箭折之。'慕利延折之。又曰:'汝取十九支箭折之。'延不能折。阿豺曰:'汝曹知否?单者易折,众则难摧,戮力一心,然后社稷可固。'言终而死。"②而《蒙古秘史》所载,除了主人公换成阿阑·豁阿和他五个儿子以外,情节基本相同,两个故事的中心意思是教导后代团结就是力量,团结才能克敌制胜,使家国兴旺。

此外,壮族有《侬智高的故事》《唱乱离》《冀王拜寿》《洪宣娇》《刘二打番鬼》等历史故事。苗族流传有诉说生活痛苦的苦歌、"反官家"的反歌等人民生活和斗争史的咏叹。回鹘族《乌古斯可汗的传说》、藏

---

①〔波斯〕拉施特著,余大钧、周建奇译:《史集》第1卷第2分册,商务印书馆,1983年,第11页。

②《魏书》卷101《吐谷浑传》,中华书局,1974年,第2235页。

族《格萨尔王传》、壮族《刘三姐》、柯尔克孜族《玛纳斯》、蒙古族《江格尔》、赫哲族《伊玛堪》、达斡尔族《莫日根史诗》，虽产生于不同时代，却至今是中华民族历史宝库中的精品之作。

三、少数民族文字的史学著述内容丰富、体裁多样、体量极大，是尚待挖掘的宝藏

文字是历史的最佳载体，历史一旦用文字记载下来，就可能永远流传。我国古今少数民族数量较多，历史发展和文化演进千差万别，各少数民族文字的创制，有早有迟。许多民族一直到20世纪50年代才创立了本民族的文字。

民族文字的创立，对民族政治文化和史学的发展起到了根本性的影响。由于有了文字，各民族可以用文献传承的手段培养教育所需要的人才，由于有可以记录、传播政令的文字体系，相应的纪事述史的机构、人员也出现了，从而推动了史学从口传进步到书记，史书的撰写和史学思想不断发展。

传说产生于四五千年前的彝文，又称为"爨文""韪书""蝌蚪文"等，是已知最早出现的少数民族文字，现在老彝文有一万余字，常用的500多个。因其为音节文字，各地使用的彝文不尽相同。百越民族在商周时期已经出现了许多几何印纹陶遗存文字符号，春秋战国句吴和于越有官方使用的"鸟篆"，虽然这些文字极为简单，却真实地记录了百越民族当时的社会活动，体现出他们自觉地记载历史意识的萌芽。秦汉至民国，大约陆续使用过20余种各民族文字，以分布的地区说，在今新疆和蒙古的，有属印欧语系的佉卢文、焉耆—龟兹文、于阗文，属阿尔泰语系的突厥文、回鹘文、察合台文、维吾尔文和哈萨克文等；在今北方和东北的，有属阿尔泰语系的女真文、古蒙文、八思巴文和满文等，以及不明源流的契丹文；在今宁夏、甘肃、青海、西藏的，有

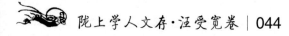

属汉藏语系的藏文、西夏文等;在今西南地区的,有纳西东巴文、老彝文、老傣文和白文等。各民族史学的起源和发展参差不齐,各少数民族文字在史学上的使用有多有少,以民族文字记述历史的方式有宗族谱牒,有碑传、纪事、簿记和公私档案等,有韵文或散文的历史著述,有片断或系统的各种体裁的史书,其数量巨大、内容丰富,大部分尚待挖掘整理。

彝族史家以彝文撰写出体裁多样、卷帙繁多的文献,现存最早的是发现于贵州大方县的一块彝文残碑,名为《妥阿哲记功碑》,又名《济水受寺碑》,残高55厘米,宽60厘米。碑文记载了彝族首领妥阿哲与蜀汉丞相诸葛孔明结盟出征,取得胜利,而被封为罗甸国国王的事迹。碑末写道:"到了建兴丙午年(226年),封彝君国爵以表酬谢。"①该碑所用彝文已十分成熟。隋唐宋时期,彝族史学得到了迅速的发展及壮大,当前还有作品传世的彝族史学家有布独布举、布塔厄筹、举娄布佗、实乍苦木、布阿宏、布麦阿钮等多人。用彝文撰写的有综合性史著《西南彝志》《彝族源流》,专门史著《洪水泛滥史》《宇宙人文论》,部族史《德布氏史略》《阿者后裔迁徙考》,战争史《吴三桂入黔记》《阿者巫撒兵马记》,制度史《水西传全集》等。

公元6世纪,突厥族创立文字,并以之撰写了一批本民族首领和英雄人物的碑记,如前突厥汗国的《多罗郭德碑》,后突厥汗国的《阙特勤碑》《暾欲谷碑》《毗伽可汗碑》《翁金碑》《阙利啜碑》等碑铭文献,这些碑铭,是古突厥人撰写的本民族英雄史诗。古突厥文碑铭"在古突厥历史学方面的意义,作多高估价也不为过"②。随后,回鹘文、藏

---

①黄建明:《彝族古籍文献概要》,云南人民出版社,1993年,第26—28页。
②[苏]C.P.克里亚什托尔内,李佩娟译:《古突厥鲁尼文碑铭》,黑龙江教育出版社,1991年,第67页。

文、白文、傣文、蒙古文等相继产生。以回鹘文撰写了《磨延啜碑》《铁尔痕碑》《铁兹碑》《九姓回鹘可汗碑》等碑铭，还撰写出《福乐智慧》《铁木耳库鲁特扎令》《突厥语大词典》《真理的入门》等著作，都有重要的史学价值。以白文撰写出《白古通》（地方民族史书）以及《南诏图志》《南诏图传》等。以傣文撰写出《勐果占壁简史》《芒莱法典》《咋雷蛇曼蛇勐》《寨神勐神》等重要史书，和碑刻文字《芒市土司放氏傣文墓碑》《大勐笼傣文九曜碑》《干崖宣抚司刀盈庭墓碑》等。以西夏文写成的有《夏译十二国》《夏译贞观政要》《李氏实录》《西夏国谱》《赵元昊西夏事实》《西夏事宜》《奉使日记》《新集慈孝记》《贞观玉镜统》《新法》《亥年新法》《天盛改旧新定律令》等史著。明清时期白族知识分子接受儒学教育，科举入仕，以汉文写作，出现了以李元阳、王崧为代表的史学家群体。以维吾尔文撰写的《拉失德史》《编年史》《和卓传》《伊米德史》，以蒙古文写出《蒙古秘史》《元典章》《经世大典》《蒙古源流》等，都是具有世界影响的史学名著。明清回族学者用汉文写下了《瀛涯胜览》《星槎胜览》等著名中外交通史著述，以及有影响的地方志、谱牒和伊斯兰教史著述。

在中国55个少数民族文库中，藏文书籍文献居于首位，有《红史》《佛教史花蜜精露》《佛教史大宝藏论》《雅隆尊者教法史》《如意宝树史》《西藏王统记》《西藏王臣记》《白史》《汉藏史集》《青史》《贤者喜宴》等数量巨大的历史名著。目前藏族地区各大图书馆、档案馆以及寺院保存的书籍、档案文献，其品种和数量之多，令世人瞩目。如西藏自治区档案馆现保存有400多万件藏文文献，拉卜楞印书院藏有22万余部文献典籍，德格印经院共保存有30余万块印版，文字量达2.5亿之巨。这些典籍内容丰富，是研究藏族历史文化的第一手资料。

1997年开始编纂的，由张公瑾任总主编的《中国少数民族古籍总目提要》,预计出版60卷110册,将收录全国少数民族文字古籍、口碑古籍30余万条,已出版了回族卷、纳西族卷、侗族卷、鄂伦春族卷、毛南族京族合卷等20余卷,少数民族文字古籍体量实在是极大。尽管少数民族文字古籍和口碑古籍不能完全等同于历史著述,但用大口径史料学看,它们都是研究少数民族史学的重要原始资料。

四、少数民族史学与华夏/汉族史学同时起步、交互影响和发展 少数民族地方政权或中央政权等政治实体的建立 是该民族史学发展的巨大动力

先秦时期,华夏与蛮夷戎狄不仅在居地上,而且在血缘上就是你中有我、我中有你的。秦汉以来的中国历史,无论汉族还是大大小小的少数民族都有不断的各种互动,都为中华民族的发展进步做出了自己的贡献,匈奴、鲜卑、羯、氐、羌、藏、突厥、回鹘、白、彝、契丹、党项、女真、蒙古、满等族甚至走到历史前台,建立过一些地方乃至中央政权,以其民族文化和智慧,在中国多民族国家形成和发展的历史舞台上扮演过重要角色,极大地推动了该民族史学的发展,共同创造了光辉的中国史学史篇章。

相传黄帝时代的仓颉、沮诵是华夏族最早的史官,而彝族传说,大体与此同时的古彝族艾哺时代已经有代代相传的"奢哲"(或布摩)负责用古彝文记录本民族的史事,编撰史籍。[1]春秋战国当中原地区征战不休时,自称"蛮夷"的楚国[2]已经有"先王之庙及公卿祠堂,图画

---

[1]陈英:《彝族古代史分期与父子连名记时考证》,《毕节师院学报》2008年第3期。

[2]熊渠曰:"我蛮夷也,不与中国之号谥。"《史记》卷40《楚世家》,中华书局,1982年,第1692页。

天地山川神灵,琦玮僪佹,及古贤圣怪物行事"①。其发达的历史知识,令人感叹。

突厥族使用的十二生肖纪年法,过去学者对其来源有柔然说、突厥说、西方说等。1975年,湖北云梦县睡虎地出土竹简《日书》甲种之《盗者》章,其中就有:"子,鼠也……丑,牛也……寅,虎也……卯,兔也……辰……巳,虫也……午,鹿也……未,马也……申,环也……"的说辞,证明十二生肖在春秋前后已经存在,突厥人从中原学来用以作为本族历史纪年法,是中原文化影响少数民族文化之一例。而十二生肖纪年法这种历史年代记忆方法,吐蕃人和突厥人都使用着,又传给了回纥人和蒙古人,中华各族史学成果的相互影响于此可见。

十六国时期的"五胡"及隋唐以后的突厥、回鹘、吐蕃、白族、彝族、党项、契丹、女真、蒙古、满等民族建立了地方或中央政权以后,其史学越来越进步,对中国史学史的贡献越来越大。各民族一般在建立政权之初即创制了本民族的文字,其君王往往具有很强的历史意识,注重汉文经史著作翻译和学习。匈奴族汉赵开国之君刘渊"幼好学,师事上党崔游,习《毛诗》《京氏易》《马氏尚书》,尤好《春秋左氏传》《孙吴兵法》,略皆诵之,《史》《汉》、诸子,无不综览"。他曾评论古史说:"吾每观书传,常鄙随(何)、陆(贾)无武,绛(侯周勃)、灌(婴)无文。道由人弘,一物之不知者,固君子之所耻也。二生遇高皇而不能建封侯之业,两公属太宗而不能开庠序之美,惜哉!"②从历史的研习中,树立了抓住历史机遇建功立业的志向。党项族政权西夏国创造了西夏文,并用西夏文翻译了《九经正义》、《孟子》、《孝经》、《尔雅》、《四言杂字》、《贞

①《楚辞章句》第三《楚辞·章句·天问》,《文渊阁四库全书》集部楚辞类。
②《晋书》卷101《刘元海载记》,中华书局,1974年,第2645—2646页。

观政要》(易名为《德事要文》)、《十二国史》、《太宗择要文》、《德行集》、《类林》等经史书籍。他们借鉴汉族的思想成果和中央政权的统治经验,为其巩固统治、推动民族文化发展服务,继承历代中原王朝的史学传统,为民族史学的发展提供了重要条件。金建立之初,创立了女真文字,大量翻译汉族儒家经典和史学著作。金世宗言:"朕所以令译《五经》者,正欲女直(真)人知仁义道德所在耳。"①以女真字翻译出的汉文典籍有《贞观政要》《白氏策林》《史记》《西汉书》《新唐书》《五代(史)》《孝经》《易》《书》《春秋左氏传》《论语》《孟子》《老子》《扬子》《文中子》《刘子》等,使中国传统文化日益普及和深入到女真民族心灵中,提高了他们的儒学和史学意识,并最终成为女真民族思想和文化的主流。

十六国时期,涌现出古代最早的多民族史学家群体,各民族史官撰写了48部记载诸少数民族政权历史的著作,创造出前所未有的"实录"体、史钞体和地方志等著史体裁,诞生了"史学"一词,设置了"史学祭酒"的专门机构和官职,大大提升了史学在中国文化体系中的地位。鲜卑族政权下的地理著述如《水经注》等,一反六朝地志竞言"异物"、风光"颇失其真",强调实用,关注国计民生,开隋唐地志文化的主流。北魏创设的专职修史机构——著作局,成为隋唐史馆的前身,是鲜卑族对古代史官制度的重大贡献。

辽、西夏、金,及元、清重用本民族的史官,参用其他民族尤其是汉族的史官,仿照历代中原王朝的做法建立适合其民族特点的修史机构和修史活动,所撰写的史书多为兼用民族文字(称为"国书")和汉字,在以本民族人物和事迹为主要记载对象的同时,兼记境内其他民族人物及事迹。其史书的编纂因袭了历朝的体例,并加以改进,创造出具有民族特色的史学和史书体例。契丹辽仿唐、宋之制有较完善

①《金史》卷8《世宗纪下》,中华书局,1975年,第184—185页。

的史馆制度,在翰林院下设有修史机构国史院,以监修国史为最高长官,下有修国史、同修国史等史职,平时主要修实录,若修史再设局编修。在门下省设起居舍人院,负责日历和起居注的修撰。又在秘书监置著作局,主要负责碑志、祭文的撰写。契丹辽的史官多为兼职,比较著名又有著作可考的8位史家中有4位是契丹族或赐国姓者,如室昉、耶律俨、萧韩家奴等,史官除修史外还兼翻译、制定或修改法律、礼仪甚至从事天文、占卜活动,史官秉承中国史学直书的优秀传统,以生命捍卫记史的真实性。魏源在《古微堂外集》中指出:"辽其国多文学之士,其史纪、表、志、传,皆详明正大,虽在元代之前,却远出元代之上。"对契丹辽史学评价很高。党项人建立的西夏立翰林学士院,完成了翰林学士从参与修史到独立修史的质的变化。还设有卜算院、秘书监、史院等与修史相关的机构。史官中党项人占较大比例,还出现了史官世家的斡氏家族。金起居注和实录的撰写形成制度,较为完整,造就了元朝撰修的"《金史》首尾完密,条例整齐,约而不疏,赡而不芜,在三史之中,独为最善"①。白族在建立大理国之初,就创造了"用汉字写白语、读白音、解白意"白族文字,设有专门的纂史机构,著有"国史"等官方史籍,某佚名史家甚至写出了记录南诏大理国的编年体地方民族史籍《白古通记》。

蒙古族是融合当时蒙古高原众多北方民族部落形成的民族共同体。蒙古国是一个横跨欧亚大陆的中央政权,这种历史文化的大背景决定了蒙古族的史学会受到所统治地区历史与文化的影响,因此,蒙古史学编纂很自然地就出现了蒙古系统、中国系统和波斯系统等不同文化系统的特色,表现出蒙古史学的多元特色。满洲努尔哈赤时期用满文记录档子,并汇编成册,成为其史学产生的标志。入关后的满

①《四库全书总目》,中华书局,1965年,第414页。

族,利用政权的力量大力发展其民族史学,以文字狱禁毁一切对满族不利的史书、文字,甚至删改古史书中的蛮夷戎狄等字词。其史馆虽然汉、满、蒙古学者皆有,但总裁、提调等负责官员多以满官为首,所撰史书都要送呈皇帝"圣裁",实行对修史的绝对控制。官修史书都有满、汉两种文本,有的还有蒙古文文本。特别重视满族史的修撰和辽金元少数民族政权史的撰修。这些,都是满民族因素在史学,特别是官方史学中的凸显。清总结中国古代史学成就,并予以创新,造就了古代史学的辉煌时代。

中国古代这些民族政权史学所呈现出来的特点以及其在中华文明母体内发展起来的民族史学,是在中国传统史学发展轨道上的创新,强烈地体现了中国史学史之多元一统、不断创新的特色。

五、少数民族史学家在长期的史学实践中形成了自己的史学理论体系,有独具特色的史学理论传统

先秦自称"蛮夷"的楚人,有屈原著《天问》,借楚国神庙内的历史和神话图画,对涉及天、地、人、自然、社会,以及从传说时代到夏、商、周的历史加以发问,反映了楚人对自然和历史认识的进步,对人们理性认识社会历史的深刻内涵起着催醒作用。从各种汉文史书中看,祭祀祖先,是匈奴人历史观念的重要体现。匈奴人非常重视对祖先的安葬,葬礼隆重、随葬品极为丰富。"其送死,有棺椁金银衣裘,而无封树丧服。"贵族还有着殉葬的风俗。"近幸臣妾从死者,多至数千百人。"[1]匈奴人对祖坟非常重视,汉昭帝时,乌桓为了报复匈奴打败自己的怨仇,派兵挖掉了单于的冢墓,"匈奴大怒,乃东击破乌桓"[2]。匈奴人

---

[1]《史记》卷110《匈奴列传》,中华书局,1982年,第2892、2893页。《汉书·匈奴传》作"数十百人"。

[2]《后汉书》卷90《乌桓列传》,中华书局,1965年,第2981页。

的这种传统,在以后的发展中得到了很好的继承。西汉金日磾之曾孙金日当"为父、祖父立庙"[①]。刘曜称帝建前赵,立刻"缮宗庙、社稷、南北郊"[②]。祭祀活动的祷辞,多是对祖先功烈的记颂。匈奴人的这种记颂,年年代代口耳相传,对历代单于及其事迹有较明确的记忆。从《史记·匈奴列传》对头曼以来诸单于事迹的记述,说明匈奴人的口述历史是准确有序的。祖宗崇拜反映了匈奴人重视自身历史传承、追思民族发展历程的历史观。

北魏崔浩奉命撰鲜卑《国书》三十卷,刊石于天郊衢路,因其"尽述国事,备而不典",而成大案,崔浩遭诛,手下数百人被处死,诸汉族大姓因与其为姻亲亦被"尽夷其族"[③]。由此可见鲜卑族史书对先祖"记善不记恶"的历史观。早期突厥民族有"重兵死,耻病终"[④]的英雄史观。突厥文碑铭对英雄所经历的战争,只记录胜利而无失败,或粉饰,或夸大战果,这或许是英雄史观支配下的有意识的选择性遗忘。回鹘碑铭是回鹘历史意识的重要产物,其用十二生肖纪年进行编年叙述的历史记叙方法,可见其突出回鹘可汗形象地位的英雄史观,增强民族认同感的史学意识。回鹘文著作《福乐智慧》赞扬明君的所作所为,以劝诫君王,强调"国君的身世要纯正高贵",提出"明君还须有贤哲辅佐",史书的作用是能够把握"经世之大略",使人能够认识到历史上的"得失之枢机",都体现出鲜明的借鉴史观。宗教在古代藏族史学中影响深远,《西藏的观世音》《拔协》《布顿佛教史》《西藏王统记》等藏族政教史或王统史中,佛教史观在历史理论的表述中占有主

---

①《汉书》卷 69《金日磾传》,中华书局,1962 年,第 2965 页。
②《晋书》卷 103《刘曜载记》,中华书局,1974 年,第 2685 页。
③《魏书》卷 35《崔浩传》,中华书局,1974 年,第 826 页。
④《北史》卷 99《突厥传》,中华书局,1974 年,第 3289 页。

导地位，即使是分享知识乐趣的史学功能也隐含弘扬佛教功德、使人心生信乐的意旨。诸书认为，松赞干布是观世音菩萨的化身，赤松德赞是文殊菩萨的化身，赤祖德赞是金刚手菩萨的化身，吐蕃乃诸佛、诸菩萨之教化地，佛教是吐蕃民众康乐的源泉和依托，供奉此书等同供奉佛教。成熟期的藏族史学，传记体强调信史的重要，"既无虚构，亦不隐瞒，乃据实而言"，[①]教法史从不同角度阐述佛教的历史，内容更丰富，形成了综合体、政教体、文献学体、人物类传、宗义书等多样体例，都努力追求历史真实，使佛教之"义"与历史之"实"有机地统一起来。

古代彝族史学理论极具特色。魏晋南北朝时期彝族史家举奢哲对治史原则与记史方法有深刻思考，认识到每个人记录的历史从写法到记录重点都存在差异，提出历史撰述五样，"人物身世明，代数要叙清，时间要弄准"，"记录要真实，鉴别要审慎"。[②]这些极具理性的认识，是中国史学史上史书撰写法则的较早总结。隋唐时的彝族史学家布塔厄筹重视纲目分明的记史方式，强调信史为美，要求文理通达，主张明确史评标准，理清学术源流，是可以与刘知几并驾齐驱的中国古代史学理论大家。大理国时的白族由于佛教密宗的巨大影响，其史学也充满宗教色彩，撰文者往往自称"儒释"，所撰史书"什（十）九皆载佛教神僧灵迹"。女真君臣吸取中原王朝尤其是汉、唐历史的经验教训，以史为戒来指导对国家的治理，防患于未然。给史官以特权和更多接触社会调查研究的机会，使他们能够积累更多的第一手资料并扩大见闻，要求史官必须记载人君善恶，不可遗漏。金世宗言：

[①]丹津班珠尔著，汤池安译：《多仁班智达传》，中国藏学出版社，1995年，第3、4页。

[②]举奢哲：《彝族诗文论》，《彝族古代文论》，贵州人民出版社，1997年。

"人君善恶,为万世劝诫,记注遗逸,后世何观?"①16世纪藏传佛教传入蒙古以后,蒙古族史著在当时把蒙古汗统与印度、西藏王统联系到一起。维吾尔族史家米尔咱·马黑麻·海答儿在《拉失德史》中认为,史家写史不是为了替君王虚美隐恶,而是通过实事求是地叙述往事,使读者从中吸取历史经验教训,"使世人趋善而避恶"②。明代回族史家李贽,"非圣无法,别立褒贬"③,史识卓越,明确提出"经史一物"说,提高了史学的地位;不以孔子是非为是非,对历史和历史人物有自己独特的评价;对传统史书体例大胆改革,创立"世纪"体,以揭示历史兴亡治乱的规律以及时代演变的历程,其史学理论独树一帜,推动了古代史学的大发展。

六、民族凝聚力和向心力是各民族史学思想的主题

民族观是少数民族史学的自然表露。中国历史上的各少数民族史学既体现其民族自豪感和独立性,又强调其为中华民族大家庭成员的文化认同。如历史传说中的盘古、伏羲、女娲故事,三苗、炎帝、蚩尤、颛顼、禹的始祖追述,由北方迁到南方的祖居地传说。匈奴人追述自己的先祖淳维是"夏后氏之苗裔"④,慕容鲜卑认为自己是"有熊氏"的后代,拓跋鲜卑认为自己是黄帝的后裔⑤,鲜卑宇文氏称"出自炎帝神农氏"⑥。柯尔克孜族传说汉族人、突厥人、蒙古人、柯尔克孜人是努

①《金史》卷88《纥石烈良弼传》,中华书局,1975年,第1951页。
②《中亚蒙兀儿史——拉失德史》第1编,新疆人民出版社,1983年,第350页。
③[清]纪昀等:《四库全书总目》卷50,中华书局,1965年,第455页。
④《史记》卷110《匈奴列传》,中华书局,1982年,第2879页。
⑤《魏书》卷1《序纪》,中华书局,1974年,第1页。
⑥《周书》卷1《文帝纪》,中华书局,1971年,第1页。

赫的孙辈兄弟，还说柯尔克孜是突厥人的后裔，并融入蒙古勒、塔塔尔（鞑靼）的成分，反映了柯尔克孜先民对中国各民族兄弟关系的认识。党项人的传说中称："羌汉弥人同母亲，地域相隔语始异。羌地高高遥西隅，边陲羌区有羌字。"①意思是，吐蕃、汉族和党项都同出一源，只是由于地域的阻隔才使得语言产生差异。羌人所居住的地区与西方遥遥相隔，在边远的羌族地区有自己的文字。西汉邹阳《狱中上梁王书》之"意合则胡越为昆弟"②的民族观，都是古代中华各民族同源共祖的始祖认同观的反映，是中华民族凝聚力和向心力的表现。

十六国中诸民族首领所建政权多以汉、夏、秦、凉、燕、蜀、赵、魏等中原王朝或地方郡国名称命名，表明其所建系对中原王朝统绪的继承，表现出强烈的正统意识。魏晋南北朝时期，汉族政权的史书《晋书》《宋书》《南齐书》将北朝民族斥为"索虏"，而北朝民族政权的史书《魏书》《北史》又将东晋斥为"僭晋"，将南朝政权讽称为"岛夷"。这种通过撰写史书来彼此对骂的现象，表明当时存在着一定的民族矛盾。但南北各朝互争正统，又反映出即使北方民族政权的史书也是以华夏正统自居的，说明民族融合的国家一统是中国历史发展的必然趋势，即使民族矛盾存在，国家一统的思想和信念却是根深蒂固的各民族史家的历史观。僻处青海的吐谷浑，"自吐谷浑至叶延曾孙视罴，皆有才略，知古今，司马、博士皆用儒生"③。吐谷浑王视连临终时，谓其子视罴曰："我高祖吐谷浑公常言子孙必有兴者，永为中国之西藩，庆流百世。吾已不及，汝亦不见，当在汝之子孙辈耳。"④可以看作是对中

---

①《颂师典》，见陈炳应《西夏文物研究》所引，宁夏人民出版社，1985年，第346—348页。

②《史记》卷83《鲁仲连邹阳列传》，中华书局，1982年，第2473页。

③《通典》卷190《边防六·吐谷浑》，中华书局，1984年，典1021页。

④《晋书》卷97《吐谷浑传》，中华书局，1974年，第2540页。

华一统的认可。藏族早期《西藏的观世音》一书，详载文成公主作为嫁妆带去西藏的物品清单，说明由中原传到吐蕃的这些知识对藏文化的显著影响。多喀尔·策仁旺杰的自传体史著《噶伦传》，真实记录了作者亲历的18世纪西藏历史上几次大的动乱纷争，详细记述了阿尔布巴发动的卫藏战争，歌颂颇罗鼐的英雄事迹及宽广胸怀，批判了珠尔默特那木扎勒的狂妄行为，极力称赞清政府的治藏政策，包含了作者对社会发展的深刻思考。唐时壮族首领韦敬办所撰《六合大宅颂》，追宗溯祖，"维我宗桃，昔居京兆，流派南邑"①，反映了壮、汉民族水乳交融的亲缘关系。南诏王阁罗凤被迫拒唐投吐蕃时，命人撰《南诏德化碑》，为其"蛮盛家世汉臣，八王称乎晋叶"的历史自豪，说明其不得已而"阻绝皇化之由，受制西戎之意"，该碑至今尚存，成为云南各民族自古就是中华民族成员的历史见证。明代纳西族土官木公《自述》言"汉唐宋元世，历宦岂须夸。腰系黄金重，诚心报国家"②，这种家族自豪来源于该族作为中华子民的认识。海南白沙县黎族土氏始祖所定子孙辈字派"开一文一建一正一国一家一章一兴"，是其强烈家国历史观的体现。白族作者李元阳撰万历《云南通志》，反映其民族思想为"天下一统"的整体观、"无间华夷"的民族观和"爱民抚夷"的羁縻观③，其核心是对中华民族的认同和对"大一统"中央政权的认同。契丹辽在史书中认为，自己虽身处边远，却也是炎黄子孙，并编制出一条民族繁衍世系表，以构建出其与汉族同源共祖的民族正统观，为本民族政权的合法性在族源上找依据。针对欧阳修《新五代史》将辽列于四夷，

①白耀天：《〈六合坚固大宅颂〉、〈智城碑〉通译》，《广西民族研究》2005年第4期。

②[明]木公：《雪山诗选》卷中，《云南丛书》第2编《集部》，云南图书馆藏版。

③郑志惠：《天下一统 无间华夷——从万历〈云南通志〉看李元阳的民族观》，云南大学历史系编《史学论丛》第5辑，昆明：云南大学出版社，1993年，第250页。

契丹辽修国史将"赵氏初起事迹"详附于后①，说明与宋朝相比，契丹人建立的才是真正的正统王朝。党项人的《新集碎金置掌文》，称："西夏人骁勇，契丹人迟缓，西藏人信佛，汉族人崇儒，回鹘饮酸乳，山狄食荞饼。"②用简洁的文字描述了中华各民族的不同特征，显示了其中华一家的民族观。

金代各级学校都有由国史监统一印制的规范经史教材，以史书言，"《史记》用裴骃注，《前汉书》用颜师古注，《后汉书》用李贤注，《三国志》用裴松之注，及唐太宗《晋书》、沈约《宋书》、萧子显《齐书》、姚思廉《梁书》《陈书》、魏收《后魏书》、李百药《北齐书》、令狐德棻《周书》、魏徵《隋书》、新旧《唐书》、新旧《五代史》"。科举出题的范围，"以《六经》《十七史》《孝经》《论语》《孟子》，及《荀》《扬》《老子》内出题，皆命于题下注其本传"③，从而培养了大批精通中华文化的人才，推动了中原文化和女真族文化尤其是史学的融合。元朝在修撰《辽》《金》《宋》三史时，长期因体例问题争而不决，在元顺帝发出"分史置局，纂修成书"的指示后，都总裁脱脱确定了"三国各与正统，各系其年号"办法，议者遂息。④满洲首领皇太极用所阅汉文正史中的史实，阐述"皇天无亲，惟德是辅"的历史规律，明确少数民族一样可以主宰天下的道理，为满族即将取代明朝而获得天下寻找历史根据。维吾尔族史家毛拉·穆萨的《伊米德史》，以不少篇幅描述侵略者阿古柏的荒淫无耻、阴险残暴和横征暴敛，对英勇抵抗的新疆各族人民的屠杀，表达

①《辽史》卷 104《刘辉传》，中华书局，1974 年，第 1455—1456 页。

②白滨：《从西夏文字典〈文海〉看西夏社会》，见白滨编《西夏史论文集》，宁夏人民出版社，1989 年，第 180 页。

③《金史》卷 51《选举志一》，中华书局，1975 年，第 1129、1136 页。

④［元］权衡著，任崇岳笺证：《庚申外史笺证》，中州古籍出版社 1991 年，第 44 页。

了新疆各族对清廷平定阿古柏侵华势力的期盼，总结道："可汗(指清朝皇帝)的胜利之军，从吐鲁番出发到喀什噶尔，沿途所经，没有遇到任何阻碍。没有一个城镇向可汗陛下的大军射过一粒子弹，相反，很多城镇的好人们还为可汗的大军做了力所能及的事。"反映了新疆民族史学中的中华民族向心力和"共御外侮"的排他力。

七、中国少数民族史学是包括汉族史家在内的中华各民族及其史家共同创造的

中国历史上的大部分民族在古代都没有其本民族文字或者民族文字不够成熟利用不多，没有或少有本民族文字的史学著述。以南方少数民族为例，黎族、傈僳族、哈尼族、拉祜族、基诺族、普米族、怒族、独龙族、阿昌族、景颇族、佤族、布朗族、德昂族等都没有自己的民族文字，除了口述历史以外，其历史资料都必须从汉文典籍中找寻。苗族、土家族等虽然有文字，但使用不广，一般苗族、土家族史家的作品都是用汉文完成的。只有彝族、白族、纳西族、傣族的文字记载了本民族的历史，而且有许多历史著作存世。但是，要全面构建这些民族的历史，尤其是其与中央政权和其他民族的关系史，仍然主要仰仗该族史家和历代其他民族尤其是汉族史家用汉文撰写的对该族历史的记载。

我国人口最多、历史悠久的岭南少数民族壮族，历史上有不少的口传史学，也产生了许多著名人物，如宋朝侬智高，太平天国领袖萧朝贵、石达开等。唐朝时，壮族学者借用汉字偏旁部首加上壮语谐音创造出一种形声结构方块形的古壮字，一直在壮族民间流行，应用于生活的各个领域，用来记录或书写本民族的神话、故事、传说、歌谣、谚语、碑刻、家谱、契约、账目等，是研究壮族历史的重要材料。但壮族历史的主要内容，除了见于壮族学者用汉字写作的诗歌、碑文外，更

多的见于汉代以后中原学者的各种著述,包括隋唐至明清的诸正史、史书及某些文集和地理著作中的专篇或专文,以及《北户录》《桂林风土记》《岭表录异》《岭外代答》《越史略》《交趾事迹》《广西郡县图志》《桂林郡志》《广西通志》等专书,没有这些学者的汉文史书,无法重建丰富的壮族历史。

由于以上原因,中国少数民族史学大量存在"他者书写"的情况。除了近代以来外国学者的调查报告和历史研究之外,主要是历代汉族史家的历史撰述。且不说古代许多民族的史家习惯以汉文写作民族的历史,就是主要由汉族史家以汉文撰写的历代"正史"及其他史书中也有极为丰富的少数民族历史记述。虽然其中不乏民族歧视、偏颇或误记,却在很大程度上弥补了许多少数民族历史记忆或记载的缺失、粗糙和不系统。我们要建构中国少数民族史学史,多数还要依靠汉文史书的记载,这是中华各民族在史学上谁也离不开谁的有力证据。

先秦两汉各民族的历史记载绝大部分都是由华夏/汉族的史家完成的,即使在当时强大如匈奴者,既无自己的民族文字,亦无本民族的史家和史书,其历史主要靠《史记》和两《汉书》的《匈奴列传》得以保存。先秦两汉未见百越人以本民族文字撰写的百越历史著作。这一时期无论是正史,还是其他性质的史书对百越民族的分布、支系、历史传说,以及居住的自然环境、资源物产、社会生产、历史风俗文化等许多方面有较为丰满的记载,出现了记载百越民族的专篇,还有《越绝书》《吴越春秋》等专门的汉文史著,其文字虽介于小说与历史之间,但也是一种质的飞跃,是百越民族史学发展的一个显著标志。

魏晋南北朝时期十六国北朝政权虽然多由少数民族所建,但各民族都没有自己的民族文字,少数民族出身的史家也不多,其较有分量的史书多为汉族史家所著。魏晋隋唐间强大一时、建立了政权的吐谷浑族,没有自己民族的文字,但其历史,在汉文史书、文集、碑刻、敦煌卷子都有不少记载,在藏文资料中也有零星的记录。在关于该时期的十部"正史"中,八部设有吐谷浑的专传,吐谷浑民族的口传历史、政权的建立和发展,以及其与中央政权和周围政权的关系,在这些史传中都有所记录,为复原吐谷浑历史和史学提供了基本的史料。唐宋时期的渤海族曾建渤海国,该族史事主要是靠唐文宗使臣张建章所撰《渤海国记》保存下来。突厥、回鹘等民族采用十二生肖循环纪年,但倘若不参考同时期中原史籍的记载,很可能碑铭主人的具体生卒年代都无法搞清。更何况此人在碑文中被掩盖或忽略的事迹,也只有参考隋唐史书才能补齐。

建立了辽的契丹族,虽然用契丹字撰有丰富的史籍,却因其"书禁甚严"①,以致后来极少流传,幸有宋人所撰《契丹国志》等书及元朝所撰《辽史》,才使其国其族历史得以为后人所知。蒙古族的元王朝建立以后,主动了解和认识中原的传统文化制度,并有选择地进行消化吸收。在史学方面,承袭了中原传统的史馆制度和新帝为先帝纂修实录、新朝为胜朝修史的传统。在史馆制度的建设上,在承袭的基础上又有适合蒙古王朝特点的变通。如将前代的翰林院、国史院合并为翰林兼国史院,提高级别,扩大规模,赋予其修史著史以外的更多职能。还另立蒙古翰林院,专门典理蒙古文书制诰,亦协助翰林兼国史院的修史工作。尤其是辽、金、宋"三史"的成功撰修,显示重视历史的撰述,以史为鉴,早已成为元朝朝野上下的共识,这是蒙古民族对史学作用认识的巨大进步。

自《史记》开始,历代汉文史籍多有对柯尔克孜及其先民的记载,

①[宋]沈括:《元刊梦溪笔谈》卷15《龙亹手镜》条,文物出版社,1975年影印,本卷第6页。

由于汉族史学的相对成熟，故而这些记载在构建柯尔克孜族历史和研究中央政权和史家的民族思想方面有着非常重要的作用。辛亥革命以后，回族学者丁竹园、丁宝臣在北京和天津创办报纸，撰文主张民族宗教间必须"化除畛域"，各民族都有责任爱国、救国，认为历史上的回族事件是由于统治者对回族实行高压政策和宗教歧视的结果。各宗教应该互相尊重各自的信教自由，互不侵犯。①汉族学者陈汉章、陈垣、张亮丞、陈寅恪等痛心于古籍资料里有关回族的记载，有一定数量贯穿着种族歧视和压迫，应进行回族史的研究。回汉等族学者的重视和努力，推动着回族史研究不断向前发展，延安《回回问题研究》《回回民族问题》的出版，标志着回族研究成为独立学科。1978年以后百部以上的回族史和回族地方史成果出版，其作者既有回族，也有汉族和其他民族。

20世纪后半期，中国大规模的少数民族社会历史调查，全面系统的少数民族历史文献整理研究，涵盖55个民族的《中国少数民族简史丛书》的撰述出版，如雨后春笋般的民族历史研究专著和论文，是中国少数民族史学的重大成就。从事调查、研究和撰述的固然有相当数量的少数民族学者，但更多的是汉族学者，各民族学者通力合作，成就了当代中国少数民族史学的繁荣。我们完全有理由认定，中国少数民族史学是包括汉族史家在内的中华各民族及其史家共同创造的。

以上揭橥的中国少数民族史学的特点，决定了我们很难完全按照以往形成的中国史学史研究的框架和概念对中国少数民族史学进行研究，更无法将其只限定于某些先生提出的"少数民族史学家、以少数民族语言写成的史学著作、少数民族所建割据政权的修史机制

---

① 《竹园白话报》光绪三十四年七月十六日、光绪三十七年九月二十七日。

和修史活动"①。为此,我们将少数民族史学研究,即中国少数民族史学史定位为:以中国历代少数民族为对象,探讨历史上对少数民族发展历史的观察、认识、传说、记述和研究。其历史传承者主要是各少数民族的成员,也有其他民族包括汉族的成员,还有民族政权或中央政权的史官、史家;其形态有历代承循不绝的口述史学,有文字书写的史著、诗文、碑传等;记史所用文字有少数民族的本族文字,也有其他民族的文字,尤其是古今各民族通用的汉字。通过研究了解各少数民族的史官、史家与史学成就,综合研究和宏观把握少数民族的史学思想、历史观念,以及与其他学科,尤其是中国历史、中国史学史的关系,探索少数民族史学的个性特点、优良传统,各民族史学在其发展过程中的相互影响和借鉴等,从不同的层次对少数民族史学遗产进行发掘与总结,揭示各民族对中国历史及中国史学史的贡献,展示中国史学史多元一统的历史面貌与特点。依据上述定位,我们撰成了70余万字的《中国少数民族史学研究》专著。

(原载《河南师范大学学报》社科版,2018年第1期)

---

①周文玖:《关于少数民族史学史研究内容的思考》,《民族研究》2009年第1期。

中国少数民族史学史的分期

　　撰修中国少数民族史学史，系统探讨中国少数民族史学的产生、发展、进步及其与中国史学史的关系，是中国民族史和中国史学史学科建设的大事，对推动中国民族学和少数民族史的进一步开展，以及撰写一部全民族的中国史学史，有着极为重要的意义。我们2005年获准的教育部北京师范大学史学理论及史学史研究基地重大项目建设课题"中国少数民族史学研究"，在瞿林东先生的指导下，经过课题组10年努力，终于在2016年结项，初步实践了白寿彝先生1984年提出的加强少数民族史学史研究的设想。

　　中国少数民族史学发展阶段的划分或曰历史分期，是撰述少数民族史学史的前提条件。中国历史上前后存在过数十上百个少数民族，每个民族都有着丰富的历史和自己的史学。在实际考察和论述中我们重点进行的是各个民族及其不同时期的个案研究，但在讨论民族史学的分期时，我们是将历史上所有少数民族的史学作为一个整体考虑的。中国少数民族史学是中国史学史的一个极为重要的部分，又是相对特殊，与中原史学（或曰以中央政权为主体的史学）有颇多不同的史学模式。我们分析，中国少数民族史学的总体特点，其一，各民族都有悠久的历史和丰富的史学传统；其二，各民族史学各有特点，发展状况差距很大；其三，丰富的口述历史是各民族史学的重要组成部分；其四，历史上存在过20多种少数民族文字，少数民族文字的史学著述内容丰富、体裁多样、体量极大，是尚待挖掘的宝藏；其

五,少数民族史学与汉族史学同时起步,交互影响和发展,政治实体
的建立是该民族史学发展的巨大动力;其六,少数民族有自己的史学
理论体系和传统;其七,民族凝聚力和向心力是各民族史学思想的主
题;其八,中国少数民族史学是包括汉族史家在内的中国各民族及其
史家共同创造的。在考虑少数民族史学史分期时,不仅要参照中国史
学史的分期,更要从少数民族史学的特点出发,准确地分析和把握不
同时期少数民族史学发展的特殊性和规律性。由此,我们将上古至20
世纪末的中国少数民族史学发展史划分为四个阶段。

第一阶段,先秦至南北朝(前3000—公元580)

此阶段为中国少数民族史学初起时期,特点是少数民族史学产
生和以汉文书写为主。

我们中华民族有着五千年的文明史。这五千年的文明,大体是从
传说的三皇五帝算起的。而中国史学史的起源一般是也从传说的英
雄时代开始的。先秦时代的汉文系统典籍中,既有以开天辟地和以三
皇五帝为代表的华夏族英雄人物传说的丰富记载, 也有以炎帝、蚩
尤、三苗等为代表的被少数民族视为始祖的英雄人物的记载。各少数
民族丰富的口述历史,反映了本民族对宇宙生成、环境自然、洪水故
事、兄妹婚姻、图腾崇拜、种族英雄等方面的记忆和认识,有些内容与
汉文系统中的传说故事的情节甚至人名都是基本相同的。相传黄帝
时代的仓颉、沮诵是华夏族最早的史官,先秦古籍中以诸"史"承担历
史记载。各少数民族也有专职记忆和传颂历史的人员,如彝族"奢哲、
布摩",哈萨克族"谢吉列西",黎族"道公、奥雅"等。根据彝族古籍《西
南彝志》所载世系推算,古彝族艾哺时代(大约相当于中原传说的五
帝时代)已经有代代相传的"布摩"负责用古彝文记录本民族的史事,

编撰史籍。[1]彝族奢哲用古彝文（爨字）撰写的《夷经》，应视为最早的中国少数民族文字历史著述。由此，我们是否可以说，少数民族史学与华夏族史学的起源大体是同步的。

中国少数民族史学起源很早，但在隋唐以前总体发展缓慢，只有汉晋时建立了较有影响政权的少数民族在某些史学领域有出色表现。这个时期，绝大多数少数民族都没有自己的文字，或者民族文字尚不成熟。由于中国古代郡县长官自聘吏员，边疆民族朝贡和质子制度，以及中央政权在全国开学校和后来实行科举考试，培育和造就了不少深谙汉文化能熟练运用汉文的少数民族人才，故而自先秦以来，就有少数民族学者使用汉字，撰写本民族历史。但其时大部分少数民族的历史主要是由华夏/汉族的史家，以汉文记载下来的。早期的甲骨、缣帛、简牍文献，以及《周礼》《尚书》《左传》《山海经》等典籍中即有诸多少数民族历史的简略记载。西汉司马迁《史记》，以《匈奴列传》《南越列传》《东越列传》《朝鲜列传》《西南夷列传》《大宛列传》等六篇专传，构建了当时各主要少数民族（无羌族）史及其与中原王朝交往史的框架。东汉班固《汉书》对《史记》民族传加以补充，合并为《匈奴传》《西南夷两粤朝鲜传》《西域传》三大传，资料更加丰富，却开了丑化少数民族之史例。东汉官修国史《东观汉记》在唐初以前被称为"前三史"之一。该书虽已佚失，其篇目尚可考见，其中有四篇别具特色的民族传。其改《史》《汉》之《匈奴列传》为《匈奴南单于列传》显然是顺应东汉匈奴分裂、南匈奴"归附"东汉政权的史实。《西羌列传》的写作，使当年横行西部的羌族历史不致湮没，其功甚伟。

先秦被称为荆蛮的楚人，文化和史学走在各族的前列。春秋时期

---

①陈英：《彝族古代史分期与父子连名记时考证》，《毕节师院学报》2008年第3期。

楚国左史倚相,"是能读三坟、五典、八索、九丘",而被称为"良史"①。战国后期的楚人屈原,撰史诗《天问》,借楚国神庙内的历史和神话图画加以发问,对涉及天、地、人、自然、社会,以及从传说时代到夏、商、周的历史提出了173个值得思考的问题,以自己对历史的辨析开古代史学新风。

秦汉时期强大的匈奴族对本民族的世系、人物、职官、疆域和事件有丰富的记忆,被汉朝史家所记载。东汉明帝时,白狼王唐菆率其部民众到东都朝贡,献诗三章,为《后汉书·西南夷列传》收载,诗中除表示对大汉天子的仰慕及叙述朝奉之程的艰辛外,以较多篇幅叙述了白狼国的地理环境、气候、人口、生活、生产等,是西南少数民族较早的自述历史。

十六国时期的匈奴、鲜卑、羯、氐、羌等民族政权首领多热心学习汉族历史,如前赵(汉赵)开国之君匈奴族刘渊"幼好学,师事上党崔游,习《毛诗》《京氏易》《马氏尚书》,尤好《春秋左氏传》《孙吴兵法》,略皆诵之,《史》《汉》、诸子,无不综览"。他曾评论古史说:"吾每观书传,常鄙随(何)、陆(贾)无武,绛(侯周勃)、灌(婴)无文。道由人弘,一物之不知者,固君子之所耻也。二生遇高皇而不能建封侯之业,两公属太宗而不能开庠序之美,惜哉!"②从历史的研习中,树立了抓住历史机遇建功立业的志向。其时出现多位羯族、氐族和鲜卑族史家,以汉族学者为主撰述十六国的历史,使中国史坛上第一次出现了48部专记民族政权的史书,创造出前所未有的"实录"体、史钞体和地方志等著史体裁,诞生了"史学"一词,设置了"史学祭酒"的专门机构和官职,大大提升了史学在中国文化体系中的地位。

---

① 杨伯峻:《春秋左传注》昭公十二年,中华书局,1981年,第1340页。

② 《晋书》卷101《刘元海载记》,中华书局,1974年,第2645—2646页。

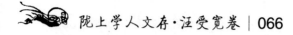

鲜卑族建立的北魏设著作局,首开设立专门机构史馆之端,是对古代史官制度的一大贡献。北魏崔浩《国书》"尽述国事,备而不典",酿成大案,反映鲜卑族对先祖"记善不记恶"的历史观。北魏宗室元晖"召集儒士崔鸿等撰录百家要事,以类相从,名为《科录》,凡二百七十卷。上起伏羲,迄于晋、宋,凡十四代"①。实际上是一次通史体撰述的探索。魏收所撰《魏书》是第一部专记少数民族政权的"正史"。当时,南朝的《宋书》《南齐书》将北朝民族斥为"索虏",而北朝的《魏书》则将东晋斥为"僭晋",将南朝政权讽为"岛夷"。南北各朝这样互争正统,显然北方民族政权也是以华夏正统自居的,说明中华一家的思想是各民族史家根深蒂固的历史观。

彝族史家以彝文撰写出体裁多样、卷帙繁多的历史文献,现存最早的是发现于贵州大方县的《妥阿哲记功碑》彝文残碑,所用彝文已十分成熟。碑文记载了彝族首领妥阿哲与蜀汉丞相诸葛孔明结盟出征,取得胜利,而被封为罗甸国国王的事迹。碑末写道:"到了建兴丙午年(226年),封彝君国爵以表酬谢。"②魏晋南北朝时期彝族史家举奢哲认识到每位史家撰述的史书从写法到记录重点都存在差异,提出历史撰述五样,"人物身世明,代数要叙清,时间要弄准","记录要真实,鉴别要审慎"③。这些认识,是与同期刘勰《文心雕龙·史传》相伯仲的史书撰写法则的较早总结,在古代历史编纂理论中有突出地位。

①《魏书》卷15《昭成子孙列传常山王遵》,中华书局,1974年,第380页。
②《魏书》卷15《昭成子孙列传常山王遵》,中华书局,1974年,第380页。
③举奢哲:《彝族诗文论》,《彝族古代文论》,贵州人民出版社,1997年,第141页。

第二阶段,唐宋辽夏金(581—1279)

此阶段为中国古代少数民族史学全面展开的时期,诸多民族开始以本民族文字、以各种体裁,记载本民族的历史和史观。这一时期,许多民族以其极有影响的政权活跃于中华大地上,演绎出一出出鲜活的历史画卷,并且以本民族成熟的文字或新创的文字,记载本民族丰富的历史和史观,开创了少数民族史学的新篇章。

这一时期,彝族史学迅速发展,当今还有彝文作品传世的彝族史家有布独布举、布塔厄筹、举娄布佗、实乍苦木、布阿洪、布麦阿钮等多人。布塔厄筹敢于秉笔直书,针砭时弊,著《论诗的写作》等史著,重视纲目分明的记史方式,强调信史为美,要求文理通达,主张明确史评标准,理清学术源流。布阿洪提出写史应详细、真实、清楚、流畅的要求,是古代史学思想的重要表述。提出撰史的法则,"一要抓主根,二要抓题旨,三要写君长,四要写平民,五要写牛羊,六要写金银,七要写地域,八要写风土,九写君臣间"①,见解全面而且高明。用彝文撰的史书有综合性史著《西南彝志》《彝族源流》,专门史著《洪水泛滥史》《宇宙人文论》,部族史《德布氏史略》《阿者后裔迁徙考》,战争史《阿者巫撒兵马记》,制度史《水西传全集》等。

公元6世纪,突厥文创立,并以之撰写了一批突厥族首领和英雄人物的碑记,如前突厥汗国的《多罗郭德碑》,后突厥汗国的《阙特勤碑》《暾欲谷碑》《毗伽可汗碑》《翁金碑》《阙利啜碑》等,这些古突厥人物传记,"在古突厥历史学方面的意义,作多高估价也不为过"②。随

①布阿洪:《彝诗例话》,《彝族古代文论》,贵州人民出版社,1997年,第252页。

②[苏]C.P.克里亚什托尔内著,李佩娟译:《古突厥鲁尼文碑铭》,黑龙江教育出版社,1991年,第67页。

后，回鹘文、于阗文、藏文、白文、傣文等相继产生。以回鹘文撰写了《磨延啜碑》《铁尔痕碑》《铁兹碑》《九姓回鹘可汗碑》等碑铭，有重要的史学价值。于阗文文献中，有写于后唐同光三年（925年）的《于阗沙州纪行》，是于阗使节出使沙州的行程及活动记录。《敦煌本吐蕃历史文书》记载吐蕃王朝赞普的世系和大相史事，有编年体，有纪事本末体，以世俗政治史观及明示善恶作为其史学主题，显示藏族史学已站到同时期民族史学的前列。敦煌发现的《吐谷浑（阿柴）纪年》《北方若干国君之王统叙记》，都是用古藏文（吐蕃文）撰写的反映北方民族历史的重要典籍。《西藏的观世音》涉及佛教、王统、圣迹等类，多为后世藏族史书的选材之源。《拔协》是赤松德赞朝的起居注和桑耶寺修建史。创建了大理国的白族，以白文撰写出地方民族史书《白古通》以及《南诏图志》《南诏图传》《大理图志》等。

隋唐五代宋的中国历史呈现了前所未有的兴盛状态，中国古代史学史在这一时期也渐显成熟。这一时期，中国少数民族的历史，主要还是由汉族史家来完成的，没有他们的辛勤著述，许多少数民族的历史就会被湮没于历史长河之中。唐、五代所撰《晋书》《梁书》《陈书》《齐书》《周书》《隋书》《南史》《北史》《旧唐书》九部正史中都有少数民族史传，记述了各朝与诸民族的交往及对诸民族历史的认识。《唐会要》卷94~100专门撰写了当时79个民族或外国的传记及与唐王朝交往的历史。唐相杜佑所撰《通典·边防门》，分族、国叙述古今各少数民族的历史，分量大，资料全，总结历代民族政策，是唐代民族史学的要著。《旧唐书·经籍志》一反"内夏外夷"的传统民族史观，将魏收撰《魏书》、令狐德棻撰《周书》这两部少数民族政权的纪传体史书列入"正史"之中。

这一时期的少数民族史家已越来越多地参与到中国史学尤其是其本民族史学的著述之中。隋朝鲜卑族学者宇文恺著有《东宫典记》

七十卷,拓跋族学者于仲文"撰《汉书刊繁》三十卷、《略览》三十卷"①。唐代,少数民族史家在朝廷史官队伍中占据重要位置。拓跋宗室后裔的长孙无忌,撰有《太宗实录》四十卷、《永徽留本司行格》十八卷、《唐律疏义》三十卷,主持了《隋书》诸志(《五代史志》)的撰写。北魏常山王素连之后元行冲,博学多通,撰编年体的《魏典》三十卷,倡修通古今书目的《群书四录》二百卷,为唐玄宗御注《孝经》作疏。匈奴族学者宇文籍,"耽玩经史,精于著述",唐文宗时与韩愈同修《顺宗实录》,又与韦处厚等人同修《宪宗实录》,专掌史笔。②

武周时期,壮族澄州大首领韦敬办撰《六合坚固大宅颂》摩崖碑文,其同宗韦敬一撰《智城碑》,宣扬韦敬办的丰功伟业。两碑均用汉字手书刻就,是唐前期壮族的重要历史传记。后晋天福五年(940年),湘西土家族首领彭士愁与楚国君主马希范歃血为盟,镌其誓词于铜柱一隅,其誓词总2614字,内容涉及土家族的政治、历史、人口、经济、民族关系等,是土家族早期历史的金石文献。

面对北方强邻的严重威胁,宋人强调"夷夏大防",以"正统论"来区分大宋与北方诸强邻的历史地位,在所撰史书中,更有不少对历史上和现存民族政权的鄙视和批评。为了对敌方情况有所了解,宋朝撰述了许多有关辽、夏、金历史和现状的著作,其中不乏北方"归正"少数民族的作品。如撰《匈奴须知》的"契丹归朝人"田纬,撰《燕北杂录》的"归正人"武珪,契丹译语《辨鴃录》的佚名作者,将党项语译成"华言"的《蕃尔雅》佚名作者,撰《大金国志》的"淮西归正人"宇文懋昭等,他们为南北方对立时期的民族文化和史学交流做出了贡献。

与宋同时存在的辽、西夏、金,是少数民族建立的有重大影响的

①《隋书》卷60《于仲文传》,中华书局,1974年,第1455页。
②《旧唐书》卷160《宇文籍传》,中华书局,1975年,第4209页。

北方地方民族政权。这些民族政权重用本民族的史官,选用汉族及其他民族的史官,仿照历代中央政权的做法,建立适合其民族特点的修史机构和修史活动,所撰写的史书多为兼用民族文字(称为"国书")和汉字,在以本民族人物和事迹为主要记载对象的同时,兼记所据地域内其他民族人物及事迹。其史书的编纂因袭了历朝的体例,并加以改进,创造出具有民族特色的史书体例和史学。

契丹辽建立初就创制了契丹字,统治者重视本民族历史的建构,承唐仿宋,建立了完善的史馆制度,在翰林院下设有修史机构国史院,以监修国史为最高长官,下有修国史、同修国史等史职,平时主要修实录,若修史再设局编修。在门下省设起居舍人院,负责日历和起居注的修撰。在秘书监置著作局,主要负责碑志、祭文的撰写。史官多为兼职,比较著名又有著作可考的八位史家中室昉、耶律俨、萧韩家奴等四位是契丹族或赐国姓者,史官除修史外还兼翻译、制定或修改法律、礼仪,甚至从事天文、占卜活动,史官秉承中国史学直书的优秀传统,以生命捍卫记史的真实性。契丹史著中构建其与中原汉族同源共祖的早期历史,为本民族政权的合法性在族源上找到依据,并在新修史书中"以赵氏初起事迹,详附国史"①,以报复欧阳修编《(新)五代史》附契丹辽于"四夷"的做法。

党项族首领元昊称帝后,就创立西夏文,用西夏文翻译了《九经正义》、《孟子》、《孝经》、《尔雅》、《四言杂字》、《贞观政要》(易名为《德事要文》)、《十二国史》、《太宗择要文》、《德行集》、《类林》等经史书籍。他们继承历代中央王朝的史学传统,推动了以党项族为主体的西夏史学迅速发展,翰林学士院成为专职修史机构,出现了世代任史官的斡氏家族,撰出了《李氏实录》《西夏国谱》《新集慈孝记》《贞观玉镜

---

① 《辽史》卷 104《刘辉传》,中华书局,1974 年,第 1455—1456 页。

统》《新法》《亥年新法》《天盛改旧新定律令》等多种体裁的史书,显示了党项民族史学的不懈追求和创新。

金建立之初,创立了女真文字,大量翻译汉文儒家经典和史学著作。金代各级学校都有由国史监统一印制的规范经史教材,以史书言,"《史记》用裴骃注,《前汉书》用颜师古注,《后汉书》用李贤注,《三国志》用裴松之注,及唐太宗《晋书》、沈约《宋书》、萧子显《齐书》、姚思廉《梁书》《陈书》、魏收《后魏书》、李百药《北齐书》、令狐德棻《周书》、魏徵《隋书》、新旧《唐书》、新旧《五代史》"①,培养出大批精通中华文化的人才,推动了中原文化和女真族文化尤其是史学的融合。女真统治者以史为鉴治理国家,设置完善的史官制度,撰写起居注、实录,并依唐朝以来传统为胜朝修撰《辽史》,撰《大金吊伐录》辑录与辽宋的相关文献,撰政书类史著《大金集礼》。赵翼称赞:"金源一代文物,上掩辽而下轶元,非偶然也。"②辽、夏、金作为与宋朝相颉颃的民族政权,其史学开创了中国史学史的新格局。

第三阶段,元明清(1206—1911)

这一阶段是中国古代少数民族史学的兴盛时期。元、明、清是中国古代后期连续相继的一统王朝,是少数民族在中国历史上影响最大的时期。蒙古族和满族建立的元、清两个王朝对全国长达360年的统治,改造了他们自己的民族,发展了他们民族的史学,也改造了中华民族的整体历史观和民族观,使中国古代史学终于走到了历史的巅峰。

---

①《金史》卷51《选举志一》,中华书局,1975 年,第 1129 页。

②[清]赵翼撰,王树民校证:《廿二史札记校证》卷28《金元文物远胜辽元》,中华书局,2001 年订补本,第 623 页。

蒙古人有很强的历史意识,成吉思汗统一蒙古各部后,就命人创制了蒙古文字,并在汗廷设置"必阇赤"(书记、秘书)的官职,负责撰注大汗言行大事。窝阔台汗至蒙哥汗时期,在官方参与下,众多史家采集朝野传说、档案文书和汗廷史事等,撰成《蒙古秘史》这样一部以成吉思汗所出的孛儿只斤氏为中心的家族史、蒙古民族共同体形成史、蒙古族国家政权建立史,初具史学规范。入主中原建立元朝后,更集中了一批各民族的史家,尤其是色目人和汉族史家,承袭传统的史馆制度和新帝为先帝纂修实录、新朝为胜朝修史的传统,又有适合蒙古族特点的变通,如另立蒙古翰林院,增加为未登皇位的新皇帝生父撰实录。元朝所撰《大元通制》《经世大典》《元典章》《大元大一统志》《圣武亲征志》等,都是元朝官修的历史巨著。在修撰《辽》《金》《宋》三史时,因体例问题长期争而不决,当元顺帝发出"分史置局,纂修成书"的旨意后,都总裁脱脱确定了"三国各与正统,各系其年号"①办法,议者遂息。 这一决策不仅突破了以汉族政权为正统的旧史观,符合辽、金、宋三朝互不统属的历史状况,更宣示了元朝是统兼三朝的中华正统王朝。

　　蒙古族在欧亚大陆的地位和影响,使得蒙古历史的撰述不仅是蒙古族自身的事,而且也为世界多民族史家关注。蒙古族建立的伊儿汗国,依托当地高度发达的文化,出现了志费尼《世界征服者史》、瓦萨甫《地域之分割与岁月之推移》和拉施特《史集》等蒙古史巨著,这些史书规制宏大、视野开阔、文采斐然,有广泛的世界影响。

　　明清时期退归朔漠的蒙古族,始终缺乏一个稳定的政治中心,史学上的建树也不大,但仍有不少成果。先是佚名喇嘛所撰《阿勒坦

---

　　①[元]权衡著,任崇岳笺证:《庚申外史笺证》,中州古籍出版社1991年,第44页。

传》①,以诗体记载了阿勒坦汗统一蒙古右翼、与明通贡和引进藏传佛教的历史,体现了蒙古史家文史兼长的史学传统。继后是成书情况不明的《白史》,开17世纪流行的藏传佛教史观指导下的蒙古史学的先声。清朝时期的蒙古史学为浓厚的藏传佛教思想所笼罩,比较著名的有《蒙古黄金史纲》《黄史》《蒙古源流》《恒河之流》《金轮千辐》《水晶念珠》《蒙古博尔济吉忒氏族谱》《金鬘》《如意宝树史》等。

所有这些,都反映出蒙古族是一个开放的、善于包容并接受新事物、新文化的民族,他们创造了既融汇国内诸族及外国文明,又具有鲜明特色的蒙古族史学,为中国古代史学的进步做出了重大的贡献。

满洲首领努尔哈赤时期创制了满文,用满文翻译汉文史书、子书,记载满文档册,成为满族史学的萌芽。皇太极用所阅汉文正史中的史实,阐述"皇天无亲,惟德是辅"的历史规律,明确少数民族一样可以主宰中华的道理,为满族取代明朝而获得天下寻找历史根据。康熙、雍正、乾隆等皇帝,都有很高的文化修养,重视史学对巩固统治的作用,全面系统地整理中国古代的史学成果,推动清代史学走上中国古代史学的高峰。后金时期建立文馆,后改为内三院,其中的内国史院是专门记注史事、收藏和撰修史册的机构。入关以后,吸收中国古代史学的优良传统,在皇帝的亲自参与下,设立了健全而灵活的修史机构,如起居注馆、国史馆、方略馆等常设之馆,《明史》馆、《三通》馆等特开之馆,实录馆、玉牒馆等例开之馆,会典馆、功臣馆等阅时而开之馆,撰述出数量庞大、包罗万象、体例多样的各种以满族为主要记载对象且用满文、蒙古文、汉文抄写出来的历史著作。史馆负责官员多以满族官员为首,特别重视满族史的修撰和辽金元史的撰修,所撰史书送呈皇帝"圣裁",保证了对官方史学的垄断。通过提倡和大力从

---

①阿勒坦在明朝人史书中写作俺答汗。

事考据之学,推动学者们对中国古代经学、史学成果进行通盘整理、考查与分析,为后人利用和研讨古代思想文化尤其是史学提供了基础。在全国进行大规模的征书活动,从《永乐大典》中抄录失传典籍,开"四库全书"馆,组织学者全面系统地整理中国历代典籍,编纂大型丛书《四库全书》,共抄录书籍3461种,79309卷,基本囊括了除戏曲、小说以外我国18世纪以前的重要著作,是我国古代图书的大结集。满族统治者实行文字狱,禁毁一切对满族不利的史书、文字,甚至删改古史书中的蛮夷戎狄等字词。

明朝以主要精力防范北方的蒙古势力,从而放松了对其他民族的控制,蒙古和满洲两个少数民族一统王朝的统治,使得南北方许多民族的史学得到发展,共同推动了中国史学的兴盛。

蒙元是藏族史学的复兴期,出现了以《红史》为代表的政教史和以《西藏王统记》为代表的王统史两种对后世藏族史学产生巨大影响的史书体裁。15世纪中期至明末,撰述了《汉藏史集》《青史》《西藏王臣记》《智者喜宴》等大批藏文史学名著。清时期,成为显学的藏族史学,形成了以人的传承为中心、以文献发展为中心,以解析学术为中心等不同的编纂方法,同时,综合体例的进一步发展和完善,又将教法史的编纂推向新的高度。多喀尔·策仁旺杰的自传体史著《噶伦传》,真实记录了作者亲历的18世纪西藏历史上几次大的动乱纷争,详细记述了阿尔布巴发动的卫藏战争,歌颂颇罗鼐的英雄事迹及宽广胸怀,批判了珠尔默特那木扎勒的狂妄行为,极力称赞清政府的治藏政策,包含了作者对社会发展的深刻思考。

回族于元末形成,明清回族学者用汉文撰写出许多领域广阔的历史著述。明初随郑和出使的回族学者马欢、费信等著有《瀛涯胜览》《星槎胜览》等中西交通史名著。李贽撰写的《藏书》《续藏书》《焚书》《续焚书》,显示了其卓越的史识。清代许多回族学者参与朝廷组织的大型史书的撰述,学者私人撰史涉及传统史学的各个方面,乃至阿拉伯史、伊斯兰教史以及回族家谱,对研究回族来源及民族发展具有重要价值。

16世纪形成的现代意义上的维吾尔族,其前身及以后,以回鹘文、维吾尔文等,撰写出《福乐智慧》《乌古斯汗的传说》《拉失德史》《编年史》《和卓传》等重要历史著作。毛拉·穆萨的《伊米德史》,以不少篇幅描述侵略者阿古柏的荒淫无耻、阴险残暴和横征暴敛,对英勇抵抗的新疆各族人民的屠杀,表达了新疆各族对清廷平定阿古柏侵华势力的拥戴,总结道:"可汗(指清朝皇帝)的胜利之军,从吐鲁番出发到喀什噶尔,沿途所经,没有遇到任何阻碍。没有一个城镇向可汗陛下的大军射过一粒子弹,相反,很多城镇的好人们还为可汗的大军做了力所能及的事。"反映了新疆民族史学中的中华民族向心力和"共御外侮"的排他力。

明朝壮族学者李壁撰写了《剑门新志》等几部地方志。《木氏宦谱》是纳西族历史上第一部具有自觉意识的史学作品。《勐果占壁简史》《芒莱法典》《咋雷蛇曼蛇勐》是重要的傣文史书,佚名僧人用老傣文写成的《论傣族诗歌》,讨论了宇宙和地球的形成,朴素的唯物史观寓于其中。白族涌现出了《纪古滇说》《僰古通纪》《云南志略》《滇载记》《南诏源流纪要》《南诏野史》等"白古通"系地方文献,白族学者李元阳著有万历《云南通志》和嘉靖《大理府志》,清代王崧撰成《云南备征志》和《云南志钞》等,白族史学持续兴盛。明清彝文著述《勒俄特衣》《帝王世纪》《赊窦榷濮》《且宝赔铃记》《罗婺姻亲史》等,对研究其历史、史学理论有重要意义。清代土家族容美土司田舜年以汉文写出《二十一史纂》《二十一史补遗》《六经撮旨》《容阳世述录》和几种土司列传,永顺土司彭明道著有读史笔记《逃世逸史》。

除以上各族之外,元明清其他少数民族的史学主要是以史诗和传说的形式呈现的,哈萨克族的系谱传承,柯尔克孜族英雄史诗《玛纳斯》,达斡尔族史诗《莫日根》,赫哲族说唱史诗《伊玛堪》,苗族《苗族古歌》、黎族《祖先歌》等,都是中华民族口传史学的瑰宝。壮族、傈僳族、哈尼族、拉祜族、基诺族、普米族、怒族、独龙族、阿昌族、景颇族、佤族、布朗族、德昂族等民族的口述历史也很丰富。

元明清官修史书及学者的大量著述记载了境内各民族的历史、现状和风俗等。19世纪初开始,中国边疆和民族危机加深,学界掀起边疆和民族之学研究高潮,以寻求救亡图存的药方。他们用文献搜寻、细密考订和实地勘查的方法研究边疆史、民族史和金元史,取得很大成绩,推动了民族史学的进一步发展。

自元朝马可·波罗开始,就有西方学者对中国少数民族的考察和记录。清末外国传教士、学者、探险家们对边疆民族的田野调查、文献搜集以及由此产生的各类调查报告、旅行日记等增多。康熙二十三年(1684年)台湾纳入清朝版图,赴台官员和学者的著述有较多台湾世居各族群历史、习俗、社会的记载。甲午以后的日本占据时期,日本学者对台湾世居各族群从人类学、民俗学的角度进行了多方面的调查研究,出版了一系列调查报告。1945年以后,国内外赴台学者对台湾世居各族群历史和习俗的调查研究更为深入。书写了台湾世居各族群史学的新篇章。黎族历史的记载自汉以来陆续不断,元明清更为丰富,明顾岕《海槎余录》、清屈大均《广东新语》、鲍灿《峒黎小识》是其代表性著述。明清之际,海南岛基督教传教活动规模日大,1872年在香港创刊的《中国评论》,刊登了许多英美在华传教士兼汉学家关于海南岛黎族的文章,是研究19世纪黎族的重要史料。

第四阶段,20世纪

这一阶段是中国少数民族史学全面开拓、充分发展和走向全盛的时期。20世纪的中国历史,以1949年明显划分为两个时期。中国少数民族史学也可以分为两个阶段:前期是史学近代化和初步发育的时期;后期是其全面开拓和走向全盛的时期。

20世纪前期,在西方进化史观、民族主义等思潮的影响下,尤其是外敌入侵、民族危亡的严峻关头,中国学者突破传统的夷夏观念,倡导民族平等、民族共和、同御外侮,中国民族史学的研究在理论和方法上由传统向近代转型。梁启超等人以西方近代民族进化史学理论与中国传统儒家民族文化观和历史观相结合,构建了中国现代民族主义史学(即民族史学)的系统理论和方法论。其后,王桐龄、吕思勉、林惠祥等撰写出多部中国民族史,对中国民族的分类、民族史的分期,及民族的起源与名称、与他族的关系、历史沿革及现状等进行了较为系统的探索,驳斥了"中国人种西来说",打破了中华民族或汉族"一元"论,初步确立了民族史研究的主体架构,为民族史学的研究和发展奠定了理论基础。

随着中华民族意识的觉醒和中国近代史学的发展,出现了(苗)石启贵、(维吾尔)翦伯赞、(壮)黄现璠、(土家)向达、(回)马以愚、(藏)更敦群培、(黎)王昭夷、(纳西)方国瑜、(回)马坚、(回)金吉堂、(回)白寿彝、(回)傅统先、(回)杨志玖、(哈萨克)尼合迈德·蒙加尼等以新的历史观念与研究方法从事本民族和中国及世界历史研究的少数民族学者,取得重要成就,有的还成为20世纪中后期中国史学的引领者。

当时,严重的边疆危机以及后来的日寇侵华使人们认识到建设和扶植少数民族地区发展的必要性,少数民族社会历史调查以南方和西北为主遍及全国,涉及瑶、彝、苗、纳西、傣、高山、黎、羌、畲、藏、蒙古、回、赫哲等众多少数民族。杨成志、王兴瑞、江应梁、凌纯声、商承祚、芮逸夫、陶云逵、田汝康、柯象峰、林耀华、马长寿等受大学和学术研究机构派遣到南北各地边远民族地区进行社会调查，取得了一批珍贵的第一手资料。丁文江、林惠祥、徐益棠、费孝通、李安宅等学者个人对少数民族地区的调查更加令人敬佩。

此期，学者扒梳古籍文献中的民族资料，对少数民族文献进行了初步的整理研究，包括对传世少数民族历史文献进行辑佚、汇编、校勘、考释，对调查所得的少数民族文献进行整理研究，对少数民族碑铭进行译释，对国外有关中国少数民族的史料进行编译研究。蒙古史、元史的研究与撰述，是民国时期民族史学研究的重点，对辽、金、西夏、藏族、满族文献的搜集、译释、整理研究，取得相当成绩。对域外中国少数民族文献的翻译整理，以及对新发现突厥文、回鹘文碑铭的解读研究也开始起步。

梁启超、王国维最早以新观念、新方法从事民族史研究，蔡元培、潘光旦、吴文藻、吴泽霖、黄文山、杨堃、李济、凌纯声、卫惠林、杨成志等相继撰写民族史研究专著。蒙文通、黄文弼、冯家昇、岑仲勉、陈垣、王静如、阿勒坦噶塔、孟希舜、王日蔚、杨汉先等陆续出版一批研究各民族历史社会的著作。学界对国外学者"南诏泰族王国说"的批判和抗日战争中边疆民族历史调查和研究的兴起，反映了少数民族史学研究不是单纯的学术问题，而是关系国家安全和民族存亡的政治问题。

1949年中华人民共和国成立，标志着新历史时期的开始。在科学院系统、民族院校及相关院校、政府部门逐步建立了民族研究机构，中国少数民族史学以唯物史观和马克思主义民族观为指导，进行中国民族史理论、调查和历史的研究取得越来越大的成绩。

20世纪五六十年代，学者运用马克思主义民族史学理论与研究方法，结合中国实际，以民族平等的立场、观点，对民族史学理论进行了许多探讨。主要包括民族的定义、汉民族的形成、历史上的中国与疆域、历史上民族关系与民族关系主流、民族战争与民族英雄、民族同化与融合、少数民族王朝的评价等，形成了一些有重要影响的看法，在建立富有特色的中国少数民族史学理论体系方面，迈出了可喜一步。[①]但当时"民族问题的实质是阶级问题"的"左"倾命题影响了少数民族史学理论研究的深入。

随着十年"文化大革命"的终结，特别是解放思想、实事求是思想路线的确立，中国少数民族史学步入新的发展时期。史学研究者在已有成果的基础上，深入探讨诸多民族理论问题，形成了不少共识，促进了民族史学的发展。其中汉民族形成、历史疆域、民族关系的主流、中华民族的形成、多元一体的中华民族格局、民族凝聚力等问题的讨论，集中反映了新时期民族史学理论方面的开拓与探索。

从1953年开始，国家组织大批科研人员和民族工作者，深入少数民族地区进行民族识别工作。到1983年，经国务院正式确定公布的共有56个民族，基本上解决了中国统一多民族大家庭中各民族的族属问题和民族成分的结构问题，[②]为国家民族政策的制定推行、各民族人民权利的保障和统一多民族国家的和谐发展提供了基础。

1956—1964年，在全国范围内开展了大规模的少数民族社会历史调查。抽调民族研究人员和民族干部数百人（后来增加到千余人），组织了十数个调查组，由翁独健、冯家昇、夏康农、李有义、费孝通、吴泽霖、岑家梧等教授任组长，对全国各少数民族地区和少数民族开展全面系统的田野调查，编写调查报告，进行少数民族简史、简志、自治

---

①林耀华、庄孔韶：《中国民族学的回顾与展望》，《社会科学战线》1985年第1期。

②费孝通：《关于中国民族的识别问题》，《中国社会科学》1980年第1期；黄光学、施联朱主编《中国的民族识别——56个民族的来历·前言》，民族出版社，2005年，第1页。

地区概况三种丛书的编写。①这次调查,摸清了中国50多个少数民族的情况,积累了民族工作和民族调查研究的经验,锻炼和培养了一批民族研究人才和民族工作干部,写出调查资料340多种,整理档案资料和文献摘录100多种,拍摄纪录片20余部,搜集了许多珍贵的民族历史文物,成绩很大。

1958年召开民族研究工作科学讨论会, 提出了编写民族自治地方概况、各民族简史、语言简志等三种民族问题丛书的计划。1963年中国科学院民族研究所将各调查组撰出的简史、简志或史志的初稿铅印征求意见。1979年初,国家民委召开会议,研究和部署"民族问题五种丛书"的修订出版工作。从1978年《回族简史》出版②到1991年《维吾尔族简史》出版,全国55个少数民族的简史全部出齐。《中国少数民族简史丛书》在中国史学史上第一次对各少数民族的人口分布、语言特点、族源、族称、社会历史发展过程、社会经济形态、物质文明、宗教、学术文化,以及与其他民族的关系等,进行了系统梳理和论述,使中国境内的每一个民族都拥有了一部关于自己民族的历史。这一前所未有的壮举, 对中国民族史研究和民族史学的发展具有重要而深远的意义。2005年国家民委启动《中国少数民族简史丛书》修订再版工作,于2009年完成。

1949年后,学者对少数民族历史文献进行了大规模、有计划的整理研究,包括有关少数民族历史记载的汉文文献整理研究、少数民族

---

①底润昆、张正明:《全国少数民族社会历史调查的前前后后》,《民族团结》1999年第4期。

②《回族简史》1978年由宁夏人民出版社出版,1980年经修改后由宁夏人民出版社再版。《〈中国少数民族简史丛书〉出版述略》(《史学史研究》1982年第2期)认为最早是1979年出版的《满族简史》。

语言文字文献资料的整理研究、少数民族社会历史调查资料的整理出版，以及少数民族文献提要、目录的编制等。1984年全国少数民族古籍整理出版规划小组成立，随之各省也成立了相关机构，组织、协调、指导少数民族古籍收集、整理和出版。学者对各种民族资料进行辑录、汇编、考证，取得丰硕成果，古突厥文、回鹘文、西夏文、满文、藏文、蒙古文、彝文、东巴文等文献的整理成就尤为突出。同时还编纂了多种与少数民族历史有关的工具书，特别是张公瑾主编的《中国少数民族古籍总目提要》，为民族史学研究提供了资料保障。

1966年以前，突破民国时期以汉族融合同化其他民族为主线的思维模式，学者陆续发表了千百篇学术论文并出版了一些民族史专著，如马长寿《突厥人和突厥汗国》《北狄与匈奴》《乌桓与鲜卑》，白寿彝《回回民族的历史和现状》，黄现璠《广西侗族简史》，安作璋《两汉与西域关系史》，陈述《契丹社会经济史》等。1978年后，民族史研究进入繁盛时期。在《中国少数民族简史丛书》出版的推动下，大量少数民族出身的青年学者走上了民族史学研究的前沿，各族学者撰述发表了大量民族史专题论文，全方位多角度对民族史进行深入探讨，进而各种民族史专著如雨后春笋般出版。这些中国民族史的著作，包括古代民族的专史和现代民族的专史，区域民族史和专题民族史，通史性的族别史和中国民族通史。翁独健、唐嘉弘、黄烈、黄崇岳、徐杰舜、江应梁、王钟翰、陈连开、杨建新、田晓岫等人撰述或主编的贯通性的中国民族史和民族关系史的专著，系统阐述了各个民族起源、形成以及发展演变的历史过程，令人触目。

自20世纪50年代以降，台湾地区罗香林、胡耐安、刘义棠、李毓澍等学者的民族史学著作，提出诸如汉民族"是异质的复合民族"，维系一个族群（如华夏）的是其族群边缘（如华夏心目中哪些人不是华夏）等理论，拓展了中国少数民族史学研究的视域。郑德坤、唐屹、杨学

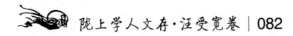

琛、李毓澍等撰述出版了一些重要的民族史著作。以社会文化人类学理论对台湾世居各族群历史和习俗的调查研究更为深入。涌现出一批世居各族群学者，书写了台湾世居各族群史学的新篇章，他们开展的"正名运动"，迫使台湾当局于1995年只得为台湾世居各族群山地同胞的族称正名。

以上成果表明20世纪下半期以来，中国民族史的撰述无论在广度和深度方面都是以往时期无法比拟的，中国民族史学研究正在走向全盛。

黑格尔说："中国历史作家的层出不穷，继续不断，实为任何民族所不及。"①这种傲视世界各民族的史学成就是中华各民族在五千年间共同创造的。

①黑格尔：《历史哲学》第1部《东方世界》第1节《中国》，商务印书馆万有文库本。

《左传》史学理论初探

自梁启超"司马迁以前无所谓史学"一说出①,学者多以为中国的史学理论肇自西汉。近十几年来,随着史学史研究的深入,孟子及先秦诸子的历史观得到不同程度的阐发,丰富了古代史学理论的宝库。其实,在孟子以前一个多世纪撰成的《左传》中,已有了系统而明确的史学观点,我国古代的史学理论是紧随着历史著述的产生而产生的。

我国古代第一部称得上历史著述的是《春秋》。它略具编年体史书的雏形,开创了私人撰史之风,受到历代学者的推崇。但书中的史学思想,如果不是三传和孟子的阐发,人们很难明其所以。《左传》则不同,它首创史书中的作者评论,以"君子曰""君子谓"等形式,表达作者对历史和史学的看法,还总结历代史官记史法则的"五十凡",表明作者对史家书法和文字要求的见解。"君子曰"和"五十凡"等,向我们提供了研究《左传》史学主张和历史观点的最重要、最直接的资料。

我国古代史学家的史学主张,往往是通过对以前史学的反思总结和评论来表现的。《左传》也是如此。书中两次以"君子曰"的形式,评论《春秋》史学的特点。一次在成公十四年,君子曰:"《春秋》之称,微而显,志而晦,婉而成章,尽而不污,惩恶而劝善,非圣人谁能修之?"一次在昭公三十一年,君子曰:"《春秋》之称,微而显,婉而辨,上之人能使昭明,善人劝焉,淫人惧焉,是以君子贵之。"这两段文字,既

---

①《中国历史研究法》第 2 章《过去之中国史学界》。

是对《春秋》的赞扬,更是《左传》作者自觉史学主张的集中表现。其中共提出了史学三个方面的明确主张:一是史学的目的与作用,二是史家著史的态度,三是史书的文字表达。

我国古代的统治者,很早就对历史的作用有所认识。产生于西周初年的《诗·大雅·荡》中,就有"殷鉴不远,在夏后之世"的话,批评殷人没有吸取夏朝灭亡的教训。《尚书·召诰》中,召公姬奭以夏商兴亡的历史警告周成王,"不可不监于有夏,亦不可不监于有殷"。孔子说:"周监于二代,郁郁乎文哉! 吾从周。"①肯定统治者吸取前代兴亡教训,学习治世的统治经验,就可以使政治安定、社会兴旺发展。《左传》作者将前人对历史鉴戒作用的认识予以归纳提高,作为历史著作编纂的目的明确地提了出来,指出,《春秋》这样的史书"上之人能使昭明"和"惩恶劝善"。

"上之人能使昭明"中的"上之人",杜预解释为"在位者"②,就是从周王、诸侯到卿、大夫等各级掌权的人。在《左传》作者看来,历史家撰写历史著作,记载各个王朝兴衰的历史和统治方法的得失,是要向在位的和将来的统治者提供历史借鉴,让其学习好的经验,警惕恶的教训,头脑更加清醒,统治更为清明,政权巩固发展。这种对史学经世作用的认识,明确地将史学对统治者的教育作用提了出来,表现了《左传》作者高度的社会责任感,是其史学观点初显成熟的标志。为了使统治者"昭明",《左传》中特别注意历代统治经验和兴亡教训的总结。《左传》作者反复对历史进行考察,为什么"纣有亿兆夷人"却成了亡国之君,周仅有"虎贲三千人"却取得了天下? 历史上的兴亡之道究竟在哪里?《左传》成公二年"君子曰"总结道:"众之不可以已也。大夫

①《论语·八佾》。
②《春秋左传集解》昭公三十一年杜预注。

为政,犹以众克,况明君而善用其众乎?《大誓》所谓'商兆民离,周十人同'者,众也"。民心向背,决定了战争的胜负、政治的成败、王朝的兴亡,这是历史规律的总结。正是在对兴亡之道认识的基础上,《左传》桓公六年借季梁之口,提出了"夫民,神之主也"的命题,指出:"所谓道,忠于民而信于神也。上思利民,忠也;祝史正辞,信也。"将民看成了比神灵更重要的历史的主宰,而统治者的任务,则是为民谋利。《左传》文公十三年,通过对邾国迁都问题的争论,赞扬邾文公"命在养民"的认识和行功,说他是"知命"。《左传》中表彰了一系列恤民、重民的事例,说明统治者要取得民心,必须从思想上"爱民如子",在生产上"因民以时",在政治上允许民众议论。①《左传》中的民本思想,是先秦史学家历史哲学所能达到的最高认识。

"惩恶劝善",书中又说成"善人劝焉,淫人惧焉",是指历史著作对人们行为的约束和社会风气的指导作用。青史留名,是世人的梦想,但留什么样的名,却是其中的关键问题。《左传》昭公三十一年说到《春秋》"黑肱以滥来奔"的记载时,发表了大段的评论,指出:"名之不可不慎也如是,夫有所名,而不如其已。以地叛,虽贱,必书地,以名其人,终为不义,弗可灭已……或求名而不得,或欲盖而名章,惩不义也。"意思是说,黑肱是个小人物,他带了滥地投奔鲁国,背叛了自己的国家。《春秋》中要记载各国得地这一大事,进而写上了献地者的名字,这就使他叛离祖国的不义之名永远钉在了历史耻辱柱上。看来,称名不能不慎重呵,对黑肱来说,史书留名还不如不留名哩。君子评论接着列举卫国大夫齐豹,因杀齐侯之兄絷,《春秋》就称其为"盗"的例子,赞扬《春秋》严格褒贬,"惩不义,数恶无礼,其善志也"。这是两件史书"惩恶"的典型。至于"劝善"的事例,则在书中举不胜举。例如

①见《左传》襄公二十五年,昭公七年,襄公三十一年。

襄公五年，表彰季文子相三君却无私人积蓄；昭公十二年，赞扬子产"无毁人以自成"；昭公十五年，盛誉叔向执行刑律严厉处分徇私枉法的亲弟弟叔鱼。事实上，史书直书史事完全能够起到使"善人劝焉，淫人惧焉"的作用。《左传》襄公十四年，卫国大夫孙林父、宁殖将卫献公驱逐到齐国。襄公二十年，宁殖病死之前，耿耿于怀的是自己有逐君之名记载于各国史册中，希望儿子宁喜能设法替他纠正这个错误，把卫献公接回国来。他说："吾得罪于君，悔而无及也。名藏在诸侯之策，曰'孙林父、宁殖出其君'。君入则掩之。若能掩之，则吾子也。若不能，犹有鬼神，吾有馁而已，不来食矣。"后来，宁喜果然遵照父亲遗嘱，将卫献公迎回国复位。

应该指出，不同时代不同阶级的善恶观是不同的。《左传》强调的善恶标准是"礼"。君子曰：礼，经国家，定社稷，序民人，利后嗣者也。[1]书中将是否合乎"礼"这一社会伦理道德规范，作为评论历史是非的根本准则。对于那些只注意礼的形式而忽视其实质内容的做法，《左传》作者给予了严厉的批评。昭公五年，鲁昭公到晋国去，"自郊劳至于赠贿，无失礼"。女叔齐认为，鲁昭公置国内危机于不顾，而把演习礼的仪式作为要务，"言善于礼，不亦远乎！"君子为此称赞道"叔侯于是乎知礼"，充分肯定了女叔齐对礼的根本在于治国的解释。在《左传》作者评论中，把凡是有利于民众有利于治国的行为都视为"知礼"，反之，则称为"非礼"，其有意于为社会的长治久安而引导社会风气的态度是十分明显的。

人们常说，历史的判决是最公正无情的。在一定意义上说，史家是铁面无私的审判官，而历史著作就是公正无情的判决书。史书中

---

[1]《左传》隐公十一年。

"褒见一字,贵逾轩冕;贬在片言,诛深斧钺"①。以《左传》为代表的历史著作,敢于无情揭露丑恶的社会现实和坏人坏事,表彰美好正义的事业和好人好事。这样,在现实社会中,恶人可能由于害怕遗臭万年的历史惩罚而不得不收敛自己的行为,志士仁人由于垂名青史的鼓励而更加坚定了斗争的决心。一般人将会以史书中的善恶事例作为自己的言行准则,"以其善行,以其恶戒"②,从而"动则思礼,行则思义,不为利回,不为义疚"③。这样,历史著作就真正对人们的行为起到引导和规范的作用了。

要达到史书使统治者"昭明"的目的和"惩恶劝善"的作用,就必须保证史书记载的真实性,因为只有史书毫不隐讳地记载历史上的真善美和假丑恶,才能使人们从中取得经验教训、获得榜样和劝诫。为此,《左传》提出史家著史必须秉笔直书"尽而不污"。杜预解释,"尽而不污"就是"直言其事,尽其事实,无所污曲"④,后人称之为"直笔书法"。本来,商周史官"左史记言,右史记动""君举必书"⑤,就意味着史官要直笔纪事。《左传》中说《春秋》"尽而不污",是肯定其"以一字为褒贬"⑥的明确是非观点。然而,《春秋》为了"免时难"和"为尊者讳""为亲者讳""为贤者讳"⑦,却又有不少隐讳的地方。从孔子以礼教为核心的政治伦理道德规范分析,其隐讳与褒贬史观并不矛盾。《论语·子路》记载:"叶公语孔子曰,'吾党有直躬者,其父攘羊,而子证之'。

①《文心雕龙·史传》。
②《国语·晋语七》。
③《左传》昭公三十一年。
④《春秋左传集解序》。
⑤《左传》庄公二十三年。
⑥杜预:《春秋左传序》。
⑦《公羊传》闵公元年。

孔子曰:'吾党之直者异于是。父为子隐,子为父隐,直在其中矣。'"意为,隐讳是服从于"父慈子孝"伦理的一种直。所以,唐人刘知几在论述直笔和曲笔时,就挑明:"史氏有事涉君亲,必言多隐讳。虽直道不足,而名教存焉。"从而,将曲笔界定为"舞文弄札,饰非文过","事每凭虚,词多乌有"。①显然,在古代社会,绝不存在完全意义上的"直言其事,尽其事实,无所污曲"的史书。《左传》作者也意识到了这一点,所以书中虽然补充了不少被《春秋》隐讳了的史实,却每每为之辩解,而没有一句批评之词。在"五十凡"中,还将一定条件下的隐讳,视为史家准则。如文公十五年,"凡诸侯会,公不与,不书,讳君恶也"。准确地说,"尽而不污"是《左传》作者借评论《春秋》,提出的一般史家著史态度,是要求史家在封建礼教的大框架下,记史尽量合乎事实,不带个人成见。

《左传》中特别推崇为了保证历史记载真实性而不畏强横不怕杀头的史官董狐和齐太史兄弟。董狐的事迹见宣公二年。晋灵公奢侈暴虐,赵盾多次劝谏。灵公不仅不听,反而一再派人要杀害他,赵盾只好逃亡。赵盾的族弟赵穿在桃园杀死了灵公。赵盾闻讯,未出境而返。臣子杀死国君是违背君臣规范的行为,而赵穿又与赵盾有特殊的亲族关系,于是晋太史董狐在史册上写下"赵盾弑其君",并公布予朝廷。赵盾辩解道:"不然。"董狐回答:"子为正卿,亡不越境,反不讨贼,非子而谁?"《左传》转引了孔子对董狐坚持史官职责的赞扬:"董狐,古之良史也,书法不隐。"齐太史兄弟的事迹见襄公二十五年。为了取悦晋国和夺得齐国大权,崔杼利用齐庄公与己妻姜氏私通的关系,将庄公骗来崔宅杀死。事件发生后,齐国太史在史册中记下:"崔杼弑其君。"崔杼残暴地将太史杀死。太史的两个弟弟接上去重写,都被杀

<hr />

①《史通·曲笔》。

死。太史的小弟弟，毅然拿起刀笔，坚持书写崔杼弑君事。崔杼为太史弟兄的浩然正气所摄，不得不放下屠刀。南史氏得到太史三兄弟遇难的消息，愤然"执简以往"，见到太史幼弟已记下崔杼弑君事，才欣慰地返回家中。《左传》记载的董狐和齐太史弟兄的事迹，为古代史家树立了"书法不隐"的榜样。

《左传》本身就是"直笔"的典范。刘知几曾高度评价道："使善恶毕彰，真伪尽露……《左传》所录，无愧斯言。"[1]《左传》不仅将《春秋》所记载的事件予以详述，而且将其颇有"微言"或漏记的史实予以叙说，使人们得知历史真情，还无情地揭发了统治者的骄奢淫逸、虚伪凶残，更记载了劳动人民饥寒交迫、道殣相望的苦难生活和他们各种形式的反抗斗争。这些对春秋历史的真实记录，不仅可以起到惩恶劝善的作用，也为我们研究春秋一代的历史提供了不可或缺的宝贵资料。

要达到史学使统治者"昭明"的目的并起到对世人"惩恶劝善"的作用，还有个史书的文字表达问题。《左传》作者认为，史家应该以《春秋》为榜样，在文字上狠下功夫，做到"微而显，志而晦，婉而成章"。所谓"微而显"，是说用词虽细密，但意义要显明，不能含含糊糊，犹抱琵琶半遮面。这是历史散文专门纪事的特点所必须的要求，它不同于哲学文章可以深奥难懂，也不同于文学作品可以恣意驰骋，历史散文必须简洁而又能准确地记述历史，使读者一看就明白所纪事实，而不必披沙拣金百计寻觅。所谓"志而晦"，刘知几解释道："晦也者，省字约文，事溢于句外。夫能略小存大，举重明轻，一言而巨细咸该，片语而洪纤靡漏，此皆用晦之道也。"又说："善作者，言虽简略，理皆要害，故能疏而不遗，俭而无阙。"[2]简言之，就是史家要善于对历史事实进行

①《史通·申左》。
②《史通·叙事》。

剪裁和讲究文字的表述,达到以最简洁的文字和最精炼的篇什,尽量全面地反映复杂的历史。为了使文字简洁却又含意丰富,《左传》很注意修史中对史实"该书""不书""先书""后书"的选择和修史用词的解释。在"五十凡"中就有22条关于史官修史属辞的说明。如隐公十一年:"凡诸侯有命,告则书,不然则否。师出臧否,亦如之。虽及灭国,灭不告败,胜不告克,不书于策。"庄公二十九年:"凡师有钟鼓曰伐,无曰侵,轻曰袭。"宣公十八年,"凡自虐其君曰弑,自外曰戕"等。这些凡例,是解开史文含义的钥匙。根据凡例来写史,使史文中的用词简约,而其内容或作者褒贬的观点却能一目了然,实在是一种创造。所谓"婉而成章",是讲文字表达要有文采,婉转曲折,又顺理成章。孔子对历史著作的文字表达非常重视,说:"《志》有之,'言以足志,文以足言',不言谁知其志?言之无文,行而不远。非文辞不为功,慎辞哉!"①还说:"质胜文则野,文胜质则史。文质彬彬,然后君子。"②意思是,史观、史实、史文的关系,犹人体之与衣裳,食物之与甘味。著史要讲求内容,又要考究文字表达,要通过对文字的修饰和锤炼,用简洁、流畅、优美的文笔,准确、鲜明、信达地表现历史。文笔不佳,即使内容再好,该史书也难以永远流传。《左传》中"婉而成章"四字,就是对孔子关于历史文学要求的高度概括。

《左传》在历史文学方面可说是"微而显,志而晦,婉而成章"的典范。它在史料剪裁上狠下功夫,使叙事有简有繁,繁简得当。通过对众多历史事件和形形色色历史人物的叙述,展示出春秋列国在政治、经济、军事、文化各方面的斗争和广阔的社会现实。它还善于以凝练的文字,形象地描述复杂纷繁的历史,特别长于用简洁的语言描述紧张

---

①《左传》襄公二十五年。
②《论语·雍也》。

的战争场面。他善于用极少的笔墨,通过语言、动作和心理活动来刻画人物的性格特征和思想感情,展现不同阶级地位的人物风貌。它采用许多谚语、歌谣、口语、俗语,用以代替空洞的评论和无味的叙述,使文笔简洁、准确、鲜明、生动。难怪近人林纾盛赞该书为"万世古文之祖"①。

我国古代史学有着经世致用、直笔真实和文字优美的传统,而这些传统的最早倡导者和实践者是《左传》。《左传》的史学理论与实践,是中国古代史学史园地的瑰宝。

(原载《兰州大学学报》社科版,1996年第1期)

---

① 《左传撷华·序》。

《左传》结尾年代辨正

《左传》的结尾年代,历来说法不同。

胡三省《新注资治通鉴·序》说:"左丘明传《春秋》,止哀之二十七年赵襄子惎智伯事。"

王鸣盛《十七史商榷》卷100"《资治通鉴》上续《左传》"条认为,《左传》"迄于哀公之末……赘以哀公子悼公四年事。而其末段乃云'赵襄子惎智伯,遂丧之。智伯贪而愎,故韩魏反而丧之'。"

刘逢禄《左氏春秋考证》以为该书"始于隐元年而终于悼四年"。

郝经《春秋外传自序》云:"经终孔某卒,传终悼公十四年韩赵魏灭智伯,事在春秋后二十有七年。"

以上是古代学者的说法。现代学者对此也是众说纷纭。

郝建梁、班书阁《中国历史要籍介绍及选读》说"《左传》则书至鲁哀公二十七年止"。

徐中舒《〈左传〉的作者及其成书年代》说:《左传》"记孔子卒后事终于哀公二十七年"。

范文澜《群经概论》第九章第三节认为:"《左氏》续传至二十七年公逊于邾,又悼之四年一节。"

周予同主编《中国历史文选》云:《左传》"起自鲁隐公元年(前722年),终于鲁悼公四年(前464年)"。

1979年新版《辞海》"左传"条写道:《左传》"起于鲁隐公元年(前722年),终于鲁悼公四年(前464年),比《春秋》多出十七年,其叙事更至于悼公十四年(前454年)为止"。

上海人民出版社《春秋左传集解·前言》以为:"起自鲁隐公元年(前722年),终于鲁悼公十四年(前454年)。"

王力主编《古代汉语》认为:《左传》"起于公元前722年……止于公元前453年"。

以上仅所列现代学者对《左传》结尾年代,就有三种意见,六个说法。

作为一部史书,其起讫年代是十分重要的,对《左传》结尾年代的叙述既然如此不同,就大有辩论清楚的必要。

古今学者对《左传》开始年代的看法基本一致,即鲁隐公元年(前722年)。我们知道《左传》的第一个编年是鲁隐公元年。但是,该书叙述的最早的史事,并不是发生于鲁隐公元年,而是鲁孝公二年(前805年)。桓公二年有"晋穆侯之夫人姜氏以条之役生太子,命之曰仇"。《史记·晋世家》记载条之役发生于晋穆侯七年,即鲁孝公二年。这个年代比鲁隐公元年早83年。另外,《左传》卷首所记"惠公元妃孟子。孟子卒,继室以声子,生隐公",为鲁惠公二十四年事,在隐公元年前22年。所有学者不以姜氏生太子仇的年代或惠公元妃孟子卒的年代作《左传》的开始,首先是因为《左传》是编年体史书,该书的第一个编年是鲁隐公元年,卷首所叙"惠公元妃"事,只是要说明隐公摄位的理由,桓二年叙"姜氏生太子仇",也只是为师服讽谏晋穆侯追述的。其次,从史实上看,平王东迁以后,各诸侯国起初还承认周王的地位,其时"人习余化,苟有过恶,当以王法正之"[1]。但是鲁隐公元年,郑庄公打败其弟共叔段后,力量迅速发展,不仅与周天子交质,而且在繻葛之战中竟敢以箭射中周桓王的肩膀,可见周王地位已下降至与一般

①陆淳:《春秋啖赵集传纂例·春秋宗指议第一》。

诸侯无异。郑庄公的事业,揭开了242年春秋争霸史的第一页。明人杨时伟说:"《春秋》始隐公,为治郑庄,以强侯跋扈实自癙生始也。"①可以说,隐公元年是郑庄公霸业的开端,也即周王地位下降之始,因而是一个十分重要的历史年代。古今学者以隐公元年作为《左传》的开头,无形中公认了判定该书起讫年代应该有两条相互关联的标准——编年的先后和事件的重要程度。

根据逻辑学上同一律的原则,让我们也按照这两条标准来考察《左传》的结尾年代。

很多学者都以哀公二十七年作为《左传》的结尾年代。那么,哀公二十七年是否是该书的最后一个编年呢?答案是否定的。现行的《左传》大都是"经""传"合编的,即将《春秋》与《左传》合在一起,每年均以先"经"后"传"的次序予以排列,为了区别"经""传"起见,在每一年代后正文前均标出"经"或"传"的字样。西安唐代开成石经《左传》,《左传》的宋刻本、明翻相台本或现代的铅印本,都以哀公二十七年为最后一个带"传"字的年代,而更在其后的"悼之四年",则是全书唯一不带"传"字的年代。这样做,从正统经学的角度讲是有道理的。因为《左传》"既云释《春秋》,自当以隐元年至哀十四年为起讫之限"②《左传》不以哀公十四年为止已是罪过。

退一步说,《春秋》只记了鲁国隐、桓、庄、闵、僖、文、宣、成、襄、昭、定、哀十二公事,《左传》顶多止于哀公末而已,绝不应该加上悼公,使"是非颇谬于圣人"。于是,就出现了在悼之四年之前不标"传"字,使其附着于哀公二十七年之内的不平等待遇。但是,我们今天重视《左传》,并不因为它是一部经书,而是因为它是一部史书。研究《左

①杨时伟:《春秋编年举要》。
②梁启超:《要籍解题及其读法》。

传》的起讫年代，也不应囿于经学的观点，而应从史学的角度出发，从而得出正确的结论。为此，我们就有必要弄清楚《左传》的本来面貌究竟如何。唐陆德明指出："旧夫子之经与邱明之传各卷，杜氏合而释之。"①孔颖达也说："邱明作传，不敢与圣言相乱，经传异处。"②从《汉书·艺文志》中"春秋古经十二篇，左氏传三十卷"的篇名，也可以看出，原来《左传》与《春秋》是各自单独成书的。既然单独成书，《左传》原本中所有年号前肯定均无"传"字，"悼之四年"当然和隐元年、桓三年、哀二十七年等年代是平起平坐的了。《四部备要》本洪亮吉《春秋左传诂》，是将"经""传"全部分开的，"经"为前四卷，"传"为后十六卷。这十六卷的《左传》部分，看来大致是《左传》原貌了。其每卷内各个年代一律不冠"传"字，悼公四年与其他年代是平行的。明万历刻本孙旷评《春秋左传》，对悼公四年与其他年代的标法也是完全相同的。可以肯定，《左传》原本中，悼公四年与《左传》中其他年代是平等的，绝没有附着于哀公二十七年之内，而且，悼公四年，又是《左传》中的最后一个编年。拨开经学的迷雾，还《左传》以历史真相，既然该书最后一个年代是悼公四年而不是哀公二十七年，而且哀公二十七年又没有发生任何有影响的历史事件，我们当然不应该把是年看作该书的结尾年代了。

其次是悼公四年的说法。

编年体史书是以事系年的。由于《左传》悼公四年所述智伯围郑的年代与《史记》不同，而《史记》各篇对此事的年代也说法不一，因此，我们觉得先有必要考订清楚智伯围郑的真实年代。

智伯，又名荀瑶、知伯、智瑶、知伯瑶，谥襄子，故又有称之为智襄

①陆德明:《经典释文》卷 15。
②孔颖达:《春秋经传集解疏》。

子的。据《左传》所记，他曾两次率晋师伐郑，第一次在哀公二十七年夏四月，第二次在悼公四年。然而《史记》只记了其中的一次。究竟谁是谁非呢？我们先把《左传》所记两次战役的情况分析一下。第一次："晋荀瑶帅师伐郑，次于桐丘。郑驷弘请救于齐……（齐）乃救郑……及濮，雨不涉……成子衣制，杖戈，立于阪上；马不出者，助之鞭之。智伯闻之，乃还……中行文子曰：'吾乃今知所以亡。'"这一次是驷弘求救，齐田成子帅兵来救，智伯畏齐师之得众心，故撤军。第二次，"晋荀瑶帅师围郑。未至，郑驷弘曰：'智伯愎而好胜，早下之，则可行也。'乃先保南里以待之"。智伯要赵襄子先冲锋，赵襄子不干，因而智伯大骂赵襄子。这次战争的结果，据《史记·郑世家》所记，晋"取（郑）九邑"。从《左传》的记叙看，伐郑和围郑，两次地点、情况、结果和郑驷弘的活动都不相同，时间相隔达五年之久，绝不可能是一次战事。《史记》全书中根本没有提到哀公二十七年智伯伐郑事。在《六国年表》周定王五年栏有"智伯伐郑，驷桓子如齐求救"，同栏下有"（齐平公十七年）救郑，晋师去，中行文子谓田常乃今知所以亡"。其记载时间与《左传》之第二次"围郑"同，而情节则全是《左传》中第一次"伐郑"时发生的。况且，司马迁既在年表中说"晋师去"，又在《郑世家》说"取九邑"，这不明明是自相矛盾吗！很显然，司马迁在这儿是误把两次战役合而为一了。论者谓《史记·六国年表》"常有差误"[1]，由此也可见一斑了。宋代吕祖谦就不为《史记》谬误所惑，认为哀二十七年的伐郑和悼四年的围郑是两回事。[2]

现在，我们姑将《六国年表》之误搁置，专论智伯围郑年代问题。《史记》有四个地方讲明此事发生的时间。《六国年表》两次，已见上

---

①陈梦家：《六国纪年》，上海人民出版社，1956年，第4页。
②吕祖谦：《春秋左氏传说》卷20。

引。又《赵世家》云:"晋出公十一年智伯伐郑。"晋出公十一年,即周定王五年。这三处年代是相同的。另有《郑世家》言为"声公三十六年晋智伯伐郑,取九邑"。郑声公三十六年,当周定王四年,即公元前465年。这样从《左传》到《六国年表》,再到《郑世家》,一次"智伯围郑",就出现了三个不同的年代。

陈梦家先生曾经指出"郑表……《史记》颇有错误"①,如以郑公世系为例。《郑世家》记:"(在位)三十七年声公卒,子哀公立。哀公八年,郑人弑哀公而立声公弟丑,是为共公。"《年表》却记声公在位为38年,而且漏掉了在位31年的共公。可见,《史记》关于郑的记载是大可怀疑的。但该书对三晋的记载就不一样了,陈先生的评价是:"《史记·赵世家》记三晋事较详而少误。"②由于《六国年表》与《赵世家》年代一致,赵又是智伯围郑的直接当事国,据此,我们可以断定,《郑世家》所记智伯围郑的年代是不可信的。

那么,怎么解决智伯围郑按《左传》为鲁悼公四年(前463年),而按《史记》为周定王五年(前464年)的矛盾呢?我们认为这里有个历法问题。据《史记·历书》:"夏正以正月,殷正以十二,周正以十一月。"则周历比夏历先两个月。阎百诗对《春秋》与《左传》对同一事件所记时间偶有不同的情况,指出:"大抵《春秋》之《经》,为圣人所笔削,纯用周正;《传》则旁采诸国之史而为之,故其间有杂以夏正而不能尽革者;读者犹可以其意得之也。"③是则《左传》以用周正为主,杂以夏正。汉武帝时制《太初历》,"以正月为岁首"④即用的夏正。司马迁是改定历法的负责人之一,他在《史记》中的年代则用夏正。因此,如果智伯

①陈梦家:《六国纪年》,上海人民出版社,1956年,第7页。
②陈梦家:《六国纪年》,上海人民出版社,1956年,第25页。
③王韬:《春秋历学三种·春秋历》所引。
④《史记·今上本纪》。

围郑发生于周历的一月或二月,按夏历算,则此事发生于头年之十一月或十二月。看来《左传》记悼公四年智伯围郑仍沿用《春秋》的纪年,即周正。而《史记》将此事入年表,则用当时通行的夏正,由此发生了年代的差异。这个差异告诉我们,智伯围郑发生于周历年初(夏历年底)。因此,《左传》与《史记》所记智伯围郑的年代是一致的,即鲁悼公四年(周定王五年,前464年)。

对悼公四年智伯围郑一事的重要性,历代史家多有阐述。晋自厉公杀三郤之后,七族并盛。到平公时,为六卿。晋定公时逐范氏,剩下智、赵、魏、韩四卿。此时,"晋之兵柄,半归智氏,伐齐伐郑,所向称雄"[1]。智伯却极其专横跋扈。本来四卿还能维持表面的团结,但悼公四年围郑时,智伯逼迫赵襄子先入南里之门,赵襄子不从,智伯竟大骂赵"恶而无勇,何以为子?"从而引起赵襄子的怨恨,四卿的表面一致被破坏了,最后造成三家灭智以至分晋的后果。洙兰泰指出:"惟三家分晋,为春秋后一大事,而伐郑之役,实四族构难之先驱。"[2]清姜白岩也指出:"智氏不灭,则三家犹行牵制而不分晋。此篇(按:指悼四年荀瑶帅师围郑篇)为分晋起本。"[3]这两说都正确地指出智伯围郑事件的历史作用,说明智伯围郑,赵襄子惎智伯事,是一个重要的历史转折,是以后三家分晋的先驱。既然悼公四年是《左传》的最后一个编年,而所记之事又是一个重要的历史事件,因此,毫无疑问应该把悼公四年(前464年)看作《左传》的结尾年代。

关于以悼公十四年为结尾年代之说,牵涉到《左传》最后一段,现先录之于下:

---

①马骕:《左传事纬》卷11。

②[日]竹添鸿光:《左氏会笺·总论》。

③姜白岩:《读左补义》卷50。

悼之四年,晋荀瑶帅师围郑。未至,郑驷弘曰:"知伯愎
而好胜。早下之,则可行也。"乃先保南里以待之。知伯入南
里,门于桔柣之门。郑人俘酅魁垒,赂之以知政,闭其口而
死。将门,知伯谓赵孟:"入之。"对曰:"主在此。"知伯曰:"恶
而无勇,何以为子?"对曰:"以能忍耻,庶无害赵宗乎!"知伯
不悛,赵襄子由是甚知伯,遂丧之。知伯贪而愎,故韩、魏反
而丧之。

本段所记,并非全是悼公四年事,最后所提到的"三晋灭智伯",
《左传》虽没有讲年代,但《史记》有六个地方明确说明了灭智伯的年
代。

《六国年表》:"周定王十六年(前453年),魏桓子败智伯于晋阳。
韩康子败智伯于晋阳。(赵襄子五年)襄子败智伯晋阳,与魏韩三分其
地。"

《晋世家》:"哀公四年,赵襄子、韩康子、魏桓子共杀智伯,尽并其
地。"按:晋哀公四年,即周定王十六年。

《赵世家》:"襄子立四年……(智伯)率韩、魏攻赵。赵襄子惧,乃
奔保晋阳。三国攻晋阳,岁余……以三月丙戌,三国反,灭智氏,共分
其地。"赵襄子四年始围晋阳,岁余灭智氏,时在襄子五年,当周定王
十六年。

《郑世家》:"三十七年声公卒,子哀公易立。哀公八年,郑人弑哀
公而立声公弟丑,是为共公。共公三年,三晋灭知伯。"

前文已指出《史记》年表以郑声公为三十八年卒,且无共公,误。
从《郑世家》推之,则郑共公三年当周定王十六年。

《燕世家》:"孝公十二年,韩、魏、赵灭智伯,分其地。"也是周定王
十六年。

以上五处所记灭智伯的年代,都是周定王十六年(前453年),唯

一不同的是《鲁世家》:"(悼)十三年,三晋灭智伯,分其地有之。"按:《六国年表》悼公元年当周定王三年,则悼公十三年当周定王十五年,这个年代比《史记》它篇所记三晋灭智伯早一年。

《春秋经传集解》悼公四年杜预注云:"《史记》晋懿公之四年,鲁悼之十四年,智伯帅魏、韩围赵襄子于晋阳。韩、魏反与赵氏谋,杀智伯于晋阳之下,在《春秋》后二十七年。"这个注已声明是据《史记》的。其具体来源,一是《六国年表》,二是《晋世家》,第三肯定就是《鲁世家》。如果《史记》中《鲁世家》与他处记载有矛盾,作为一代史学大师的杜预不会注意不到的。因此,可以肯定,杜预所见到的《史记·鲁世家》所记智伯灭事,是在悼公十四年(前453年),后世屡经抄转,才误为十三年了。这样,《史记》在所有六处所记之灭智伯的年代,原本是完全一致的。

我们还可以据《竹书纪年》来考订三晋灭智伯的年代。唐司马贞《史记索隐》中两处摘引《纪年》对灭智伯的纪年,其一在《晋世家》,"如《纪年》之说,此乃出公二十二年事";其二在《燕世家》,"按《纪年》,智伯灭在成公二年也"。查陈梦家《六国纪年表》,晋出公二十二年、燕成公二年,皆当周定王十六年。这样,《竹书纪年》也证明《史记》所记智伯灭的年代是正确的。由于《赵世家》已明言此事发生于"三月丙戌",因此,无论按夏历或周历算,悼公十四年就是周定王十六年,公元前453年。上海人民出版社《前言》说"鲁悼公十四年(前454年)",显然是错误的。

三晋灭智伯一事,在《左传》本文中是无足轻重的。洙兰泰指出:"若'襄子由是碁智伯,遂丧之。智伯贪而愎,故韩魏反而丧之',数句……(为)约略带叙于此者……非正文也。"[1]《左传》所以在全书之

---

①[日]竹添鸿光:《左氏会笺·总论》。

末带叙三晋灭智伯,大约有两个原因:一是《左传》有终前人预言的习惯。襄公二十九年,吴公子札到晋国,预言"晋国其萃于三族乎!"交代了三晋丧智伯,就验证了公子札的预言。其次,《左传》叙史为了使事情有头有尾,眉目清楚,往往追述往事或预述后事。例如昭公十三年鲁叔弓围费,为费人所败,后来区夫向鲁平子献策,要他用争取民心的办法来瓦解敌军打败南蒯。此法效果如何,本段结尾带叙"费人叛南氏",将昭公十四年才发生的事提前用五个字先作交代,而"费人叛南氏"的详情,到第二年事件发生时才作了叙述。《左传》最末叙及三晋灭智伯,也是用的同样办法,以交代智伯骄横的结果。

由于《左传》叙述三晋灭智伯没有系以年代,也由于该书叙述此事仅仅是作为智伯骂赵襄子,襄子由是惎智伯的补充,因此,以智伯灭年作为《左传》结尾的年代无疑是不恰当的。把悼公十四年作为该书结尾的学者,违背了以编年先后和事件重要性二者统一的标准,开头不以事件涉及的年代为准,结尾却以事件涉及的年代为准,这样自乱体例,无论从逻辑上或常识上都是说不通的。根据同样理由,我们还想指出:《辞海》"左传"条目所添加的"其叙史更至于悼公十四年为止"也是不妥当的。因为书的结尾叙事虽涉及悼公十四年,但其开头却涉及鲁孝公二年,不能只顾一头而忽视另一头。

归结全文,我们认为,对《左传》起止年代的正确说法应该是:起于鲁隐公元年(前722年),终于鲁悼公四年(前464年)。而其所叙史事的涉及范围是从鲁孝公二年(前805年)到鲁悼公十四年(前453年)。

(郑天挺主编,《中国古代史论丛》第3辑,福建人民出版社,1981年)

《左传》在经学上的地位

《左传》全称为《春秋左氏传》或《左氏春秋》，是一部关于春秋时代的编年体史书。西汉平帝时，将《左传》立于学官，设《左传》经学博士，奠定了该书在儒学体系中的地位。唐、宋钦定的《九经正义》和《十三经注疏》，皆将《左传》列于《春秋》三传之首，作为儒学经书之一。

本为编年史书的《左传》，虽说经史不分家，却何以能在经学上有如此突出的位置？这是经学史研究中不容回避，而又为前人所未曾深入阐述的一个问题。

一、《春秋》三传之首

孔子为了教授弟子和寄托思想的需要，整理编定了《诗》《书》《易》《礼》《春秋》《乐》六部著作，《乐》后来失传（或本无书），其他五种到汉代以后被称为儒家经典的"五经"。《春秋》是孔子晚年的作品。《孟子·滕文公下》言，春秋"世衰道微，邪说暴行有作，臣弑其君者有之，子弑其父者有之，孔子惧，作《春秋》。《春秋》天子之事也。是故孔子曰：'知我者，其惟《春秋》乎！罪我者，其惟《春秋》乎！'……孔子成《春秋》，而乱臣贼子惧"。《史记·十二诸侯年表序》中也说："孔子明王道，干七十余君，莫能用，故西观周室，论史记旧文，兴于鲁而次《春秋》，上记隐，下至哀之获麟，约其辞文，去其烦重，以制义法，王道备，人事浃。"孔子以鲁国国史《春秋》为基础，对史事进行整理笔削，使其成为一部有思想有义例的编年史著作。如果说，其他经书是孔子载道之书的话,《春秋》则体现了孔子的"用"。孔子以该书"如用药治病"①,通过对春秋242年历史的叙述,按照其"正名"的主张,对各种统治人物进行严格褒贬,既使"乱臣贼子惧",又为后王树立了为政的榜样。由于著史和对诸侯进行褒贬本是周王室专擅的,所以孔子不敢以撰作自许,而称自己"述而不作"②,即仅为对鲁史予以整理而已。后代儒家因此称孔子为"素王",因为他是以大夫的身份,在行王者之事。

《春秋》内容过于简单,全书16572字,却记有1800多条史事。每事一条,短则1字,最长者45字,平均9字。其所记史事都仅有标题而无具体内容,使人无法了解历史事件的实情及其因果关系。而且,孔子"以一字为褒贬"③,书中许多"微言大义"不易理解。另外,为了"免时难",孔子在撰述时"有所褒讳贬损,不可书见,口授弟子"④,这就从史事、寓意和思想三方面产生了解释《春秋》的要求。解释《春秋》的著作,称为"传"。刘知几解释,"传者,转也,转受经旨,以授后人"之意。⑤在汉代,有《左氏传》《公羊传》《穀梁传》《邹氏传》《夹氏传》五种《春秋》传。其中,《邹氏》无师,《夹氏》未有书,真正有影响并流传至今的,就是《左传》《公羊传》和《穀梁传》,合称《春秋》三传。

《左传》的作者,相传是鲁国史官左丘明。在《论语·公冶长》中就提到此人,说:"巧言令色足恭,左丘明耻之,丘亦耻之。匿怨而友其人,左丘明耻之,丘亦耻之。"说明孔子与左丘明是熟识的。《史记·十二诸侯年表序》中言《左传》的撰述原因,说:"鲁君子左丘明惧弟子人人异端,各安其意,失其真,故因孔子史记具论其语,成《左氏春秋》。"

---

①《群书考索续集》卷11引《伊川经说》。
②《论语·述而》。
③杜预:《春秋经传集解序》。
④《汉书·艺文志》春秋类小序。
⑤《史通·六家》。

西汉严彭祖著《严氏春秋》引《孔子家语·观周篇》说:"孔子将修《春秋》,与左丘明乘,如周,观书于周史,归而修《春秋》之经,丘明为之传,共为表里。"①但自唐代啖助、赵匡开始,不少学者否认《左传》作者是《论语》中所说的左丘明,而提出孔子、楚左史倚相、子夏、吴起、刘歆等假说。1979年以后,这一问题又在学术界引起争论。最突出的是四川师院徐仁甫先生,他发表论文并出版《左传疏证》一书,发挥清刘逢禄之说,力主《左传》为刘歆于公元前8年伪作。笔者在《古籍整理》杂志1986年第2期上发表文章,从《左传》本身及其与《史记》关系等方面反驳了徐先生的意见,认为《左传》成书于公元前 5世纪中晚期,作者为哀悼间人。至于作者的姓名,在没有确凿的证据之前,还是不要否定左丘明为好。

《左传》还有传经与否,即其与《春秋》关系的问题,从上引《史记》文字可见,司马迁在这一问题上的态度是明确的。但西汉末的今文经学博士,却称"《左氏》为不传《春秋》"②,据说,其主要证据是因为当时《左传》与《春秋》别行,而不是像《公羊》《穀梁》那样与《春秋》经文混在一起。其实,熟悉古代文献的学者都清楚,许多解经之作原来是与本经别行的。孔子所作《易传》,就是与《周易》卦辞、爻辞分开的。《尔雅》《经典释文》都是释经之作,但至今别行。只有那些由经师口传,后来才著录为书的传,才保留了经师讲说的形式,将经与传混到一起。《左传》早在先秦就著录成书,怎么能要求其与《公羊》《穀梁》的形式相同呢?汉代《左传》传经与否的争论,是今古文学者争夺政治地位的产物。这种意见,虽然在今天仍有市场,但无论在经学还是史学上,都没有多大意义。《汉书·艺文志》"春秋类"小序中说:"《春秋》所贬损大

---

①《春秋经传集解序》孔颖达疏引。
②刘歆:《让太常博士书》,载《汉书·楚元王传》。

人当世君臣,有威权势力,其事实皆形于传。"二千年来,一般学者都主要据《左传》来研究《春秋》,能说《左传》不是释经之作吗?

《左传》本来是与《春秋》别行的,《汉书·艺文志》著录的"《春秋古经》十二篇",即是当时《左传》经师所据之经。西晋初年,杜预为《左传》作注,将《春秋古经》与《左传》拆开,"分经之年,与传之年相附"①。使二书合为一书,每年之内,先经后传,并总名之《春秋经传集解》,明确了《左传》为《春秋》正传的地位。而《公羊》《穀梁》二传,原本经传相混。自此以后,《春秋》再也没有单行本流传。古代学者曾试图据三传经文恢复《春秋》"正经",结果发现三传经文颇多异同,而难以折中。马端临《文献通考·经籍考九》说:"《春秋》一书,三传各以其说与经文参错,而所载经文又各乖异。盖事同而字异者,公及邾仪父盟于蔑、于昧之类是也;事字俱异者,尹氏、君氏之类是也;元(原)未尝书其事,而以意增入者,孔子生、孔子卒是也。然则其差可信者而言之,则《左氏》为优。何也?盖《公羊》《穀梁》传直以其所作传文搀入正经,不曾别出。而《左氏》则经自经,而传自传。"从保存比较可信的《春秋》经文这一点说,也不能否认《左传》为释《春秋》之作。

二、详明《春秋》的史实

《春秋》经叙述242年的历史,总共只用了16572字,每年平均68字,过于简略。例如发生了长勺之战的鲁庄公十年(前684年),《春秋》经文为:"十年春王正月,公败齐师于长勺。二月,公侵宋。三月,宋人迁宿。夏六月,齐师、宋师次于郎,公败宋师于乘丘。秋九月,荆败蔡师于莘,以蔡侯献舞归。冬十月,齐师灭谭,谭子奔莒。"全年经文共67字,除去记时间的19字,6件史事仅用了48字,平均每事8字。难怪宋人

---

① 杜预:《春秋经传集解序》。

要讥《春秋》为"断烂朝报"①。不过,我们将其与《竹书纪年》相比,就可以发现,早期编年史书皆如此。孔子是据鲁国国史删削而成《春秋》的,其简陋也就不足为难。

为了使后人了解《春秋》经所记史事的具体内容,扩大编年史体的容量,《左传》在继承《春秋》编年系事体例的同时,对其进行了重大的改造。吸收了当时各种著作体例的长处,打破了古代史官分工的界限,"合言事二史与诸书之体,依经以传,附著年月下"②。从而创造出了容量很大,叙事赡富,兼有传记和纪事本末形式,有论赞和凡例的新型编年史体。

左丘明本为鲁太史,有丰富的历史知识,为了诠释《春秋》,他并不以已有的知识为满足,而是进行了更加广泛的搜集史料的工作。首先,他搜寻到从周史到各诸侯国史的大量史书。《公羊传》隐公元年疏中说孔子曾"求周史记,得百二十国宝书"。唐朝陆淳和宋苏轼都据《左传》列出春秋124国国名,苏氏并说:"百二十四国,正合百二十国宝书之数。"③既然《左传》中叙述了124国的历史,则其作者必然参考了这些国家的史书。证明此说的,还有一条很重要的材料,就是《汉书·艺文志》所著录的两种《国语》:"《国语》二十一篇,左丘明著","《新国语》五十四篇,刘向分《国语》"。近人廖平和康有为认为,54篇的《新国语》是原来的真《国语》,刘歆于公元前8年将其分为30卷的《左传》和21篇的《国语》④,成为其刘歆伪作《左传》说的重要论据。事实上,当时参与在中秘校书的学者很多,而且刘向逝世即在公元前8年,刘歆怎么可能在那么短的时间里改纂出一部那么大篇幅的简牍

①王安石语,见《穆堂别稿》所载周麟之《孙(莘老)氏春秋传后序》。
②陈傅良:《春秋左氏国纪序》,见《经义考》卷184所录。
③《春秋啖赵集传纂例》卷10及《春秋列国图说》。
④《新学伪经考》"汉书艺文志·辨伪第三"。

古籍? 其他学者怎么可能对他的"可耻行径"不闻不问? 况且此说也无法解释后书为何名《新国语》? 其实,宋司马池很早就对《春秋》内外传的著作过程进行了合理的解释,在司马光《述国语》一文中说:"先儒多怪左丘明既传《春秋》又作《国语》,为之说者多矣,皆未通也。先君以为丘明将传《春秋》,乃先采列国之史,国别分之,取其菁英者,为《春秋传》,而先所采集列国,因序事过详,不若《春秋传》之简直精明浑厚遒峻也,又多驳杂不粹之文,诚列国之史学有薄厚,才有深浅,不能醇一故也。"①这是说,左丘明博采诸国史书,著30卷《左传》,剩下的材料编成了21篇的《国语》。刘向整理中秘藏书时,又将两书的材料合为54篇的《新国语》。此"新"字是为与原《国语》区别而定。这不正是左丘明参考了诸国之史以著《左传》的铁证吗? 我们查阅《左传》本文和有关资料,知道著述《左传》至少还依据了以下数十种文籍及大量钟鼎铭文和政府档案甚至囚徒名册,它们是:《虞书》、《夏书》、《商书》、《周书》、《夏训》、《太誓》、逸《书》、《训典》、周《礼》、《礼书》、《周易》、《易象》、《象魏》、《乐》、《三坟》、《五典》、《八索》、《九丘》、《鲁春秋》、《郑书》、《御书》、《志》、《前志》、《史佚之志》、《仲虺之志》、各国《语》、《世》、《令》、《制》、《秩官》、《周秩官》、《帝系》、《春秋列谱牒》、《穆天子传》、《军志》、《禹刑》、《汤刑》、《九刑》、周文王《法》、《仆区》、《郑刑书》、《范宣刑书》、《虞箴》、《丹书》等。

由于掌握了丰富的史料,《左传》在解释《春秋》时就能详尽、富赡而且周全。

首先,是对《春秋》所述史事经过进行了详尽的阐明。例如成公二年六月鞌之战,《春秋》只有"季孙行父、臧孙许、叔孙侨如、公孙婴齐师师会晋郤克、卫孙良夫、曹公子首及齐侯,战于鞌,齐师败绩",共35

---

① 《温国文正司马公文集》卷68。

字。《左传》却用1400余字,对战争的原因、战况作了全面、细致、生动的记述。

其次,对《春秋》未曾提及的春秋重要史事进行了补充。如《左传》隐公元年"夏四月,费伯帅师城郎,不书,非公命也"。这就向人们展示了即使在春秋初的鲁国也有大夫不听鲁公之命而私自筑城的事。庄公三十二年经:"秋八月癸亥,公薨于路寝。冬十月己未,子般卒。"读此,人们只知道鲁庄公死了,却不明子般卒与之有何关系。《左传》文云:"八月癸亥,公薨于路寝。子般即位,次于党氏。冬十月己未,共仲使圉人荦贼子般于党氏。成季奔齐,立闵公。"把发生于公元前662年的一次鲁国血淋淋的争夺君位史展现到了读者面前。

第三,为了阐明孔子的思想,交代有关史事的来龙去脉,《左传》还适当地扩大了编年的时限。《春秋》断代严格,始于鲁隐公元年(前722),终于鲁哀公十四年(前481)。《左传》纪事的编年,也开始于隐公元年,但为了叙清隐公摄位的理由,专门追述了鲁惠公二十四年(前745)声子以继室生隐公息姑之事,此一年代比鲁隐公元年早23年。为了述及孔子之卒,《左传》所录《春秋》经文下延至哀公十六年,比《公羊》《穀梁》所述经文多两年。又为了交代吴公子季扎"晋其萃于三族乎"的预言①,而将编年的下限延至鲁悼公四年(前463),并述及悼公十四年(前453)三晋灭智伯。这样做,就使读者对整个春秋时代的历史有比较全面的认识。

第四,为了使读者了解孔子所一再阐扬的三代和周公等人的事迹,《左传》以人物对话的形式,巧妙地转述了许多春秋以前的历史事件和传说。早期的,如关于黄帝战炎帝,尧、舜禅让,鲧、禹治水,夏启当政,羿、浞代夏,少康中兴,周人先世,文、武之兴,周公东征和摄政,

---

①《左传》襄公二十九年。

穆王巡游,共和行政,宣王中兴至西周之亡,西周的制度文化等等,不少内容是其他典籍中缺载的。可以说,《左传》是最早记述华夏上古历史的著作。顾颉刚先生指出:中国"古史传说和西周史事的较原始史料仍以见于《左传》为最多,运用《左传》等记载才有可能把古史传说和西周史事考证清楚"①。

从篇幅上看,《左传》全书182310字,是《春秋》经文的11倍,内容之丰富自不待言。汉桓谭《新论》言:"左氏《经》之与《传》,犹衣之表里,相持而成。经而无传,使圣人闭目思之,十年不能知也。"宋郑樵也说:"《春秋》得仲尼挽之于前,左氏推之于后,故其书与日月并传。不然,则一卷事目,安能行于世?"②皆可谓确论。孟子、荀子阐述自己的思想,后儒诠释五经之义,无不以三代和春秋历史为其主要例证,而《左传》所载历史资料,为这种阐述和诠释提供了丰富的史实。历代儒家读经,必以《左传》为先导,由此也可见《左传》在经学中的重要地位。

三、阐发《春秋》的深刻寓意

《左传》作者曾两次以"君子曰"的形式对《春秋》予以评说。第一次在成公十四年,君子曰:"《春秋》之称,微而显,志而晦,婉而成章,尽而不污,惩恶而劝善。非圣人,谁能修之?"第二次在昭公三十一年,君子曰:"《春秋》之称,微而显,婉而辨,上之人能使昭明,善人劝焉,淫人惧焉,是以君子贵之。"这两段话的意思是说,《春秋》这部书,言辞不多而意义显豁,记载史实而意义幽深,表达婉转屈曲而顺理成章,直言其事而无所污曲,能使以后的君主统治更加清明,使善良者

---

①顾颉刚:《(童著)春秋左传研究序》。
②《太平御览》卷610引,及《通志·总序》。

受到奖励,使罪恶者受到惩处。现在看来,这实际上是学界对《春秋》宗旨和作用最早的阐述。后来的经师和学者对《春秋》的论评,大体都是这些意思的发挥。

为了使读者明了《春秋》的深切寓意,《左传》除了以丰富的史实予以阐述让读者自行体会外,还特别总结了孔子笔削《春秋》的方法,即其在书中使用具体词语的意义,而成为著名的"五十凡",并将这些凡例随时插入于记叙之中。

《左传》阐明《春秋》用词含义的50条凡例,大体可以分为三类。第一类是修史法则,即史法,共有9条。如隐公十一年"凡诸侯有命,告则书,不然则否。师出臧否,亦如之。虽及灭国,灭不告败,胜不告克,不书于策",是讲当时诸侯各国都有互相通告史事的习惯,称"赴告",史官即据以写入史册。但当别国未曾赴告,无论其事多么重大,亦不书于史册中。这就解释了《春秋》中为何漏记某些鲁国以外史事的原因。文公十五年,"凡诸侯会,公不与,不书,讳君恶也。与而不书,后也"。诸侯盟会,是春秋间的大事,参与与否,标志了该诸侯国的地位,凡应当参与的盟会,各诸侯国君都尽可能争取参与。但在齐、楚、晋、秦诸强而前,鲁国早已降为二等之国。孔子撰《春秋》时,为了替父母之邦的鲁国国君隐讳,在记载盟会时,凡鲁君未与会,或迟至者,皆不书与会诸国君名。这就阐明了《春秋》的一条重要原则"为鲁君隐讳"。第二类是修史属辞,即书法,共有22条。如庄公二十九年:"凡师,有钟鼓曰伐,无曰侵,轻曰袭。"将《春秋》中对各次战争用词的褒贬色彩全盘托出。如果说,伐还是一个略带褒义的中性词的话,则侵是明显的贬义词。再如宣公四年"凡弑君:称君,君无道也;称臣,臣之罪也",就道明了《春秋》中对杀死国君正当与否的评判。第三类是论礼的说辞。如文公二年:"凡君即位,好舅甥,修昏(婚)姻,娶元妃以奉粢盛,孝也。孝,礼之始也。"是讲新君继位后,首先要娶立元妃(正妻),与妻舅家族修好，这是实行孝道的一项重要内容。这类凡例，已经是阐述孔子的思想了。

为了使学者明了《春秋》的深切寓意，《左传》还用作者或前人评论的形式予以阐述。《左传》作者自己的评论以"君子曰""君子谓""君子以为"等方式开头，在书中共有84次。如襄公三十年冬经文曰："晋人、齐人、宋人、卫人、郑人、曹人、莒人、邾人、滕人、薛人、杞人、小邾人，会于澶渊，宋灾故。"《左传》叙述，因为宋国火灾，诸侯国的卿大夫们会见于澶渊，商量给宋国赠送财物，但事后，却都没有履行承诺。君子曰："信其不可不慎乎？澶渊之会，卿不书，不信也。夫诸侯之上卿，会而不信，宠名皆弃，不信之不可也如是。《诗》曰'文王陟降，在帝左右'，信之谓也。又曰'淑慎尔止，无载尔伪'不信之谓也。书曰'某人某人会于澶渊，宋灾故'，尤之也。不书鲁大夫，讳之也。"就是解释了《春秋》对这次会见不讲信誉的批评态度，以及鲁国大夫叔孙豹虽与会却不书名的理由。如果没有《左传》的这一段文字，我们根本无法理解上述经文的微言大义。再如昭公三十一年冬，邾国的大夫黑肱逃来鲁国，并献给鲁君滥地。《春秋》仅书为"黑肱以滥来奔"。《左传》中却以"君子曰"的形式发表了大段的议论，说："名之不可不慎也如是。夫有所有名而不如其已。以地叛，虽贱，必书地，以名其人，终为不义，弗可灭已。是故君子动则思礼，行则思义，不为利回，不为义疚。或求名而不得，或欲盖而名章，惩不义也。"意思是说，黑肱是个小人物，他叛变了自己的国家，还将本国土地献给鲁君，从而《春秋》中记下了他叛国出地的丑名，是对他不义行为的最严厉惩处。《左传》中还21次用孔子或前代名人的话，对有关史事中的微言大义或深刻内含予以说明。如僖公二十八年城濮之战，晋文公以诸侯之师战胜楚国，冬天，在温地举行盟会，把周襄王也叫来装潢门面。《春秋》没有写襄王与盟，而是写成"天王狩于河阳"。《左传》此处引孔子的话进行解释，"仲尼曰：

'以臣召君,不可以训。'故书曰'天王狩于河阳',言非其地,且明德也。"这是揭示孔子在《春秋》中为尊者(周王)讳和为贤者(晋文公)的典型例证。

四、以儒家思想贯穿全书

《春秋》以仁义礼智信的标准和正名的方法,褒贬春秋时代的人事,"使乱臣贼子惧"。《左传》的作者,信奉儒家学说,熟悉孔子整理的五经,以释《春秋》为己任,全书在思想体系上,以孔子等早期儒家的言论为骨干,以五经为基础,采取各种方法,宣扬儒学观点,以儒学准则评判历史,使《左传》成为一本生动的儒学思想教科书,从而更加重了其在经学中的地位。

清代学者曾镛指出:"观《左氏传》中,多引《易》《诗》《书》《礼》《乐》之文,以论是非,于经盖无不通。"①引《易》者,如宣公十二年,晋智庄子言:"此师殆哉!《周易》有之,在《师》之《临》,曰:'师出以律,否臧,凶。'执事顺成为臧,逆为否,众散为弱,川壅为泽。有律以如己也,故曰律。否臧。且律竭也,盈而以竭,夭且不整,所以凶也。不行之谓《临》,有帅而不从,临孰甚焉!此之谓矣。果遇,必败,彘子尸之,虽免而归,必有大咎。"这是运用《周易》推论泌之战的胜负。引《诗》者,如桓公六年,大子曰:"人各有耦,齐大,非吾耦也。《诗》云'自求多福',在我而已,大国何为?"所引即为《诗经》之《大雅·文王》中句。引《尚书》者,如昭公二十四年,苌弘曰:"同德度义。《大誓》曰,'纣有亿兆夷人,亦有离德;余有乱臣十人,同心同德',此周所以兴也。君其务德,无患无人。"虽然其文字与今传本《尚书·泰誓》稍异,却被学者视作更为近古之本。引《礼》者,如襄公四年,君子曰:"《志》所谓'多行无礼,

---

① [日]竹添光鸿:《左氏会笺·总论》引录。

必自及也',其是之谓乎!"文中所谓《志》,就是一种古礼书。至于引《春秋》者,则比比皆有。许多学者,从《左传》所引五经中发现今传经文的讹误和遗佚,由此可见该书在经学中的价值。

《左传》全书浸透着儒学精神。在哲学思想上,《左传》以孔子的仁,即人本主义为核心。"仁者,人也。"书中屡引前人论说,阐述人的重要性。如桓公六年楚大夫季梁言"民,神之主也",将人摆到神灵之上。昭公十八年,郑子产言"天道远,人道迩,非所及也"。在《左传》作者看来,仁学的运用,主要是行德政。书中一再赞扬晋文公的文德,如在僖公二十七年称其"一战而霸,文之教也"。次年,君子谓:"晋于期役,能以德攻。"从德政出发,书中提出君主的使命在"利民",文公十三年,对邾文公为了"利于民"不顾自己寿命的行为,赞为"知命"。书中反对统治者过分地压迫民众,如昭公三年赞扬晏婴讽谏齐景公使其减轻刑罚,说:"仁人之言,其利博哉!晏子一言,而齐侯省刑。《诗》曰'君子如祉,乱庶遄已',其是之谓乎!"昭公二十年,引了两段孔子的话,称赞子产行德政,是"古之遗爱"。文公六年则以"君子曰"的形式,抨击秦穆公以子车氏之子等177人殉葬,是"死而弃民"。从人本主义出发,《左传》中提出,选贤任贤是安邦治国之本。襄公十五年君子谓:"官人,国之急也。能官人,则民无觊心。"襄公三年的君子谓,赞扬祁奚荐贤不避仇、不避亲的公正态度。文公二年的评论,从孟明两次打败仗仍受到秦穆公的重用,终于助其称霸西戎之例,称赞"秦穆公之为君也,举人之周也,与人之一也"。《左传》中以是否"利民"作为评判君臣的主要标准,故而书中一再赞扬齐田氏、鲁季氏和三晋。昭公三十二年,记载了史墨与赵简子的谈话,肯定季氏驱逐鲁昭公行动的正义性。说:"王有公,诸侯有卿,皆有贰也。天生季氏,以贰鲁侯,为日久矣。民之服焉,不亦宜乎!鲁君世从其失,季氏世修其勤,民忘君矣。虽死于外,其谁矜之?社稷无常奉,君臣无常位,自古以然。故《诗》曰:

'高岸为谷,深谷为陵。'三姓之后,于今为庶,主所知也。"这一段话,是历代对淫逸君主造反的理论根据。古人因此批评《左传》是"助乱之邪说"。其实,这些话,正是对孔子"君君、臣臣、父父、子子"①最好的注释。君就应该像个君的样子,要为民谋利,如果反其道而行之,推翻又有何错? 由此更可见,《左传》中有许多先秦儒学的精华。

《左传》特别重视礼,引孔子的话,论说了礼与仁的关系,言"克己复礼,仁也"②,以礼作为评判历史是非和人物功过的标准。关于礼的论说,在其评论中有19条,在五十凡中亦有19条。例如隐公十一年,君子谓:"郑庄公于是乎有礼。礼,经国家,定社稷,序民人,利后嗣者也。许,无刑而伐之,服而舍之,度德而处之,量力而行之,相时而动,无累后人,可谓知礼矣。"不仅以有礼赞扬了郑庄公之伐许,而且精辟地论说了礼的重要意义,历来被视为礼说要典。至于襄公二十六年所说"有礼无败",昭公二十五年所说"无礼必亡",更是对行礼重要性的强调。对礼的具体内容,《左传》中也有许多论说,例如,桓公三年:"凡公女嫁于敌国,姊妹则上卿送之,以礼于先君;公子则下卿送之;于大国,虽公子亦上卿送之;于天子,则诸卿皆行,公不自送;于小国,则上大夫送之。"对只注意礼的形式而忽视其实质的做法,《左传》作者很不以为然。昭公五年,鲁昭公到晋国去,"自郊劳至于赠贿,无失礼"。女叔齐认为,鲁昭公置国内危机于不顾,而把演习礼的形式作为要务,"言善于礼,不亦远乎!"君子为此称赞道:"叔侯于是乎知礼。"

《左传》文公二年"礼,孝之始也"的论说,恰到好处地分析了礼与孝的关系,极受学者称道。书中对孝论得很多,第一个"君子曰",就是:"颍考叔纯孝也,爱其母,施及庄公。《诗》曰'孝子不匮,永锡尔

---

①《论语·颜渊》。
②《左传》昭公十二年。

类',其是之谓乎!"①

对义的论说,如昭公十四年引孔子对叔向的赞扬:"叔向,古之遗直也。治国制刑,不隐于亲,三数叔鲁之恶,不为末减。曰义也夫,可谓直矣! 平丘之会,数其贿也,以宽卫国,晋不为暴。归鲁季孙,称其诈也,以宽鲁国,晋不为虐。邢侯之狱,言其贪也,以正刑书,晋不为颇。三言而除三恶,加三利。杀亲益荣,犹义也夫!"给千古官员树立了正义的榜样。

对忠的论说,如襄公十四年君子谓:"子囊忠。君薨,不忘增其名;将死,不忘卫社稷,可不谓忠乎? 忠,民之望也。《诗》曰'行归于周,万民所望',忠也。"

《四库提要》说:"汉晋以来,藉《左氏》以知经义,宋元以后,更藉《左氏》以杜臆说矣。传之与注疏,均谓有大功于《春秋》可也。"是对《左传》在经学中地位的准确评价。

（见《经学讨究》,兰州大学出版社,1997年）

---

① 《左传》隐公元年。

《左传》对编年史体的贡献

研究世界上古史的人，常常因为无法准确判定历史事件的年代而苦恼。印度古代历史根本就没有纪年，古代埃及和巴比伦虽然有年代记，但既不清楚，又不连续。中国古代的历史自公元前9世纪中期就有了明确、连续的纪年，这是中国古代史学的骄傲。

编年纪事的方法，使史事远近有别，而且写作容易，序列清楚，语无重出，查考简便。所以朱自清先生指出："编年在史学上是个大发明，这教历史系统化，并增加了它的确实性。"①在殷代甲骨文和西周金文里，已经有标明日、月、年或先月后日的纪事方法。到了春秋时代，正式确立了按日、月、时、年顺序编年纪事方法，就是"以事系日，以日系月，以月系时，以时系年"。《春秋》是现存最早的一部以编年纪事的史书，是在日、月、时、年之下以极简练的文句记载历史事实，每条一事，互相没有关系。全书最长的一条是定公四年三月"公会刘子、晋侯、宋公、祭侯、卫侯、陈子、郑伯、许男、曹伯、莒子、邾子、顿子、胡子、滕子、薛伯、杞伯、小邾子、齐国夏于召陵，侵楚"，共45个字。最短的只有一个字，如隐公八年九月"螟"。一般不过十字左右。由于这类史籍不能说明历史事件发生的原因、经过和结果，后人很难看出当时变化的痕迹，所以王安石讥"《春秋》乃断烂朝报矣"②。

---

①朱自清:《经典常谈》，上海:文光书店，1949年，第54页。
②周麟之:《孙(莘老)氏春秋传后序》，载《穆堂别稿》。

在春秋时代,除了《春秋》之类被刘知几称为纪事体的史书外,有记言的著作"书"(如《虞书》《夏书》《商书》《周书》《训典》等)。这类上古政治文件汇编式的历史著作,保存了不少具体生动的历史资料,但它们一般则"略无年月,或颇有,然多阙,不可录"①,而且史实不相连贯,对一般的史事往往缺乏记载。

一般认为《左传》是释《春秋》之作,自然地继承了该书编年系事的方法,但作者没有拘泥于《春秋》的条条框框,而是根据需要,吸收诸如《志》《易》《诗》《礼》等著作体例的长处,"合事言二史与诸书之体,依经以传,附著年月下"②,从而对《春秋》式的编年体予以了全面的创新。

首先,合记言纪事诸体为一体,叙事详尽赡富,而不是像《春秋》那样仅有简单的条目。啖助指出:《左传》"博采诸家,叙事尤备,能令百代之下,颇见本末","故比余传,其功最高"。③例如成公二年六月鞌之战,《春秋》只有"季孙行父、臧孙许、叔孙侨如、公孙婴齐帅师会晋郤克、卫孙良夫、曹公子首及齐侯战于鞌,齐师败绩"共35字。《左传》却用1400余字,对战争发生的原因、战况作了全面、细致、生动的记述。从篇幅上讲,《春秋》16572字,而《左传》182310字,为前者之11倍,内容自然丰富得多了。

肖楚认为"史之纪事,必须本末略具,使读者可辨"④。《左传》打破古代史官分工界限,在《春秋》的日月年编次之中,合记言纪事为一体是一个大胆的创造。这样,各种分散的材料被集中在编年体中加以叙述,就使古代已有的记言纪事两种史书的优点合而为一,使历史上复

---

①《史记·三代世表》。
②陈傅良:《春秋左氏国纪序》,见《经义考》卷184所录。
③陈浮:《春秋啖赵集传纂例》卷1《三传得失议第二》。
④《春秋辨疑》卷1《春秋鲁史旧章辨》。

杂的史事,多样的人物及各种人物在历史事件中的作用、地位生动形象而又连贯地表述出来了。

其次,《左传》含有纪事本末的形式,弥补了单纯编年叙事的不足,宋人杨时曾经提出,编年体"叙事隔涉年月,学者不得其统"①。就是一个历史人物的活动或一件重要史事的过程往往分散载于各年之下,人们难以搞清楚首尾。《左传》的作者,已经注意到这个问题,所以在写《左传》时,吸取《尚书》中《禹贡》《尧典》《金縢》《顾命》等篇具述一人一事本末的办法,不是毫无例外地将所有的史事都按年月日编次,而是适当集中一些史实,在事情的主要时刻一并叙述,或者用"初"字来引起对与之有关的前事的追述,或者末尾用简短的一两句话,叙及事件多年以后的结果。如晋文公重耳在外流亡19年,《左传》没有把流亡的情况分到19年中去写,而是集中起来,当僖公二十三年,晋惠公卒,君位继承问题突出时一并叙述,从重耳僖公五年由蒲城奔狄,写到他离秦返晋,这事实上是重耳即君位前的一篇传记了。《左传》中用"初"字的地方是比较多的。贾逵分析道:"凡言初者,隔其年后有祸福将终之,乃言初也。"②如襄公十年,叙述郑西宫纯门之变,先用了两个"初"字。"初,子驷与尉止有争,将御诸侯之师而黜其车,尉止获,又与之争。子驷抑尉止曰:'尔车,非礼也。'遂弗使献。""初,子驷为田洫,司氏、堵氏、侯氏、子师氏皆丧田焉,故五族聚群不逞之人,因公子之徒以作乱。"子驷与尉止争车和子驷为田洫而使贵族丧田的事,都发生在襄公十年以前。这样一追述,就使尉止等人攻杀子驷的原因昭然若揭了。《左传》中还善用带叙。韩菼指出"其传一人之事与言,必引其后事牵连以

─────────────

①《周武仲墓志》,见《经义考》卷184。

②[日]重泽俊郎:《左传贾服注擒逸》卷1。

终之,是亦一人一事之本末也"①。比如昭公十三年春,南蒯以费叛。叔弓围费,初为费人所败。后来,区夫为季平子献策,建议他:"若见费人,寒者衣之,饥者食之。为之令主,而共其乏困。费来如归,南氏亡矣。民将叛之,谁与居邑?"就是要用争取民心的办法来离间和打败南蒯。此法效果如何呢?本段结尾用"费人叛南氏"五字作结。将昭公十四年将要发生的事提前用一句话作了交代。而费人叛南氏的详情,在第二年事件发生时才作了叙述。再如定公十四年叙檇李之役,吴王阖闾(亦写作阖庐)被越军重创致死,书中接着叙及其子"夫差使人立于庭,苟出入,必谓己曰:'夫差,而忘越王之杀而父乎?'则对曰:'唯,不敢忘!'三年,乃报越。"从阖闾身死到夫差报仇,连续说了三年的事。这些追述或带叙,使史实有头有尾,弥补了单纯编年使史事隔绝的缺憾。王世贞曾讲到《左传》编年体与后代纪事本末体的继承关系。指出:"能法《左氏》之编年者,司马氏之后人光也。其文虽不及左氏之精凿,要亦有以继之,而上下千余年,其事为年隔而不能整桒。建安袁枢取而类分之,名之曰纪事本末,而左氏其祖祢也。"②

第三,扩大了编年史书的记史范围。《春秋》述史242年,《左传》通过人物对话附载了很多春秋以前的历史事件和传说。《春秋》的断代是很严格的,始于隐公元年,终于哀公十四年,每年各记其事,绝无逾越。《左传》不然,对传说中的黄帝战炎帝、尧舜禅让、鲧禹治水、夏启当政、羿浞代夏、少康中兴均有转叙,对西周的兴亡大事更多记载。其中不少上古的制度和史实,是其他史籍中缺载或有歧义的。《左传》昭公十二年郯子回答昭公的问话,讲到黄帝云师云名,炎帝火师火名,共工水师水名,太昊龙师龙名,少昊鸟师鸟名,以及少昊时各种鸟宫

①高士奇:《左传纪事本末》韩菼序。
②《春秋左传属事序》。

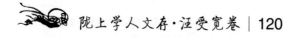

的职司,是上古职官制度的最早文字资料。至于襄公四年记羿、浞代夏和哀公元年少康中兴的夏代逸史,为诸书记载所缺,曾引起许多学者的兴趣,顾颉刚先生指出,中国"古史传说和西周史事的较原始史料仍以见于《左传》者为最多,运用《左传》等记载才有可能把古史传说和西周史事考证清楚"①。

第四,创造了论赞的形式。中国古代很早就有史官。《汉书·艺文志》说:"古之王者,世有史官,君举必书。"《曲礼》说:"史载笔左右。史者,使也;执笔左右使之记也。"《左传》也指出:"夫诸侯之会,其德刑礼义,无国不记。"史官在这里是"守掌故而不知择"②的记录员而已。这样写下来的东西,只有事实言谈而没有任何史官个人的意见。《左传》在纪事时,作者往往直接站出来,以"君子曰"等形式,对历史事件和人物进行评论,从而首创史书的作者评论——即后代所称的论赞。

我们知道,商周史官都有供咨询之职,他们必然熟谙历史,以便在君王咨询时引述古代史事作为分析现实问题的依据。汪中说:"作史者比事而书之策,待于其君则诵之,有问焉,则以告之。"③从《左传》所记的诵对的情况看,史官一般都必须同时提出一些评论意见。春秋时有人将史官所诵对的关于"邦国成败"的史事和"嘉言善语"的评论辑录成书,向贵族或王位继承人进行统治经验的教育,这类书被称为《语》。④《国语》就是许多《语》的汇辑本。《语》以评论为主,纪事为辅,从纪事引出当时或后代人对史的评论。《左传》与《国语》被称为《春秋》内、外传。《左传》中的评论,无疑是受了《国语》中所谓"嘉言善语"

---

①童书业:《春秋左传研究》顾颉刚序。

②《文史通义·史释》。

③《述学·内篇》。

④《国语·楚语上》。

的影响。另一方面,也不应忽视孔子讲学形式的启发。《汉书·艺文志》说,孔子在修史时"有所褒讳贬损不可书见,口授弟子"。在《论语》中就有许多孔子对当时所发生史事的评论。《左传》一开始很可能是在叙述史事时辑以孔子和前代名人(如仲虺、周任、史佚)的有关评论,这就是为什么在孔子政治和学术活动频繁的年代,《左传》中的许多评论都是"孔子曰"的原因,但有些史事,孔子和古人没有合适的评论,《左传》作者觉得非评论不可,于是就以"君子曰""君子谓"等开头,引出作者个人的褒贬意见。刘文淇指出:"传有评论,皆托之君子。"①这样,在史学著作中第一次出现了史书作者对历史的直接评论。刘知几认为评论的作用是"辨疑惑,释凝滞"②。评论是针对人事而发,反映了作者的观点和立场,因而《左传》中托之君子的评论,是研究作者政治、历史观点的最重要而且最直接的资料。据我们约略统计,《左传》全书有130多次评论,其中作者个人的评论有84次("君子曰"46次,"君子谓"23次,"君子以为"等15次)。

《左传》所创造的史书作者对史实的直接评论,使作者可以更好地驾驭史料,更充分地表达作者的历史政治见解,因而为后代史家争相仿效。《战国策》中的"君子曰"、《汉纪》中的"荀悦曰"、《资治通鉴》中的"臣光曰"、《二十四史》中的论赞都是祖《左传》"君子曰"而来的。

第五"凡例"的总结和运用。所谓"凡例",一般是说明编纂体例的文字。刘知几云:"夫史之例,犹国之有法;国无法则上下靡定,史无例则是非莫准。昔夫子修经,始发凡例。左氏立传,显其区域,科条一辨,彪炳可观准。"③对《左传》中的凡例,论者毁誉交加,但从著作体例上

---

①《春秋左氏传旧注疏证》文公二年。
②《史通·论赞》。
③《史通·序例》。

讲,如此全面地在史书中总结和运用凡例,确实是《左传》的首功。与"凡例"类似的文字,最早见于论礼之书,如《小戴礼记》有"凡名子,下以日月,不以国,不以隐疾,大夫士之子不敢与世子同名"①。《礼记·曲礼》有"天子曰崩,诸侯曰薨,大夫曰卒,士曰不禄,庶人曰死,古之训也"。可见,"凡例"是当时说礼的通例。严沆以为《左传》"发凡言例大率皆仍周礼"②。这个说法是有一定道理的。《左传》作者熟悉世代相传的不成文的古代史官纪事的规矩,又看到《礼》书中在记礼的同时有论礼的说辞,于是首先搜集古已有之的凡例,然后将这些凡例随之插入记叙之中,于是就成了我们今天在《左传》中见到的二百数十条义例。其中比较整齐的称为"凡",也有诸如称"书""不书""先书""故书""不言""不称""书曰"之类的,总的说"传之义例,总归诸凡"③。所以一般说《左传》义例即指凡例。《左传》中共有"五十凡",有论史的,也有论礼的,其中属于史官纪事法则,即所谓"史法"的有九条,如"凡诸侯有命,告则书,不然则否。师出臧否,亦如之。虽及灭国,灭不告败,胜不告克,不书于策"(《左》隐公十一年)。属于论修史用词,即所谓"书法"的有22条,如"凡师有钟鼓曰伐,无曰侵,轻曰袭"(《左》庄公二十九年)。"凡自虐其君曰弑,自外曰戕"(《左》宣公十八年)等。属于论礼的,即所谓"礼经"的有19条,如"凡侯伯救患、分灾、讨罪,礼也"(《左》僖公元年)。《左传》中的凡例,对我们研究先秦史学、礼制,理解《春秋》褒贬的文字,有很大的参考价值。

在史学史上,是《左传》作者第一次在一部史学著作中比较全面地总结了前代修史的法则,其首创之功是不应磨灭的。《左传》所创

---

①《小戴礼记·内则》。
②马骕:《左传事纬》严沆序。
③杜预:《春秋经传集解序》。

"凡例"对后代著作影响很深。虽然《史记》《汉书》忽视了这一点，但从《晋纪》开始，就有了专门性的成篇的"序例"，"后代修史，先定凡例，详略增损，分别合并"①，这几乎成了所有史书修纂中必经的一步了。

综上所述，《左传》编年史体例，除以年、时、月、日系事外，具有五个特点：叙事翔实，辅以传记和纪事本末，在传文人物对话中多有前代史事，有评论，有凡例。这五条，都是《春秋》所不具备的。所以虽然《春秋》在《左传》之前采取编年系事的形式，刘知几、章学诚却不称《春秋》而称《左传》为编年史书之祖（《史通·六家·二体》《文史通义·书教下》）。刘知几并且说："既而丘明传《春秋》，子长著《史记》，载笔之体，于斯备矣。后来继作，相与因循，假有改张，变其名目，区域有限，孰能踰此？"《左传》的修撰，打开了后代编年史体裁的门径。东汉荀悦《汉纪》、东晋袁宏《后汉纪》、梁裴子野《宋略》、干宝《晋纪》、宋司马光《资治通鉴》、南宋徐梦莘《三朝北盟会编》、李心传《建炎以来系年要录》等都是《左传》式编年史。《史记》中的"本纪"也是变《左传》体而来的，现代的诸种大事记，从根本上说，也是《左传》编年体的繁衍。王拯说："举凡金匮石室之藏，皆左氏之遗法。"②这绝不能视为溢美之词。

（原载《兰州大学学报》社科版，1983年1期）

---

①皮锡瑞：《经学通论》之四《春秋》。
②李凤镳：《春秋纪传》王拯序。

《左传》在历史文学上的两大特色

历史文学是史学史研究的一项重要内容。1981年,白寿彝先生的《谈史学遗产答客问》就以专门的一篇,阐述历史文学,亦即历史家对历史的文字表述问题,号召我们总结我国历史文学的优良传统。回顾十几年来的中国史学史研究状况,可说是硕果累累,成绩很大,但关于历史文学的研究却与白先生的期望差距甚大。本文在前贤的启发下,试图对《左传》文字表述的特色予以总结,以抛砖引玉,促进对古代历史文学史的研究。

先秦著作的一个重要特点是文字质朴,孔子说:"辞,达而已矣。"[1]认为文章不必浮华,唯以能信达地表述思想为要。孔子还说:"《志》有之,'言以足志,文以足言'。不言,谁知其志。言之无文,行之不远……非文辞不为功,慎辞哉!"[2]阐明优美的文字表述,是著述和思想能否永远流传的关键。《左传》作者将孔子对一般文章的文字要求运用到史学上,说:"《春秋》之称,微而显,志而晦,婉而成章,尽而不污,惩恶而劝善,非圣人谁能修之!"[3]《春秋》确实微而显,志而晦,惩恶劝善,但其文字过于简单,根本不能说其"婉而成章"。因此,我们与其将这段话说成是对《春秋》的赞辞,毋宁说是《左传》对历史著述

---

[1]《论语·卫灵公》。
[2]《左传》襄公二十五年。
[3]《左传》成公十四年。

的基本要求,尤其是对史书文字表述的认识。

白寿彝先生指出:"《左传》最大成就在历史文学方面……《左传》在历史文学上的成就,成为以后史学家和文学家学习的典范。而史学和文学的密切联系,也是《左传》所创始的中国历史著作上的一个传统。"①《左传》无愧于中国古代第一部以文辞见长的史书的称誉,其中的许多篇章,2000多年来一直为学者传诵。清人吴楚材、吴调侯选编的《古文观止》,共收散文220篇,从《左传》中选的就有34篇,近1/6。刘知几在略述《左传》文学特点后,说:"若斯才者,殆将工侔造化,思涉鬼神,著述罕闻,古今卓绝。"②对《左传》的文笔给予极高的评价。

长期以来,文学史家对《左传》的文学特点有很多研究。著者以为,从文史结合上来说,《左传》历史文学的特色在详略得当和行文练达两个方面,试论述于下。

一

历史事实纷纭复杂主次杂糅,一部史书无论以多大篇幅,也难以完全反映客观的历史,因此史文的繁简就成了史书文字表述中的一个重要问题。刘知几指出:"夫国史之美者,以叙事为工,而叙事之工者,以简要为主……文约而事丰,此述作之尤美者。"③将简而要、文约而事丰,作为史文繁简的最高标准。与《左传》所说的"微而显,志而晦,婉而成章",是大体一致的。

要使史文简要,文约事丰,关键在于对史料的剪裁。西汉严彭祖说:"孔子将修《春秋》,与左丘明乘,如周,观书于周史,归而修《春秋》

①白寿彝:《史学的童年》,载《史学史资料》1979 年第 1 期。
②《史通·杂说上》。
③《史通·叙事》。

之经,丘明为之传,共为表里。"①《公羊疏》隐公第一,疏引闵因叙云:
"昔孔子受端门之命制《春秋》之意,使子夏等十四人求周史记,得百
二十国宝书。"唐陆淳、宋苏轼都据《春秋》和《左传》,列出124国之名,
苏轼并说:"百二十四国,正合百二十国宝书之数。"②可见,左丘明撰
《左传》时参考了丰富的材料。如果这些材料不加以选择,认真剪裁,
该书将会臃肿杂乱而无法阅读。《左传》摒弃了流水账式的记史方法,
在"五十凡"中确定了八条"书"与"不书"之例,以贯彻著书宗旨,减省
史书篇幅。更在材料剪裁上狠下功夫,使叙事有简有繁,繁简得当。

《左传》剪裁史料,使史书繁简得当,有以下几个特点。

从年代分配说,前代历史适当从简,而近代历史则尽可能周详。
《左传》以196845字,记载了从鲁隐公元年(前722年)到鲁悼公四年
(前464年)共259年的历史。如果平均使用笔墨,每年的史文只能有
763字。我们统计,该书从隐公到宣公7世132年,共用57241字,占全书
总字数的29%,成公到悼公四年127年,共用139604字,占全书总字数
的71%。前后两部分时间相差不多,后者却为前者篇幅的2.4倍。该书
内容的详近略远,固然与前代册文坠脱、史实湮没有关,更反映了作
者历史观中对近代历史的重视。《左传》"君子曰"中说史书要"上之人
能使昭明,善人劝焉,淫人惧焉"③。讲史学的目的作用,一是要给统治
者提供借鉴,二是要惩恶劝善挽救世风。"殷鉴不远,在夏后之世",近
代历史对现实社会有更直接的借鉴作用,因此,《左传》才详近略远,
将古代的篇幅减少以便更充分地撰写近代历史。《左传》详近略远的
史书写作方法,是中国古代史学的优秀传统之一。

---

①《春秋左传正义·杜预序疏》。
②《春秋列国图说》。
③《左传》昭公十一年。

从对各诸侯国和周王朝历史的叙述说，一般国家和已经式微的周王朝叙述简略，对迭起称霸和在春秋历史上起重要作用的几个诸侯国却不惜篇幅，大书特书，从而更好地表现了历史的主线。《左传》中一共叙述了春秋时期120多个诸侯国的历史，如果平均使用力量，每国只能写1000余字。但国家有强有弱，历史影响有大有小，不能平均使用力量。据卫聚贤统计，各国在《左传》中所占篇幅，晋国第一，为26.5%；楚国第二，为18%；鲁国第三，为14%；齐国第四，为10%；郑国第五，为10%；卫国第六，为6%；宋国第七，为5%；其他110余国，总共只占全书的10.5%，绝大部分小国都只是一笔带过。① 这一安排是极有眼光的。春秋时代，齐、楚、晋是力量最强大的国家，并曾先后称为霸主，在历史上有重要影响，其中又以晋国后期最为突出，三家分晋，开始了新的历史时期，所以《左传》对晋、楚、齐之事叙述甚详，其中晋事尤详，"晋则每一出师，具列将佐"②。郑、卫、宋虽为小国，但地在中原，处于历史漩涡的中心，各国的征战、盟聘都与其有关，况且郑有子产，宋有襄公与子罕，卫多次发生变乱，都很值得载诸史册。而鲁为周公之子伯禽的封国，又为文化之都（所谓"周礼尽在鲁矣"），而且是孔子和左丘明的父母之邦，记鲁事较详亦是情理中事。至于周王室，"春秋时，周已衰落，与大事不甚生关系，故《左传》记周事颇略"③。

从对每一国家历史的叙述说，并不是面面俱到，而是各有侧重。对晋国史的叙述，重点放在文公、襄公和厉公、悼公的两次霸业和三家分晋形势的造成上。对楚国史的叙述，突出了楚庄公的霸业。对齐国史的叙述，主要为齐桓公创霸和陈氏势力的发展。对郑国史的叙

---

①卫聚贤：《古史研究》，第 128 页。
②《春秋啖赵集传纂例》卷 1 "三传得失议第二"。
③童书业：《国语与左传问题后案》，载《浙江省立图书馆馆刊》第 4 卷第 1 期。

述,重点为郑庄小霸和子产相郑。对吴、越两国史的叙述,着重于两国力量的此长彼消和互为水火上。

从对历史事件的叙述说,一般事件或省略不记,或一笔带过,对特殊问题或有影响的大事件则备述原委,务求周详。春秋时期发生的事件很多,弑君三十六,亡国七十二,大小军事行动四百八十多起,朝聘盟会四百五十余起。《左传》重点叙述的不过五十余事。清人高士奇成《左传纪事本末》53卷,记53件大事,即"《左氏传》文罕有所遗"①。一般称《左传》为解经之作,但《左传》叙事自有成法,对《春秋》并非亦步亦趋。隐公元年《春秋》"郑伯克段于鄢"一句,《左传》竟写了541字,把事情的来龙去脉交代得一清二楚。庄公二十六年,《春秋》共有5条合计25字的记载。《左传》对此5条史事全部"无传",却另外记了有关士蒍任晋卿和虢人两次侵晋的4件事共24字,为明年晋将伐虢、士蒍谏止之事张本。最典型的是城濮之战的记载。这次战役,晋打败劲敌楚国,是春秋历史上的大事。僖公二十七、二十八年的《春秋》,共记载了26条史事,《左传》对其中7条史事"无传",其他事也极为简略,两年中史文共2520字,竟用了2400字详述城濮之战的准备、战况与结果。而且从僖公二十三年晋公子重耳流亡起所记的许多事情,实际上都是城濮之战的铺垫和伏笔,真可谓重彩浓墨了。

从对每一历史事件的叙述说,无论事件大小,文字长短,书中都不平均使用力量,而是注意其特点,在表述其特殊性上下功夫。即以《左传》最擅长的战争描写来说。同样是重大战役,由于考虑到该战役成败的原因及其在历史上的影响,所以城濮之战重点写了战争的前奏,殽之战重点写了战俘的处理,邲之战重点写了双方和战之争与败退情景,鞌之战、鄢陵之战重点写了战争场面,柏举之战重点写了谋

---

①高士奇:《左传纪事本末·凡例》。

略。真是各具特点，各有其妙，又各到好处。蒋伯潜分析《左传》描写战争的特点时解释说："古代战争不若现代之复杂，若必详叙战争情形，则千篇一律矣。"①书中对一般战争，则注重其谋略战法的揭示，如随之战以伪和怠敌，长勺之战以逸待劳，楚伐郑之役郑"悬门疑敌"的空城计，楚庄王有意"七遇皆北"最后一举灭庸，平阴之役晋人多树旌旗并在尘土飞扬中用满载假人的战车来回奔驰吓得齐师连夜逃遁，长岸之战吴公子光潜人于楚营使楚军自相火并而乘乱出击，灭鼓之战晋军士身藏兵器伪装成买粮者聚集于敌城门外突然袭击一举灭鼓，侵楚之役吴人以小股兵力反复骚扰"彼出则归，彼归则出"，弄得楚军疲惫不堪，邧之役鲁人以驷赤入城挑拨侯犯与邧人关系，不费一兵一卒而获郎城……《左传》这样寓兵法谋略于一次次战例的叙述之中，难怪后人赞誉"左氏为兵法之祖"②。

从对历史人物的叙述说，一般人物简略带过，重要人物大书特书。《左传》全书共写了2539个历史人物③，但其着力刻画的人物并不多。冯李骅、陆浩指出："《左传》大抵前半出色写一管仲，后半写一子产，中间出色写晋文公、悼公、秦穆、楚庄数人而已。读其文连性情、心术、声音、笑貌，千载如生，技乃至此。"④在对子产的叙述中，先通过赂伯石邑，复纳丰卷，放逐子南，诛灭公孙黑，突出了其处理郑国内部豪强不法问题的高明手段。又通过定章服，辨庐井，殖田畴，不毁乡校，择能而使，作丘赋，铸刑书，显示了其改革内政强国富民的睿智决断。再通过对晋人征朝，讽晋重币，坏晋馆垣，拒公子围逆亲，不予宣子玉

---

①《十三经概论》第六编第六章"左传之文章"。
②宋徵璧：《左氏兵法测要·凡例》。
③张事心：《春秋左氏人物之谱·序》。
④《春秋左绣·读左厄言》。

坏,争贡赋之次,表现了子产周旋于大国之间竭力维护郑国利益的杰出外交才干。如此等等,大小数十事,约12000言,将子产这位救时之相的历史面貌突出地展现在读者面前,所以唐锡周说:"后半部《左传》,全赖此人生色。"①一部囊括259年历史的编年史书,竟然能集中约1/16篇幅去写一个历史人物,我们不能不佩服《左传》作者的眼光与技巧。

从对每个人物的叙述说,也不是平铺直叙,而是对其一般活动少叙或不叙,对能表现其性格特征、政治倾向、智慧勇武、历史作用的活动,则尽可能写得淋畅尽致,纤悉异常。郑国老臣烛之武是春秋史上的名臣。在《左传》僖公三十年他第一次出现时已经是一位老人了。当时,晋、秦联军包围了郑国,郑文公请烛之武说退秦师。烛之武"辞曰:'臣之壮也,犹不如人。今老矣,无能为也已。'公曰:'吾不能早用子,今急而求子,是寡人之过也。然郑亡,子亦有不利焉!'"一对一答,巧妙地将烛之武几十年的不得志概略道出。接着就是烛之武夜缒出城,对秦穆公的大段陈辞,指出晋得郑后必将图秦,对秦极为不利。从容委屈的一段话,使秦穆公心悦诚服,当即与郑国结盟,撤除围郑部队。晋师失去盟军,不得不悻悻退兵。有许多人物,虽然出场不多,由于《左传》刻画了其一两件突出事例,特色鲜明,从而给读者留下了极深刻的印象。例如,郑商人弦高以犒秦师救国难,成为平民爱国者的典型;晋史董狐以冒死直笔记史,成为历代史家道德的楷模;宋襄公以战争中不肯先发制人失败,被讥为蠢猪式的军事指挥员;骊姬以其奸险毒辣,被称作千古罕闻的阴谋家。

由于作者对纷繁的史料剪裁得当,叙史繁简得宜,各有侧重,使《左传》在历史叙述中有很大的回旋余地,用有限的篇幅,通过对众多

①《左传管窥》。

历史事件和形形色色历史人物的叙述,展示出列国在政治、军事、文化、经济等各方面的矛盾、斗争、影响和广阔社会现实的生动画卷,成为一部包容120余国259年历史的不朽的史学著作。

二

一部史书仅仅繁简得当,还不能说是文字表述上乘。因为文字表述更主要地指的是作者叙史的文字水平。清代史家崔述称:"《左传》纪事简洁,措词亦多体要。"①揭示了《左传》历史文学的第二个特色——行文的练达,即其文字经过反复锤炼,尽量简要,却又能信达传神地表现历史。《左传》行文练达,主要表现在以下几个方面。

《左传》很擅长于以简洁凝练的文字,形象准确地描述复杂纷繁的历史事实,说明重要的问题。例如,宣公三年讲晋灵公的残暴,只说:"晋灵公不君,厚敛以彫墙,从台上弹人而观其辟丸也。宰夫胹熊蹯不熟,杀之,置诸畚,使妇人载以过朝。"短短40字,就将一个横征暴敛、奢侈无度、残虐百姓、草菅人命的暴君形象跃然纸上。再如春秋时期,各国用历混乱,晋用夏历,宋、卫用殷历,皆与周历不同。作为一部记载124国历史的编年体史书,必须严格地以一种历法为准,统一换算各国的历日。《春秋》隐公元年春,用"王正月"三字,引起后代无数经师的争辩,颇有称孔子黜周王鲁者。《左传》在纪年开始就称"元年春王周正月",明确宣称该书纪年采用的周正,受到古今学者的特殊重视。朱彝尊称:《左传》"比经文止益一'周'字耳,而王为周王,春为周春,正为周正,较然著明。后世黜周王鲁之邪说,以夏冠周之单辞,改时改月之纷纶聚讼,得左氏片言,可以折之矣"②。

---

①《洙泗考信余录》卷 3《左子》。
②《经义考》卷 169 按语。

在史实叙述中,《左传》特别善于用简洁的语言描述紧张的战斗场面。鞌之战,"邴夏御齐侯,逢丑父为右。晋解张御郤克,郑丘缓为右。齐侯曰:'余姑翦灭此而朝食。'不介马而驰之。郤克伤于矢,流血及屦,未绝鼓音,曰:'余病矣!'张侯曰:'自始合,而矢贯余手及肘,余折以御,左轮朱殷,岂敢言病。吾子忍之。'"①首先,齐侯"灭此朝食"的豪言和不介马而驰的行动,就传神地表现了一个无比鲁莽、骄悍轻敌的主帅形象。其次,书中没有写战车奔突、矢如飞蝗、格斗激烈、杀声震天的战斗场面,只用晋主帅和驭手的受箭伤和主帅鲜血流到鞋上还在擂鼓不停,驭手将箭杆折断仍继续驾车,说明战斗的紧张,已经是不容喘息了。再如宣公十二年的邲之战,在楚军的追击下,溃败的晋军慌忙败退过河,舟少人多,军士争抢,书中只用"中军、下军争舟,舟中之指可掬"一句,就把无数士兵争攀船舷,而船上的晋军竟然用刀猛砍攀舷手指的紧张争抢场面不动声色地描绘了出来。还有对赵旃、逢大夫父子逃命的描述:"赵旃以其良马二,济其兄与叔父,以他马反,遇敌不能去,弃车而走林。逢大夫与其二子乘,谓其二子无顾。顾曰:'赵傁在后。'怒之,使下,指木曰:'尸女于是。'授赵旃绥以免。明日以表尸之,皆重获在木下。"这一段,没有写追兵如何紧逼,没有写赵旃如何奔命,也没有写逢大夫二子下车后如何立即被杀,只是通过逢大夫及其子逃跑时的简短对话和活动,就把那紧张万分,不容稍息的追逃情景犹如一幕惊险电影映现到读者面前。

《左传》还善于用极少的笔墨,通过语言、动作和心理活动来刻画人物的性格特征和思想感情,从而展示不同阶级地位的人物风貌。庄公十年的曹刿论战,用了曹刿与其乡人及鲁庄公的总共14句对话,特别是长勺之战的两个"未可"两个"可矣",把出身下层的曹刿的爱国

---

① 《左传》成公二年。

精神、深谋远虑、大智大勇、军事天才，生动深刻地揭示出来，实在令人拍案叫绝。再如僖公二十八年，叔武为了卫成公的回国而费尽心机，但卫成公并不信任叔武，让公子歂犬、华仲为前驱，突然冲进来，"叔武将沐，闻君至，喜，捉发走出，前驱射而杀之"。好一个"捉发走出"，叔武对成公毫无戒备的赤诚之心不言而明。成公十年，晋景公掉到粪坑里淹死了。事先有一个宫中奴隶(小臣)告诉别人说，他梦见自己背着晋景公上天堂。于是，就让这个奴隶从粪坑里把晋景公背出来，然后又用他为景公殉葬。书中对这件事写得极简单："(景公)如厕，陷而卒。小臣有晨梦负公以登天。及日中，负景公出诸厕，遂以为殉。"没有细节刻画，没有心理描写，寥寥20余字的白描，把一个压在社会最底层者的悲惨结局，写得自然而又揭示深刻。他不愤怒吗？他不贪生吗？不，像牲口一样以头来计数的奴隶，只能任人宰割，谁叫你多嘴多舌告诉别人你做的梦呢！这真是此时无声胜有声了。桓公元年，"宋华父督见孔父之妻于路，目逆而送之，曰：'美而艳。'"仅仅"目逆而送之"五个字，就把华父督从初见孔父之妻到不见时的姿态、眼神、心情，孔父之妻的美丽，全部传神地描绘了出来。

　　《左传》采用许多谚语、歌谣、口语、俗语，用以代替空洞的评论和无味的叙述，使文笔简洁、准确、鲜明、生动有色。子产在郑国大刀阔斧地推行改革，其效果及人们的反应如何，襄公三十年引用了两首民谣作答。第一首是子产从政一年时，人们唱道："取我衣冠而褚之，取我田畴而伍之。孰杀子产，吾其与之！"到第三年，则唱道："我有子弟，子产诲之。我有田畴，子产殖之。子产而死，谁其嗣之？"人们对子产的改革从不理解到拥护，从要结伙杀他到深情地赞颂他，读了民谣，你能不为子产的政绩所折服吗？再如宋国太宰皇国父负责替平公筑高台，耽误了秋收。子罕请求平公推迟至收割后施工，被否决。筑台的民工们唱道："泽门之皙，实兴我役。邑中之黔，实慰我心。"①意为:住在南门的白胖子(指皇国父),害得我们在这儿受苦;住在邑里的黑瘦子(指子罕),才真是关心我们的呀! 劳动人民的爱憎之情溢于言表。书中,襄公二十四年,子产寓书范宣子,责晋币重,以"象有齿以焚其身"来譬喻敛市过重将会使诸侯背叛晋国。襄公二十八年,子服以"饥寒之不恤,谁遑其后",说明老百姓吃不饱肚子,穿不上衣服,哪里还顾及行为的后果! 定公四年,柏举之战,夫槩劝告吴王先别把楚兵卒逼上绝境,否则"困兽犹斗",将增大获胜的难度。哀公八年,子泄用"唇亡齿寒"来比喻鲁与齐、晋相互依存的关系。其他,如桓公十年"匹夫无罪,怀璧其罪",宣公四年"狼子野心",宣公十六年"民之多幸,国之不幸",昭公元年"老将至而耄及之者",昭公三年"非宅是卜,唯邻是卜",定公十四年"民保于信"等等,都是极为深刻的精言妙语。这些歌谣、谚语、口语、俗语,都是在生活实践中产生、流传、修改的民间口头创作,特别富于思想性,善于模拟神情,表达意旨,描绘日常生活现象,是一些特别精粹的语言。《左传》作者花大力气搜集这些语言,恰如其分地予以运用,减省了书的篇幅,并且更为准确而富于感染力和说服力。

我们现在习用的许多成语,诸如:众叛亲离、一鼓作气、外强中干、大义灭亲、艰难险阻、鞭长莫及、尔虞我诈、唯命是听、疲于奔命、从善如流、戮力同心、居安思危、举棋不定、食肉寝皮、量力而行、除旧布新、多行不义必自毙、欲加之罪何患无辞、皮之不存毛将焉附,等等,都出自《左传》。可见该书语言之千锤百炼,丰富多彩而富于生命力了。

生动凝练的语言、绚烂曲折的情节、简洁传神的文笔,是《左传》流传千古的原因之一。清人皮锡瑞说:"左氏叙事之工,文采之富,即

_____

①《左传》襄公十七年。

以史论,亦当在司马迁、班固之上,不必依傍圣经,可以独有千古。"①
的确,两千四五百年了,我们今天读《左传》还觉得比较通俗易懂,深
入进去,更能陶冶于美的享受之中,而不像别的先秦古文如《尚书》那
样佶屈聱牙、晦涩艰深,也不像《春秋》那样干瘪无味。《左传》真是名
副其实的历史和文学并美的史学著作的典范。

(原载《史学史研究》,1996年第1期)

---

① 《经学通论·四春秋》。

刘歆作《左传》说质疑

在中国古史典籍中,《左传》是一部影响很大的书,又是一部引起很多争论的书。争论最多的是该书作者及成书年代。由于这个问题关系到《左传》的史料价值和历史地位,因此很有研究的必要。

近年,徐仁甫先生竭力倡言《左传》为刘歆所作说。其观点在《左传的成书年代及其作者》①一文中较为明晰扼要,本文拟主要从《左传》本身及其与《史记》关系两方面向该文提出质疑。

一

徐文说:"《左传》的作者果真是生活在春秋时代的左丘明,他就只能记载春秋以前的事实,为什么他在《左传》中记载了战国时代的事情呢? 比如:赵襄子的谥,知伯的事,秦孝公时'不更''庶长'的爵号,甚至秦惠王才开始的腊祭,秦始皇统一天下才有的郡县制,汉高祖始姓刘,这些在春秋时的《左传》中都出现了(所谓'虞不腊矣','迁于鲁县','其处者为刘氏'等)。"其实,这些疑问宋代叶梦得、郑樵、朱熹等人就提出过。《四库提要》对"腊为秦礼"的说法进行过驳斥,指出:"考《史记·秦本纪》称惠文君十二年始腊。张守节正义称,秦惠王始效中国为之,明古有腊祭,秦至是始用,非至是始创。阎若璩《古文尚书疏证》亦驳此说曰:史称秦文王始有史以纪事,秦宣公初志闰月,

---

①《四川师院学报》1978 年第 3 期。

岂亦中国所无,待秦独创哉。则腊为秦礼之说,未可据也。"①至于《左传》结尾处有知伯灭和赵襄子谥号的事,并不能说明该书就是刘歆所作的。据《左传》杜注和《史记》记载,知伯灭在周定王十六年(前453年),上距孔子卒仅27年;赵襄子卒在周威烈王元年(前425年),上距孔子卒也不过54年。孔子的三千学生中,有许多年龄很小。仅"颇有年名,及受业闻见于书传"的35名高足中比孔子年幼42~53岁的就有十名。②孔子终年73岁其时他们仅为18~39岁;知伯灭时,他们只有50岁上下,甚至到赵襄子死时,他们最幼者不过72岁。如果《左传》作者与上述弟子年龄相当,或即其中一位,他是有可能见到赵襄子死的。退一步说,春秋时的谥号,除了一般死后赐予外,也有生赐之例。昭公二十年,卫侯就曾生赐北宫喜为贞子、析朱鉏为成子。以赵襄子灭知伯后的赫赫权势而言,晋侯是有可能生赐赵襄子谥号的。因之,《左传》中有赵襄子的谥号并不能肯定作者是赵襄子死后的人。

毋庸讳言,《左传》中有后人附益补缀的成分。如文公十三年"其处者为刘氏"的"刘"字,就有可能是汉初人而改"留"字而成的(详见刘文淇《春秋左氏传旧注疏证》引惠士奇语)。春秋是一个社会激烈动荡与变化的时代,《左传》中"民,神之主也"③的重民思想和"社稷无常奉,君臣无常位"④的进化史观,都是这个时代的产物。《左传》中"其处者为刘氏"的附益之词,向刘氏帝王邀宠,为永葆刘氏一统天下服务,是与全书的思想格格不入的。正如人们并不因有建始年号和扬雄之语⑤,就

①《四库全书总目》卷26《春秋左传·正义》提要。
②《史记·仲尼弟子列传》。
③《左传》桓公六年。
④《左传》昭公三十一年。
⑤《史记·历书》《史记·司马相如传赞》。

否定司马迁是《史记》的作者，我们也不应因个别附益之词就否定《左传》是战国前期的作品。当然，徐先生并不以"其处者为刘氏"为附益改篡之词，而认为是《左传》非刘歆所作的证据。试想：西汉末年，社会危机日益深重，统治阶级企图以王莽代汉来遏制人民的反抗，作为王莽密友和高级谋士的刘歆也著书立说，散布汉运将终，改朝换代的舆论。在这种情况下，他怎么可能在自己所作的《左传》中编造与自己的政治观点相对立的刘氏为尧之后的神话呢？

徐先生自忖在时代特征上刘歆作《左传》说难以成立，所以竭力否认前人所谓"刘歆伪作《左传》证成莽篡"说，在《左传疏证》中乃言："《左传》公布在成帝绥和元年，其时固不知有莽篡也，《左传》又安能证成之？"①这是对历史事实的歪曲。早在河平三年（前26年）"时元帝舅阳平侯王凤为大将军秉政，倚太后，专国权。兄弟七人，皆封为列侯。时数有大异，（刘）向以为外戚贵盛凤兄弟用事之咎。向乃……（著）《洪范五行传论》，奏之"。到永始元年（前16年）刘向又上书谏起延陵，矛头直指王氏，指出"历上古至秦汉，外戚借贵未有如王氏者"，严重警告"事执不两大，王氏与刘氏亦且不并立"，呼吁成帝"黜远外戚，毋援以政，皆罢令就第"，否则"田氏复见于今，六卿必起于汉"②。很明显，刘歆始至中秘时，王凤等人即已有效田陈而代汉之心，怎能说，到绥和元年（前8年）时，"固不知有莽篡也"！

《左传》被古人誉为"兵法之祖"③。王原指出，其"兵法之妙，千古名将不能出此范围，然非知兵，安能叙之简而明、确而备如此！文人每叙战功，不能传古人兵法之妙音，以不知奇正虚实分合之术也。他家

---

① 《左传疏证》，第467页。
② 《汉书·楚元王传附刘向传》。
③ 宋徵璧：《左氏兵法测要·凡例》。

无论,即以马迁之雄,亦不能辨,非不知兵之故乎！故千古以文章兼兵法者唯《左传》"①。无疑,《左传》的作者不仅是位军事理论家,而且是位久经沙场的武将。以文人兼军旅,"出则为将,入则为相",这在春秋时代是毫不足怪的。当时战争频仍,"终春秋之世,未见贵族不能武事者,亦未见文武确实分职之痕迹"②。考刘歆生平除了校书外,就是任京兆尹和王莽新朝的国师公,虽曾挂名中垒校尉、骑都尉,却从来没有指挥战争的经历。试问,一个绝无军事实践的人,能凭空写出一部为千古名将抚卷击节的军事著作来吗？

《左传》中有许多预言,其中关于战国初年以前的预言几乎无不奇中,但其后则多不中。如文公六年"君子是以知秦之不复东征也",事实上,到秦孝公时就称为霸主,最后嬴政统一了六国。又如襄子二十九年吴公子季札聘于鲁,听了《郑风》以后,以为"其先亡乎！"可是郑国在两霸之间艰苦挣扎,直到三家分晋后才灭于韩。昭公四年,浑罕预言"姬在列者,蔡及曹、滕其先亡乎",而滕灭于宋王偃,在诸姬中为最后,这些都是预言不灵验的例子。一般说来,预言被证实了的,是作者所亲见的;而预言不灵的,是作者未见到结局的。不少学者据预言的灵验与否来推断《左传》成书年代,应该说,这是一种比较科学的方法。照徐先生的说法。《左传》为刘歆所作,刘歆是看到《左传》中所有预言的结局的。那么,他在作《左传》时为什么不使书中的所有预言都为史实所证验,以增强该书的神秘性,反而留下这些不灵验的预言,让其成为该书是战国前期所作的证据呢？

徐文说:"《左传》是不称吴楚之君为王的。"所以《韩非子·奸劫弑臣》中的"楚王子围杀王自立"一句,绝不是引自《左传》,而是《左传》

①《左传评》卷1。
②童书业:《春秋左传考证》,第369页。

采用《韩非子》原文的证据,也是"《左传》采书改书的一条规律"。我们认为引出这条"规律"的证据是大有问题的,据我们所知,不称吴楚之君为王的著作是有的,那就是《春秋》。《春秋》讲究正名,仅尊周天子为王,"吴楚之君自称王,而《春秋》贬之曰'子'"①。《左传》则不然,它对其他诸侯国君主总以公、侯、伯、子、男爵位相称,唯独对吴、楚两国君主既有称子的,也有称王的。《左传》在桓公六年,庄公四年、六年、十八年,僖公七年、二十六年,文公元年、十年、十四年、十六年,宣公四年、十一年、十二年、十四年、十八年,成公二年,襄公五年、十三年、二十二年、二十四年、二十五年、二十六年、二十九年、三十年,昭公元年、三年、四年、五年、六年、七年、十一年、十二年、十三年、十四年、十七年、十九年、二十年、二十二年、二十四年、二十五年、二十六年、二十七年,定公三年、四年、五年、十年,哀公六年、十六年、十七年、二十二年等处,都曾称吴楚之君为王。楚王子围的称谓,至少也有襄公二十六年和二十九年、昭公元年等处。我们不知道,徐先生是怎么得出《左传》"不称吴楚之君为王"的结论;我们也不理解,为什么说称"子"之书就必定是抄袭称"王"之书的。实际上,《左传》对吴楚之君的特殊称谓本身,正显示了该书的时代特征。在春秋时代,大部分诸侯都以爵位自称,只有楚国君主从鲁惠公二十九年起称王,吴国君主至迟在鲁成公六年以前也僭越称王(吴国历史至此时才有纪年)。《左传》作者主张"尽而不污"②,据直写史,因而他在自己的著作中实录了吴楚君主的自我称谓。如果真是刘歆作了《左传》,他尽可以而且也应该据《春秋》将称谓予以统一。

《左传》各部分篇幅的多寡不同,也带有显明的时代标志。如果

①《史记·孔子世家》。
②《左传》昭公三十一年。

《左传》为刘歆所作,除了采集群书外,他尽可以无中生有,信手编造(如梅赜伪《古文尚书》就是这样做的)。这样,《左传》全书各部分的篇幅应该是大致相等的。我们为此对通行本《左传》篇幅作了一个不很精确的统计,表明:从隐公到僖公这96年纪事简略(平均每年仅351字),而且多解经之语;从文公到昭公这170年中,纪事翔实(平均每年为1038字),其中襄、昭二世为最高峰(平均每年达1296字);定、哀二世比起文、昭之间来又稍略(平均每年为646字),且多有事无词,而悼公前三年的史实干脆缺载。董仲舒曾将春秋242年分为三个阶段,即所谓"有见三世,有闻四世,有传闻五世"①。这个"有见三世",是参照孔子生卒年代定的。假若如前文之推定,《左传》作者比孔子小四十多岁,则春秋十二世中,他有传闻五世,有闻五世,有见二世。传闻五世上距昭公初年已120年以上,由于年代久远,连年战乱,使各诸侯国册文堕脱,史实埋没。所以昭公二年韩宣子聘于鲁,"观书于太史氏,见《易象》与《鲁春秋》",就惊呼"周礼尽在鲁矣!"②《春秋》经文这个时期脱阙就较多,《左传》作者能掌握到的资料有限,因此他述事只好从简了。至于有见世为什么纪事又稍简略,甚至缺而不记呢? 至少有三个现实的原因:其一是"定、哀之时,纪载之书,行于世尚少故尔"③,当代作者无法搜集到比较整齐的资料。其二,除了亲身经历,人们往往无法完全了解当代所发生的各种事件的真相,对事情的是非与重要性当然也无法做出准确的判断,只有经过相当时间以后,事情的背景和内幕材料才可能逐渐透露出来(也可能永远淹没),这时候写史,内容就可以详细得多,评论就可以准确得多了。《左传》全书有"君子曰"之

---

①《春秋繁露》。
②《左传》昭公二年。
③崔述:《洙泗考信余录》卷3。

类作者评论85条，而定、哀、悼间仅三条，文、昭间却多至57条，这与作者是定、悼时人恐怕不是毫无关系的。其三，由于政治问题、人事关系、舆论压力，作者写当代史往往踌躇再三很难下笔，以至连《春秋》也是"定、哀多微词"[1]，但经过了相当时间以后，原来紧张微妙的政治问题、人事关系变得松散起来，这时写史者就可以比较超脱和客观了。总之，《左传》传文篇幅所呈现的"低—高—中"的曲线，是《左传》作者为定、哀、悼间人的最有力的证据，也是对刘歆作说不容置辩的否定。

二

在将《史记》和《左传》比较时，徐文根据两书记载同一事件的详略和用词不同，甚至个别差谬之处，就说"《左传》全书，正《史记》之误，补《史记》之阙的地方还多"，因此得出结论"《左传》成书是在《史记》之后的"。是的，《史记》与《左传》在纪事上有许多事实相同处（徐先生统计为十七篇一百二十七则），而且有的地方《史记》错了，《左传》是对的。但是，我们能因此就断定《左传》在《史记》之后吗？

在中国文献史上，由于对前人的著作不理解而导致后学者写作错误的例子时有所闻。就拿《左传》来说，隐公五年经文和传文都有"公矢鱼于棠"[2]。到汉初，《公羊》《穀梁》的作者已不理解"矢"为何意，因此妄改经文中的"矢鱼"为"观鱼"。《尔雅·释诂》以为"矢，陈也"。《史记》作"观渔"，贾逵以为是"陈鱼而观之"。[3]叶梦得认为"'观'正当

---

①张尚瑗:《三传折诸·穀梁折诸》卷6"定公"引洪迈语。

②今《左传》传文"矢鱼"为"观鱼"，但据《穀梁传》注"左氏作矢鱼"，则晋代范宁之所见《左传》原文为"矢鱼"。

③《史记集解》。

为'矢',不当言'陈'"①。俞成释"矢者,射也"②。清代学者多从叶梦得说。到1936年,陈槃先生据上古典籍和民族学材料考定:"隐公盖以弓矢射鱼,而非'观鱼'与叉鱼矣。"③才了却了这一公案,证明《左传》经文合于古制是正确的。还有《左传》襄公十七年经有"邾子牼卒",无传。《公羊》为"邾娄子瞷卒",《穀梁》为"邾子瞷卒"。究竟谁是谁非呢?传世的邾公经钟④证明,《左传》经文是对的。我举上述二例是想说明,学者从来没有因《春秋(古经)》记载的正确,《公》《穀》《史记》记载的错误,就说《春秋》出现于三书之后;同样如果某事在不同的书中记载不一,我们也不宜肯定误者在前,正者在后。

比较来看,不少《左传》正确而《史记》错误之处是太史公疏忽或不理解造成的。《左传》哀公十四年述及田陈子灭齐相阚止、弑齐简公之事。文中先书阚止,后称子我,杜预注云,"阚止,子我也"。从上下文分析,这个注是对的。《史记·齐太公世家》叙述此事,除个别地方稍简外,与《左传》文字全同。照徐仁甫先生的说法,这是《左传》补充《史记》事实的例子了。然而且慢,到《田敬仲完世家》叙述此事时,子我,成了阚止的宗人了,并进而言之,"田氏之徒追杀子我及阚止"。请注意,一个阚止,在这儿成两个人了。更有甚者,在《仲尼弟子列传》里,"阚止宗人"的子我,又变成了另一个与阚止同字"子我"的孔门弟子宰予了,而且说:"宰我为临菑大夫,与田常作乱,以夷其族。孔子耻之。"不仅人名混淆,史实也前后矛盾。这明明是司马迁自己没有理解《左传》原意造成的。我们能因此做出《左传》成书在后的结论吗?

---

①《春秋考》。
②《荧雪丛说》卷上。
③《春秋"公矢鱼于棠"说》,载《国立中央研究院历史语言所集刊》第7本(1936年)第2分册。
④端方:《陶斋吉金录》卷1。

在《十二诸侯年表序》《三代世表》《孔子世家》《五帝本纪赞》等处,司马迁一再声称自己在写《史记》时参考了《左传》。为了否认这一点,徐仁甫先生在《左传疏证》中提出了"书名蒙上而省"说,以证司马迁所称《春秋》《国语》或《春秋古文》皆《国语》之谓。其实,这种"蒙上而省"说法是不可靠的。纵然可谓《春秋左氏传》《春秋公羊传》,难道也可称《春秋战国策》《春秋楚汉春秋》《春秋太史公》吗?《国语》与《春秋》关系不大。又怎能冒成《春秋国语》呢?再说今天通行本《史记》中仍可以看到采用《左传》,删削未尽的痕迹。《陈杞世家》有"三十八年正月甲戌、己丑,桓公鲍卒。桓公弟佗,其母蔡女,故蔡人为佗杀五父及桓公太子免而立佗,是为厉公。桓公病,而乱作,国人分散,故再赴。"读到这里,谁都会产生疑问:甲戌是头年十二月二十一日,己丑是此年正月六日,一个人怎么在半月内死了两次?"再赴"是什么意思?要弄清楚这些问题,只好求教于《左传》。据《左传》凡例:"凡诸侯有命,告则书,不然则否。"[①]《左传》桓公五年:"春正月甲戌、己丑,陈侯鲍卒,再赴也。于是陈乱。文公子佗杀太子免而代之。公疾病,而乱作,国人分散,故再赴。"这里的"再赴""故再赴"都是解释《春秋》经文的话。原来甲戌陈侯鲍卒,已向鲁国通告。到己丑,因陈国内乱,国人四散,逃到鲁国的人再次向鲁报告陈侯鲍卒的消息。《春秋》严格遵循"告则书"的凡例,因此两个日子并录于次。《左传》在叙事的同时,用"再赴"说明两个日期并列的依据,用"故再赴"来解释"再赴"的原因。《左传》这样写是很自然的。《史记》并非解经的著作,却在文中冒出了"故再赴"的解经用语,就有些不伦不类,令人无法理解了。很显然司马迁据《左传》此条写《陈杞世家》时,虽将前一个"再赴"删去,却忘记把依"再赴"而存在的"故再赴"三字用自己的话说出来,而是一字不

---

①《左传》隐公十一年。

改予以照录,因此出现了这种奇怪的现象。《公羊》《穀梁》叙此事无"故再赴"字样,如果说《左传》在后,那《史记》中莫名其妙的"故再赴"三个字从何而来呢? 徐仁甫先生对此似无法解释,只好言《陈杞世家》中"桓公疾……故再赴"这"十三个字是后人窜入",理由是"于文为不通"①。这里我们不禁想起了康有为作《新学伪经考》时的办法,凡解释不通或不利于自己观点的史料,一概斥之为"伪窜"。这种做法,连梁启超也无法首肯,说康氏"乃至谓《史记》《楚辞》经刘歆掺入者数十条,出土之钟鼎彝器,皆刘歆私铸埋藏以欺后世。此实为事理万不可通者,而有为必力持之"②。我们请徐先生对"窜入"说也找出确凿理由来。

许多学者在研究《史记》语言特色时都指出,司马迁参考引用古代文献时,往往把那些僵化或含义不明的词汇句式,按照当时一般的理解,改为通俗易懂的词汇和句式。在采用《左传》时,司马迁也常做这样的翻译工作。《左传》昭公二十七年"我尔身",《史记》改为"我身子之身";僖公五年"大伯、虞仲,大王之昭也。大伯不从,是以不嗣",《史记》改为"太伯、虞仲,大王之子也。太伯亡去,是以不嗣"。这些由深化浅、由繁化简的语句,难道不能使我们得出与徐先生相反的结论吗?

春秋时周有老聃,齐有穰苴,吴有孙武。《史记》中为这三位声名赫赫的人物各立专传,刘歆《七略》和班固《汉书·艺文志》著录了三位大师的著作——《老子经》《司马穰苴兵法》《吴孙子兵法》,但是,《左传》中对这三人却无一字记载。其原因只能这样说明:三人都是鲁襄公以后的人,平生参与的政治、军事活动不多,主要以其著作而闻名。

①《左传疏证》,第286页。
②梁启超:《清代学术概论》。

《左传》作者生当与三人时代相近,但"定、哀之时,纪载之书,行于世者尚少"①,《左传》作者未及见其书,故不知其人。而后世学者综览春秋史事,翻阅二人著作,反而对三人事迹较为明了。所以《史记》有三人传略,而《左传》却漏记如此。从《七略》列三人著作看,刘歆很清楚三人生平。如果《左传》真为刘歆所作,他怎么会把《史记》立有专传、作品影响很大的三位人物弃而不记呢?

从《左传》本身的时代特征及其与《史记》的关系分析,《左传》绝非刘歆所作,而是战国前期的作品。那么,《左传》究竟为何人所作呢?杨伯峻先生说,关于《左传》的作者,"近人有不少设想,有的说是子夏,有的说是左氏为地名,吴起是作者,至今都是悬案。没有确凿不移的证据,还是存而不论为宜"②。从山东银雀山汉墓两种《孙子兵法》的同时出土,解决了千年疑案的教训出发,我们很赞同杨先生的这种意见。

(原载《河南古籍整理》,1986年第2期)

---

①崔述:《洙泗考信余录》卷3。
②《文史》第6辑,第72页。

司马迁和《史记》

在中国历史上有一位人人赞颂的伟人，他就是司马迁；在中华文明宝库中有一部永远璀璨的巨著，它就是《史记》。司马迁的人格和风格，堪为世人楷模。他所撰写的《史记》，则是世界史学和文学史上的丰碑。每一个有文化的中国人，不能不知道司马迁，不能不读《史记》。因为他和它，不仅是我们民族最初3000年文明史的撰写者和载体，而且是我们为人、做事的导师、基石和指路灯。

一

陕西韩城市南10公里的芝川镇，是西汉左冯翊夏阳县的属地。芝川镇东芝水南岸，有一座陡峭的山峰，峰巅屹立的古建筑群，就是韩城人引为骄傲、永奉香火的乡贤司马迁祠墓——太史公祠。《史记》作者司马迁，字子长，公元前145年（一说前135年）出生于夏阳县芝川镇附近的龙门寨，约逝世于公元前91年。司马迁的父亲司马谈是汉武帝时的太史令，他精通天文历数和诸子学说，而独重道家，是一位博学且见识卓越的史学家。他搜集了大量资料，特别是秦汉之际的资料，计划写一部与汉帝国强盛相适应的史书，并且已经完成了一些篇章。

司马迁幼时曾经耕牧于家乡美丽的河山之阳，不久随父亲迁居茂陵（今陕西兴平市）。他10岁开始学古文，曾师从当时最负盛名的学者董仲舒和孔安国研读《公羊春秋》和《古文尚书》，进而博览古代典籍以至当代的档案文书,为著述历史打下了坚实的基础。20岁起,他走出书斋,开始了漫游生活。他不远千里来到会稽(今浙江绍兴),探寻治水英雄大禹的葬地禹穴。接着,他北至姑苏(今江苏苏州),参观春申君的宫殿遗址,眺望帮助勾践复国的名相范蠡泛过舟的五湖。又向西登上九嶷山(今湖南宁德),搜寻了帝舜南巡的事迹。又向南,来到长沙国的罗县(今湖南汨罗),徘徊于汨罗江畔,悼念自沉的爱国诗人屈原。司马迁渡江北上,到了楚汉战争时大将军韩信的故乡淮阴(今属江苏),奠祭韩信母亲的陵墓,印证了少年韩信的传说。向西,到达蕲县(今安徽宿州南),访问了当年曾跟随陈胜、吴广参加反秦暴动的农民英雄的后裔。他渡过淮水,沿泗水向北,来到西楚霸王项羽的王都彭城(今江苏徐州),刘邦及其文臣武将萧何、曹参、樊哙的故乡丰、沛二县(今皆属江苏),采访到这些叱咤风云人物的许多鲜为人知的传说和资料。到了薛地(今山东枣庄),他亲身体验了战国著名四公子之一的孟尝君蓄奸养士的暴杰遗风。接着,来到他最为敬仰的"至圣"孔子的故里曲阜(今属山东),拜谒了孔陵孔庙,观摩了儒生演习礼仪的壮观场面,深深被孔子的为人及其创立的儒家学派的博大精深所感动。司马迁转而向西,来到大梁(今河南开封),驻留夷门,听到魏公子无忌礼待夷门监侯嬴和窃符救赵的生动故事,并考察了秦军引大河、鸿沟水淹灌大梁的遗迹。这是司马迁第一次漫游。回长安不久,他当上了汉武帝的近侍郎中。郎中平时是宫门武装侍卫,皇帝出行时做车驾的侍从。其间,他曾奉命出使巴蜀以南的今云贵地区,又随驾到过道家名山崆峒(今甘肃平凉)、相传黄帝大战蚩尤的涿鹿(今属河北)、秦万里长城的终点陇西(今甘肃临洮)、蒙恬驱逐匈奴的新秦中(今内蒙古河套地区),几乎走遍了西汉的山山水水。

十五年的漫游和调查,司马迁饱览了祖国绮丽的山河,考察了各地的历史遗迹,收集了大量古代的文物资料和历史故事传说,考察了各地的风土人情物产和地理形势,广泛接触了各阶层人士,尤其是下层民众。所有这些,使司马迁加深了对祖国和人民的热爱,扩大了眼界,开廓了胸襟,丰富了生活,增长了阅历,同时对他的政治见解和历史观念的形成、发展也起了很大的作用。

元封元年(前110年),汉武帝举行封禅大典,司马谈本应侍从前往,但是因为有病,滞留洛阳。司马谈又急又气,疾病加重。司马迁从西南返回,赶到洛阳,见到临终的父亲。司马谈说:"余先周室之太史也。自上世尝显功名于虞夏,典天官事。后世中衰,绝于予乎?余死,汝必为太史,为太史,无忘吾所欲论著矣……自获麟以来四百有余岁,而诸侯相兼,史记放绝。今汉兴,海内一统,明主贤君忠臣死义之士,余为太史而弗论载,废天下之史文,余甚惧焉,汝其念哉!"把毕生的事业和理想,留给了司马迁去完成。司马迁流着眼泪接受了父亲的遗命,说:"小子不敏,请悉论先人所次旧闻,弗敢阙。"(《太史公自序》)

元封三年(前108年),司马迁担任了太史令,这为他写作《史记》提供了极为有利的条件。他埋头阅读和整理"史记石室金匮之书",就是国家图书档案馆的藏书和档案。太初元年(前104年),司马迁主持的改历工作完成,太初历颁布。42岁的司马迁精力充沛,思想成熟,学术积累丰厚,于是正式开始了著作《史记》的伟大事业。他秉笔直书史事,连当今皇帝的丑事也不放过。汉武帝得知司马迁写史,要来了《景帝本纪》和《今上本纪》,阅毕大怒,将两篇本纪竹简书上的字全都削去,掷向司马迁。天汉二年(前99年),正在专心著述的司马迁应汉武帝的要求,表示了自己对李陵是否投降匈奴的看法,汉武帝竟以为降敌者辩护的罪名,将司马迁下狱,判处死刑。按照汉律,死刑犯可以纳钱赎罪,也可以用腐刑代替。司马迁无钱赎罪,为了活下去完成著史的理想,不得不忍辱含垢,下蚕室,受腐刑。狱卒的拷打,特别是阉割的奇耻大辱,加深了司马迁对封建专制制度的认识,不仅增强了他思想的进步性,也给他的创作带来了更大的动力。太始元年(前96年),司马迁出狱,被任命为负责替皇帝处理文书奏章起草诏谕的中书令。司马迁无心做官,把刑余之身全都用来发愤写作《史记》。太始四年(前93年),基本完成了《史记》的写作。此后,他的事迹,仅有一篇大约写于征和二年(前91年)的《报任安书》透露出一点信息。有人推测,大概因为司马迁此文"有怨言",以至下狱而死。

二

《史记》是我国古代第一部纪传体通史。作者司马迁在研究古代所存史籍的基础上,吸收了先秦史学的成就,创立了这样一种独立史坛、规模宏大、组织完备、可以包容社会全史的新体裁——纪传体,从而把我国史学发展推进到前所未有的新阶段,在史学和文学上树立了一块不朽的丰碑。

《史记》二字,本为秦汉间史书的通名。如《六国表序》中所言:"秦烧天下书,诸侯史记尤甚。"司马迁自称其书为《太史公书》。《汉书·杨恽传》又称该书为《太史公记》。还有称该书为《太史公》的。将司马迁的著作称为《史记》,开始于后汉末年荀悦的《汉纪》。魏晋间人,有称该书为《史记》的,也有称为《太史公书》的。最终以《史记》为司马迁著作专名的,是《隋书·经籍志》。梁启超在《要籍解题及其读法》中说,《史记》"实《太史公记》之省称耳",当为确论。《史记》中之"史"字,为史官之意,而"记"则是记载的意思。

《史记》记载了上起传说中的黄帝,下迄汉武帝天汉四年(前97年),前后共3000年的历史。全书共526500字,由五种体例互相配合补充,形成了完整定型的体裁。《史记》一百三十篇,包括十二本纪,十表,八书,三十世家,七十列传。本纪,用编年的形式,以一个朝代的世系或一个最高统治者以及一个皇帝为中心，提纲挈领地写出一代大事。在司马迁的心目中，本纪是纲纪天下政治的意思，所以为项羽、吕后这样在当时政治上起主导作用的人也立了本纪。表，是在先秦谱牒基础上的创新，按时间顺序，表列国家兴亡、帝王更迭、制度演变和世系官爵等情况，在书中起提要、汇总、省繁的作用。《史记》的表，根据需要和可能，有世表、年表和月表三种。书，后代称志，分专题叙述历代的典章、制度、经济、天文、地理、典籍等，具有文化史的性质。世家，用于记述贵族王侯的历史。先秦诸侯国的世家基本用编年体，记载其家族世代的活动。汉代的世家基本以人物为中心。司马迁认为，秦的灭亡归功于陈胜的发难，所以立有《陈涉世家》。列传，一般选择一人行事中最典型的事迹写成，用以记载各个时代不同阶层不同类型各种人物的历史。其中有为一人所立的专传，有将两个以上人物写在一起的合传，有将事迹相似者汇叙在一起的类传，还有记各少数民族和外国的族别传、国别传。《史记》在各篇之后都有"太史公曰"的论赞，用以对事件或人物进行论断。《史记》最末一篇为《太史公自序》，用以叙述作者的家世、生平、作史的宗旨经过，以及全书的篇目。

《史记》中的五体一百三十篇混为一体，构成囊括中国上古三千年历史和文化的壮丽画卷，被鲁迅称为"史家之绝唱，无韵之《离骚》"。

三

司马迁自称其著书是为了"究天人之际，通古今之变，成一家之言"。意为，《史记》要研究天道和人事的关系，把从古到今历史发展变化的大道理搞清楚，成为表达自己个人思想主张的学术著作。司马迁探求人与自然的和谐关系，同时把对自然现象的研究与当时流行的天人感应学说相区别，认为天象与人事没有什么必然的联系。他以原始察终、见盛观衰的方法,发现历史总是辩证地发展变化的,"物盛则衰,时极而转,一质一文,终始之变",从古往今来的历史变化中找出一些因果关系,作为当今的借鉴。

《史记》有着明显的反专制制度的倾向。他揭发秦朝的滥用民力,铺陈汉家盛世下的残酷,对人民寄以深切的同情。他愤慨于"窃钩者诛,窃国者侯,侯之门,仁义存"的罪恶现实,颂扬舍己为人、扶危济困的侠客。从楚汉战争的结果总结出,能否关心民众的疾苦,是政治斗争成败的关键。

《史记》努力用社会经济生活来探求历史发展的原因。他发现人类物质生活资料的生产历史有其规律,不以人的意志为转移。社会的分工是由生产和交换的需要决定的,而社会生产的发展是人们为了追求财富和满足物质需要而去从事工作的结果。他认为应该鼓励人们去追求财富,应该重商,而不是抑制商业。

司马迁在著书时,不避权贵,不畏罪祸,直笔实录,不为帝王和统治者隐讳。敢于揭露汉朝开国皇帝刘邦的流氓嘴脸和当时皇帝汉武帝迷信鬼神的无知。对历史人物,他不因其罪过掩盖其功绩,并且在一定程度上看到了人民的力量在历史上的作用,为商人、侠士、刺客、滑稽、俳优、日者、龟策等各阶层人物立传,展示了广泛的人生百态。

《史记》的诞生,对后世史学和文学的发展起到了重大的影响。清代史学家赵翼说:"自此例一定,历代作史者遂不能出其范围,信史家之极则也。"郑振铎先生称,《史记》"不仅仅是一部整理古代文化的学术的要籍,历史的巨作,而且成了文学的名著"。

首先,它创立完整的纪传体全史的体裁,又是通史的开山。《史记》的五体,各有渊源。但司马迁使它们相互配合,形成一个完整的体系,发挥各自不同的作用,是一个伟大的创造。这种形式,适应了中国封建社会大一统政治制度的特点和需要,被确定为"正史"。自班固改通史为断代以后,在两千年间陆续撰成体裁一致的二十六部"正史",系统完整地记载了自黄帝至清末约五千年的历史,总共3249卷,4500余万字。它不但在我国是冠盖史坛的巨著,在世界上也是绝无仅有的。

其次,它在史料的取舍上为后代史家树立了典范。司马迁著书的史料,主要来源有四个方面:一是书籍文件档案,二是广泛交游了解,三是直接访问调查,四是金石刻辞和图画。对所搜集到的资料,司马迁进行了认真的考证选择,信以传信,疑以传疑,这才给我们留下了这样一部伟大的信史。

第三,《史记》很重视当代史的研究,在兼顾各代的同时,以主要篇幅,记载汉代的历史,为我们树立了详尽略远的史学榜样。

第四,语言文字生动简练、通俗易懂。《史记》撰写历史人物的语言,都采用当时的口语和方言,反映了时代的特点。书中通过对人物形象和活动的生动描述,揭示了当时社会的政治斗争、社会矛盾、人物性格、人情世故,给读者留下深刻的印象。在叙事上,他注意避免重复,节省繁文,使全书脉络相连,有着缜密的系统。文字非常通俗,不仅广泛地吸取了当时通行的方言俗语,而且用字尽量通俗,引用古书,也常常译为当时通用的语言。其传记往往选取典型事件,注意细节描写,善于渲染夸张,博采传说故事,成为史传文学的典范。

第五,创造了寓论断于叙事的写作方法。在书中,作者往往不必专门议论,而是借用别人的评论,或用客观的史实和材料,或采用对比衬托的形式,或利用对历史人物活动的细节描写,把自己的论点表达出来。

四

读史使人明智,问古可知兴替。章太炎先生说:"一部廿四史,人皆以《太史公书》第一。"《史记》作为最优秀的古典名著,两千年来备受推崇,读者数以亿计。今天的读者,更以阅读《史记》作为自己增进历史、文化修养和提高写作能力的重要途径。

由于纸张和印制成本的高昂,新书的定价愈来愈高,令一般读者望而却步。考虑到多数读者的经济能力和阅读水平,为了向大家提供一部实用、方便、易读、价廉的《史记》读本,编者对该书进行了一定的加工。

第一,恢复《史记》的原貌。《史记》成书以后,司马迁将其"藏之名山,副在京师,俟后世圣人君子"。至其外孙杨恽将该书公之于众时,已有亡佚。该书在西汉社会的巨大影响,使不少人相继为其补作亡篇或续以西汉史事。西汉续补《史记》者,据唐刘知几所说,除褚少孙、冯商、刘向、刘歆以外,还有卫衡、扬雄、史岑、梁审、肆仁、晋冯、段肃、金丹、冯衍、韦融、萧奋、刘恂等人。补作的亡篇,如《孝武本纪》,篇首60余字袭用《孝景本纪》,其后全抄《封禅书》文字,与《太史公自序》所言"汉兴五世,隆在建元,外攘夷狄,内修法度,封禅,改正朔,易服色,作《今上本纪》"的内容宗旨相距甚远。其他如《汉兴以来将相名臣年表》《礼书》《乐书》《律书》《兵书》等,或全部或部分为后人杂取诸书,拼凑成文,拙劣之甚。为《史记》续补文字的,主要是褚少孙。经考证,褚少孙补作了《三王世家》《日者列传》《龟策列传》,续写了《三代世表》《建元以来侯者年表》《陈涉世家》《外戚列传》《梁孝王世家》《田叔列传》《滑稽列传》等篇章的部分内容,总共25000余字。另有读史者增窜的10篇,约4800字,好事者补亡的约1700字。这些内容都不是司马迁原作,故予删除,以恢复《史记》原貌。这是一项非常有意义的学术工作。

第二,对一般读者来说,《史记》的部分内容极为难懂,无法读通。如讲天象的《天官书》,除非是研究古代天文学的专家,否则很难读懂。与其印出不读,不如删去了事。

第三,就非专业的读者来说,《史记》年表中大量的表格并无用处,故亦予删削。

第四,考虑到多数读者对繁体字较为陌生,故而全书以简体字排印,以省却大家辨认繁体字的麻烦。

第五,全书正文用小五号字印制,这样既不影响阅读,又可以节省造价。另外,各篇采取空数行接排的办法,也是为了节省印张。将来如果读者需要,我们拟另印行五号字本,但那样,书的定价必然提高。相信读者能理解我们的苦衷。

(1998年1月为某出版社所出版的《史记》所写作的前言)

司马迁笔下的秦始皇

在中国古代史上,很少有可以与秦始皇的影响相提并论的人物。他功大过亦大,历来毁誉褒贬都十分激烈。为这样聚讼纷纭的历史巨人作传,又要写出他所经历的整个时代的概貌,实在是一件极其困难的事。在《报任安书》中,司马迁说,他著史是"网罗天下放失旧闻,略考其行事,综其终始,稽其成败兴坏之纪"。《秦始皇本纪》可以说是贯彻这一宗旨的一个典范。司马迁以他如椽之笔,以不足万字的篇幅,给我们展示了中国第一个统一封建王朝建立前后四十余年风云变幻的历史画卷,把秦始皇这个在历史大转变中叱咤风云的人物,写得有血有肉,个性鲜明。特别揭示了秦王朝"成败兴坏"的全过程,用以警告汉代统治者要关心人民的疾苦,否则"百姓怨望而海内叛矣"[1]。

无论怎么说,秦始皇首先是个对中国历史做出重要贡献的杰出的封建帝王。是他领导的统一战争,结束了春秋战国近五百年诸侯割据混战的局面,使人民可以有一个比较安定的环境从事生产。是他建立的秦王朝在中国历史上第一次实现了真正意义上的疆域辽阔的统一,加强了各地区政治、经济、文化联系,为我国长期的统一奠定了基础。长期以来,我国封建社会以高度发展的经济和文化,屹立在世界文明的前列,而且能有效地抵抗外来侵略,保持国家的独立,都与秦统一的开创之功,有着不可分割的历史联系。

---

[1]贾谊:《过秦论》。

但是,汉兴以后,在司马迁当世,很少有不骂秦始皇的。司马迁不受时俗众议的迷惑,以一个杰出历史家的卓越史识,批评了那些因否定秦的暴政而不分青红皂白连带否定秦统一之功的"耳食"之儒,充分肯定了秦结束诸侯混战,统一天下的业绩,盛赞秦王朝"成功大"。司马迁探索了秦之所以能实现统一的原因,首先是"天所助焉"①。这个天,当然不是神,而是客观的历史事势。这个客观事势,司马迁在《秦始皇本纪》中以秦始皇的话阐明了,就是"天下共苦战斗不休,而求其宁息",即人民要求统一的愿望成为不可阻挡的历史潮流。秦顺乎了这一潮流,所以说是得天之助。

从唯物史观来看,春秋战国的诸侯战争和秦统一,都是中国封建社会初期经济运动的必然产物。春秋战国时代,是我国古代封建制代替奴隶制的大变革时代。当时,农业生产者从奴隶制的桎梏下解放出来,劳动兴趣和生产积极性有了提高。加上铁农具的使用,水利灌溉事业的发展以及耕作方法的进步,农业生产以前所未有的速度向前发展。农业的发展,促进了手工业的进步,促进了商品交换的发展和商业城市的兴起,各地区间的经济联系日益密切,迫切需要实现全国的统一。从另一方面说,封建经济的基础是封建的土地所有制。在这种所有制下,封建主占有的土地越多,其剥削收入就越多,这就决定了封建地主阶级内部,必然要出现兼并土地的斗争。这种斗争在大封建主之间,就可能表现为攻城略地无休止的兼并战争。春秋后期,尤其是战国时期,持续几百年的诸侯割据混战局面,就是这种大封建主争夺土地所有权的表现。战争使原来的大小百余个诸侯国被兼并到只剩下齐、楚、燕、秦、韩、魏、赵七个大国,而大国之间的战争规模更大,更残酷,掠夺性更强,对生产力的破坏也更为严重。从封建统治阶

①《史记·六国表序》。

级的整体和长远利益来说,就需要出现一个高踞于所有封建主之上,强有力的、统一的、中央集权的国家机器,来调整全国各大小封建主之间的关系,促进封建生产关系的完善与发展,制止无休止的兼并战争对社会生产力的破坏,以政权的力量,去组织生产和对付那些受剥削的农民群众。从这一点来讲,结束混战局面,实现全国统一是一个伟大而且迫切的历史任务。战国后期,七国先后称王,都企图做统一之主。但是,统一大业只能由一国最终完成。

秦始皇嬴政是个幸运儿,历史选定了他去完成统一六国,建立大一统封建帝国的宏伟事业。秦国的先君大臣经过一百多年的努力,为他完成这一历史使命准备了充分的条件。司马迁对这一历史演变过程有明确的论述。他认为"秦起襄公,章于文、缪、献、孝之后,稍以蚕食六国,百有余载,至始皇,乃能并冠带之伦,以德若彼,用力如此,盖一统若斯之难也"①。为此,司马迁特作《秦本纪》,对秦由弱变强的历史转变进行了系统的叙述。故《秦始皇本纪》只在篇首简要提及。嬴政继位秦王时,秦地"已并巴、蜀、汉中,越宛有郢,置南郡矣;北收上郡以东,有河东、太原、上党郡;东至荥阳,灭二周,置三川郡"②。可以说是三分天下有其二了,东方六国譬若秦之郡县。这说明秦始皇的先辈为他实现统一奠定了雄厚的基础。

嬴政继王位时只有13岁。国家大权旁落在号为"仲父"的相国吕不韦和假阉人嫪毐手里。但司马迁对这两个人的写法有明显的不同。对吕不韦的写法是,"吕不韦为相,封十万户,号曰文信侯,招致宾客游士,欲以并天下"。以最简洁的语言,概括了吕不韦摄政时为秦最终统一天下作组织准备的功绩。司马迁还为吕不韦立了专传。《吕不韦

①《史记·秦楚之际月表序》。
②《史记·秦始皇本纪》,以下凡引本篇不再注明。

列传》记载,吕不韦为了佐秦统一天下,招致天下宾客编纂《吕氏春秋》,探讨了新的历史条件下的封建政治理论体系,为秦统一做了政治和舆论的准备。吕不韦在书中论述了统一的方法,主张用义兵来"诛暴君";论述了治国的方法,主张君主"无智,无能,无为"①。这些思想,在当时的历史条件下应该说是非常适宜的指导方针。可惜,秦始皇没有采纳无为而治的政治方针,却反其道而行之。否则,中国古代的历史可能就是另外一种写法了。显然,司马迁对吕不韦是基本肯定的,对嫪毐的写法就不是这样。嫪毐是一个淫逸、阴险而又权欲熏心的家伙。他不惜以假阉人的卑鄙手段入宫与太后淫乱,不几年就飞黄腾达,掌握了国政,乃至于"事无小大皆决于毐"了。在这种情况下,秦王嬴政亲政后,立即采取果断措施,首先消灭了嫪毐叛乱集团,继而又将吕不韦的势力一网打尽。从此,秦王政大权独揽,为他集全力进行统一战争铺平了道路。这时秦王只有22岁,而他的雄才大略已是崭露头角了。

秦王政亲政以后,重用李斯、尉缭等客卿,重新制定了对付六国的战略和策略,军事与外交双管齐下,开始了大规模统一六国的战争。秦王给予王翦、桓齮等老将以指挥全权,加强了对六国的军事进攻,由近及远,各个击破。为配合军事进攻,在外交上用重金贿赂以离间六国君臣,破坏各诸侯国之间的关系,使其合纵不成,内部纷扰。于是秦军势如破竹,先灭韩,次破赵,再得魏,然后倾全力加兵于楚,最后灭燕、定齐。从公元前230年至前221年,仅用了十年时间,就完成了统一六国的旷古大业,建立了第一个统一的多民族的中央集权的封建国家。司马迁在撰写这段历史时,以秦王政的活动为主线,注意到兼顾李斯、尉缭、王翦、桓齮等文臣武将的辅佐攻战之功,司马迁不仅

①《吕氏春秋》卷7"荡兵",卷25"分职"。

记载了李斯、尉缭等大臣为统一所献之计,而且在叙述统一六国战争时,每战必书统兵将帅姓名,其中提到的麃公、杨端和、辛胜、腾、羌瘣等人皆因之而得以垂名汗青。当然,这些人之所以能发挥作用,与秦王政在统一战争时期思贤如渴、博采众议、从谏如流的突出品质是分不开的。《秦始皇本纪》中对此做了多次生动具体的叙述。秦王政因嫪毐谋反而迁怒母亲赵太后,齐人茅焦进谏这一不孝行为将导致六国"倍秦",秦王政马上"迎太后于雍而入咸阳,复居甘泉官"。韩国间谍水工郑国入秦修渠,以延缓秦兵东进,阴谋揭露后,秦王政因而"大索逐客",驱逐客籍官员。李斯上《谏逐客书》,秦王政就"止逐客令",且让李斯掌握了大权。魏人尉缭给他献破六国合纵之策,他不仅"卒用其计策",而且"见缭亢礼,衣服、食饮与缭同"。活画出一幅雄略君主礼贤下士的彩图。秦国君臣真是红花绿叶,相得益彰。

秦统一以后,在没有先例的情况下,面临创建大一统封建国家政权的艰巨任务。秦始皇是一个无畏的探索者,他以气吞山河的气魄,出色地完成了这一历史重任。从封建地主阶级的政治需要出发,他确立了至高无上的皇权,规定封建国家的最高统治者称"皇帝",自称为"朕",命令叫"制""诏",印叫"玺";他自命为始皇帝,后代,以世来计数,要"二世、三世至于万世,传之无穷"。他设立了三公九卿的中央行政机构,在地方普遍推行郡县制度,在基层实行乡、亭、里的行政组织和伍什连坐制度,这样一套密如蛛网复杂的封建官僚和国家组织制度,便于地主阶级更有效地统治人民,对以后封建王朝的政治制度有着深远的影响。他"令黔首自实田",在全国范围内确立封建土地所有制,他统一度量衡,统一货币,统一文字,统一车轨,促进了全国各地经济、文化的交流和发展。秦始皇的这一系列建树,对中华民族这个统一体的形成与巩固,有着巨大的意义。为防止诸侯战祸的再起,他坚决摈弃了商、周以来的分封制,子弟功臣一概不予分封,郡县长官由皇帝任免。他收缴天下兵器,铸成了十二尊铜人为镶的巨钟。他下令拆毁战国时各国所修的关塞、城郭、川防。他"徙天下豪富于咸阳十二万户",更严密地控制怀有二心的六国旧人。他大规模地进行对边疆地区的统一战争,派蒙恬等人带兵北击匈奴,南征百越,向新征服的河套和五岭地区大规模移民。这些移民带去了中原地区的先进文化和生产技术,促进了当地的开发和民族融合。他下令西起临洮,东到辽东,修筑了举世闻名的万里长城,不仅在当时有效地阻止了北方匈奴对汉族地区的掠夺,而且成为中华民族悠久文明的象征。在当时,秦王朝的疆域"西涉流沙,南尽北户,东到东海,北过大夏",广袤万里,是世界上最强大的封建王朝。他继承和发展了商鞅"重农抑商"的发展经济政策,对中国封建社会经济战略重心的确定影响极大。他大事巡游,到过陇西、北地、碣石、会稽、洞庭、琅琊、上党、南郡等地,到处推行统一的政教习俗,对中华民族统一风俗的形成有不小作用。任何一个历史人物,只要做了上述一件事,即可在青史留名。秦始皇在各方面全面建树,司马迁为之作大传,秦始皇当之无愧。

司马迁从"汉承秦制"认识到了秦开创中国封建一统国家政治制度的功绩。他曾说过:"秦有天下,悉内六国礼仪,采择其善,虽不合圣制,其尊君抑臣,朝廷济济,依古以来。至于高祖,光有四海,叔孙通颇有所增益减损,大抵皆袭秦故,自天子称号,下至佐僚及宫室、官名,少所变改。"①在《秦始皇本纪》中,作者不厌其烦地一件件记述了上述秦初建立国家制度和巩固统一的各项措施。鉴于汉分封同姓王导致七国之乱的历史记忆犹新,司马迁特别推崇秦始皇废分封制实行郡县制的果断措施。为此详细记叙了秦朝廷关于国家制度的两次辩论,让读者从中自明是非。第一次是秦始皇二十六年,丞相王绾建议在新

①《史记·礼书》。

近夺得的六国地区分封诸皇子为王。秦始皇交群臣讨论。廷尉李斯力陈分封之弊、郡县之利,秦始皇立即裁断:"天下共苦战斗不休,以有侯王。赖宗庙,天下初定,又复立国,是树兵也,而求其宁息,岂不难哉! 廷尉议是。"第二次是三十四年博士淳于越又挑起了关于分封同郡县的争论,他引殷、周为例,提出从巩固秦嬴皇权的目的出发,也必须封子弟为诸侯,且警告,"事不师古而能长久者,非所闻也"。李斯针锋相对地予以驳斥,指出:时代不同,国家制度也要相应变化,三代的事,是不足法的。秦始皇毫不含糊地再次支持了李斯的意见,更表明了他在历史转折关头作为一位决策者的英明。

但是,作为一位具有卓识远见和勤于思索的历史学家,司马迁的目的并不是为了秦王朝唱赞歌。他忠于历史,实录史事。他没有放过秦政暴虐的记载,以相当篇幅探索了秦建立仅十五年即亡的历史教训。

秦的灭亡,有一个从秦始皇到二世的演变过程。秦的建立,使人民从战国纷乱中盼到了统一,人民是拥护秦王朝的。贾谊说"民莫不虚心而仰上"[1],就道出了这一事实。但是,人民拥护统一,是急需有一个和平的环境来休养生息,发展生产。而秦始皇却不给人民以休养生息。他不惜民力、财力,进行了一系列浩大工程。早在灭六国的战争进行之时,他就征用大量人力物力,在渭水北岸仿照六国宫殿图样,修建了大片宫阙。六国统一的次年,秦始皇更是大规模营建土木工程,在渭水南岸修信宫和甘泉前殿。三十五年,在渭水南的上林苑修建规模宏大的阿房宫。史载秦始皇的离宫别馆多达七百余处,其中仅咸阳周围二百里内就有二百七十多处。他征发七十余万刑徒、奴隶,在骊山给自己修建规模极其庞大、装饰极为奢华、耗资无数的陵墓。《秦始

①贾谊:《过秦论》。

皇本纪》中提到,骊山陵中"宫观、百官、奇器、珍怪徙臧满之",如今的兵马俑坑仅是"百官"的一小部分,已被中外游人叹为观止。算一算秦始皇征发的徭役吧!修骊山墓70万,筑长城50万,备匈奴30万,戍五岭50万,再加上修驰道、水陆漕转的人,全国同时服役的人数竟在200万以上。这对于当时只有2000多万人口的秦王朝来说,十分之一二的人口被征发,大大超过了人民负担能力的极限。"海内之士力耕不足粮饷,女子纺绩不足衣服"①,就是秦朝暴政的真实写照。同时,秦始皇还贯彻法家主张,诛杀无厌。司马迁说,他"刚毅戾深,事皆决于法,刻削毋仁恩和义",仅刑罚名称,就有赀、笞、迁、耐、髡、黥、鋈、斩左右趾、宫、腐、戮、磔、弃市等十几种。秦法刑狱之严,使人没有伸屈之地,真是跋前疐后,动辄得咎。三十六年,仅因为有人在陨石上刻了"始皇帝死而地分"几个字,就"尽取石旁居人诛之"。在这种情况下,人民丧失了起码的生活条件,生命安全和社会生产的最起码保障都没有,社会还能不崩溃,人民还能不造反吗?

秦始皇的政策不仅使农民,而且使其他阶级阶层的人也无法照常生活下去。他严厉打击商人,把商人征发去边境戍守。他焚灭诗书,坑杀诸生,使中国文化典籍遭到有史以来第一次厄运,知识分子纷纷离心背秦。他喜怒无常,疑神见鬼,随意杀戮,或把官吏罚"筑长城及南越地"。使大小官僚"畏罪持禄","慴伏谩欺以取容"。到头来,他自己也成了个闭目塞听、不知世情的独夫。

公元前210年秋,秦始皇在沙丘病死,少子胡亥即位为二世皇帝。在赵高、李斯助纣为虐之下,秦二世变本加厉地推行暴政,"用法益刻深"。在埋葬秦始皇时,秦二世下令将后宫无子女的宫妃全部殉葬,把修陵工匠尽数活埋。他征发五万勇士屯卫咸阳。他豢养无数狗马禽

---

①《史记·平准书》。

兽,弄得关中地区严重粮荒。同时,秦二世大杀文臣武将和同胞兄弟,不仅杀害了为秦王朝建立和巩固立了大功的蒙恬、李斯、冯去疾等,而且杀害了自己的兄弟姐妹二十多人,牵连而死者不可胜数。以至"宗室振恐","自君卿以下至于众庶,人怀自危之心"。社会上的各种矛盾尖锐到极点,陈胜、吴广振臂一呼,天下响应,赫赫一世的秦帝国崩于一旦,成为中国历史上最短命的封建一统王朝。

司马迁对秦朝二世而亡感触很深,把探索秦"成败兴坏之纪"的宗旨贯穿于《秦始皇本纪》的始终。在"太史公曰"中也破例全引贾谊《过秦论》以为论赞,完全同意贾谊的分析,谴责秦王朝不修仁政,它的灭亡是理所当然的。

在司马迁的笔下,秦王朝的兴亡和秦始皇个人性格的发展以及制度的专横有密切的联系。因此,《秦始皇本纪》始终把秦始皇个人性格的描写,放到重要的位置。早在叙述秦王政从事统一战争过程中礼贤下士的历史时,司马迁就引用尉缭的议论,为后来嬴政性格的恶性发展埋下了伏笔。尉缭说:"秦王为人,少恩而虎狼心,居约易出人下,得志亦轻食人。诚使秦王得志于天下,天下皆为虏矣。"果然,统一全国以后,陶醉于战争的胜利、统一的成功、至高无上的皇权、臣僚们歌功颂德之中的秦始皇忘乎所以了。司马迁记载秦始皇为自己树碑立传的六篇石刻铭文别具深意。这些铭文充分表现了秦始皇自我陶醉的得意之情:唯我独尊,唯我独是。司马迁画龙点睛地评论说,始皇自鸣得意,揶揄之情入骨三分。铭文中,大臣们肉麻地吹捧神化秦始皇的情态也溢于言表。这些,导致了秦始皇性格中的刚愎暴戾恶性膨胀,他独断独行,滥施淫威,再也听不得不同意见,更不允许别人的批评。诸生因批评秦的政策而遭焚书之祸;李斯勿攻匈奴的建议,被他拒绝;长子扶苏对坑儒提出劝告,被遣出咸阳为蒙恬监军。司马迁最后将侯生、卢生私下的议论全行录出,用以揭示秦始皇刚愎自用的恶劣品格。说道："始皇为人，天性刚戾自用，起诸侯，并天下，意得欲从，以为自古莫及己。专任狱史，狱吏得亲幸。博士虽七十人，特备员弗用。丞相、诸大臣皆受成事，倚辨于上。上乐以刑杀为威，天下畏罪持禄，莫敢尽忠。上不闻过而日骄，下慑伏谩欺以取容。秦法，不得兼方，不验辄死。然候星气者至三百人，皆良士，畏忌讳，谀不敢端言其过。天下之事无小大皆决于上，上至以衡石量书，日夜有呈，不中呈不得休息。贪于权势至如此。"这时的秦始皇，已从一个睿明有为的英主转化成昏庸、贪权、胡作非为的暴君，在他统治下，人民怎能安生呢？

《秦始皇本纪》还反映了司马迁朴素唯物的历史观。他不信鬼，不信神，用了不少篇幅，揭露秦始皇妄想成神成仙而受骗于方士的愚蠢行为。始皇二十八年，巡游琅琊，齐人徐市说海中有住着神仙的三神山，始皇果然派徐市带领童男童女几千人下海求仙人。三十二年，始皇到碣石，又派燕人卢生寻找仙人羡门、高誓，派韩终、侯生、石生去寻"求仙人不死之药"。三年以后，卢生没有找到仙人，也没有寻到不死之药，就欺骗秦始皇，说有恶鬼妨碍仙人，为了避开恶鬼，他必须与世人隔绝，行动不能为人所知。于是秦始皇自称"真人"，下令用复道、甬道将咸阳附近200里内270座宫观连接起来，"帷帐、钟鼓、美人充之，各案署不移徙"，谁若透露出秦始皇的行踪和意图，就是死罪。自我禁锢，真正成了金碧辉煌囚笼中的孤家寡人了。一个叱咤风云为所欲为的帝王，竟然受制于几个小小的方士，耗资巨万，不仅没有见到仙人，没有求到不死之药，反而自己身死于外，身后赵高、胡亥政变于内，这种惨痛的教训对秦王朝轰轰烈烈的历史简直是一个辛辣的讽刺！但这无情的历史事实正揭示了历史的必然性。历史事实证明，君主越是神化，统治越是专断，而他本人也越容易被人愚弄和操纵，他的权力也越容易被奸人篡夺。说到底，赵高、胡亥这两个最终亡秦孽

种的出现,是秦始皇晚年专横神秘的必然结果。

当然,司马迁并没有把秦灭亡的过错完全归于秦始皇一人。在写秦朝大臣列传时,他篇篇批评大臣们失职。他评判王翦"不能辅秦建德,固其根本,偷合取容,以至圽身"①;他斥责李斯"知六艺之归,不务明政,以补主上之缺,持爵禄之重,阿顺苟合,严威酷刑,听高邪说,废嫡立庶"②;他指责蒙恬"不以此时强谏,振百姓之急,养老存孤,务修众庶之和,而阿意兴功"③。是非分明,功过各论,足见司马迁见识超人。

中国古代史学历来重视"惩恶劝善""直笔""实录",司马迁所撰写的《秦始皇本纪》,可以说是一部典型的"实录"史传,我们从中可以得到的东西实在太多了。

(原载《兰州大学学报》社科版,1986年第1期)

---

①《史记·白起王翦列传》。
②《史记·李斯列传》。
③《史记·蒙恬列传》。

五凉史家刘昞与实录史体

在繁茂的中国古代史学园地里，有一种很重要的历史著作体裁——实录。它是在新皇帝即位后，由国史馆根据前一皇帝的起居注、时政记、日历等资料，重新汇编，纂修而成的前皇帝一朝言行大事的编年史长编。这种体裁，自唐代开始成为定制，代有所修，篇幅很大，为我们提供了许多宝贵的史料。实录体的创立者，一般都认为是南朝梁的周兴嗣，其实是五凉著名史家刘昞。

一

刘昞，字延明，敦煌(今甘肃敦煌)人，约生于公元370年，逝于440年。幼年时，在儒学上颇有造诣的父亲刘宝对他进行了良好的启蒙教育。14岁以后，他向著名学者、博士郭禹学习儒家经书，学业优异，最受先生赏识。①

刘昞在世的70多年，正是中国历史上最混乱的时代。当时，南北分裂，北方先后出现了十六国、北魏等朝。河西是西北割据政权相继粉墨加冕的舞台。他童年时，当地是前凉张天锡的天下。不久，前秦苻坚夺取了河西。以后，西凉、北凉又相继称雄，直到北魏统一北方。

成年以后，刘昞隐居酒泉，潜心学问，教授弟子，从其受业者达500多人，为河西培养了许多人才。前秦、后凉多次征召，他都不应命。

---

① 《魏书》卷52《刘昞传》，中华书局，1974年，第1160页。

公元400年，李暠据敦煌，建西凉，不久迁都酒泉。李暠出身于陇西望族，通涉经史。称王以后，在当地发展农业，关心民生，又提倡儒学，设立学校。他崇敬刘昞的学识，邀请其担任儒林祭酒、从事中郎，又迁升抚夷护军。李暠说："吾与卿相值，何异孔明之会玄德。"①

刘昞见到李暠这个知遇之主，也如鱼得水，曾撰写碑文，颂扬李暠治民的功德，这就是立于靖恭堂而闻名遐迩的《酒泉铭》。唐初史家令狐德棻曾赞扬道："区区河右，而学者埒于中原，刘延明之铭酒泉，可谓清典。子曰'十室之邑，必有忠信'，岂徒言哉。"②刘、李二人不嫌君臣，经常在一起阅读经史、切磋学问。刘昞在政务繁忙之中，手不释卷。李暠关心地劝道："卿注记篇籍，以烛继昼，白日且然，夜可休息。"刘昞回答："'朝闻道，夕死可矣，不知老之将至'，孔圣称焉。延明何人斯，敢不如此。"③

公元421年，以张掖为都城的北凉统治者沮渠蒙逊打败西凉，占据酒泉、敦煌。匈奴族的沮渠蒙逊对刘昞更为礼遇，称其为"玄处先生"，在西苑专门修建了壮丽的陆沉观，请刘昞在其中教授弟子，每月按时送来酒和羊予以犒劳。刘昞在北凉政权还担任秘书郎，负责起居注的写作。沮渠牧犍继位后，更尊称刘昞为国师，亲自参拜，还下令所有官吏都拜刘昞为师，向他学习经史。并为他配备了索敞、阴兴两位年青学者当助教。当时，刘昞的学生有好几百人。

北魏太武帝拓跋焘于公元439年平凉州，沮渠牧犍投降。年逾古稀的刘昞被任命为留守河西的太武帝长子、乐平王拓跋丕的从事中郎。一年多以后，他思念故乡，从姑臧（今武威）返回敦煌，在姑臧以西

---

①《魏书》卷52《刘昞传》，中华书局，1974年，第1160页。
②《周书》卷41《庾信传论》，中华书局，1971年，第1160页。
③《北史》卷34《刘延明传》，中华书局，1974年，第1268页。

400里的韭谷窟因病逝世。

刘昞学识渊博,勤于撰述,著作丰硕。据《魏书·刘昞传》记载,他注释和撰述的经史子书达100多卷。注释的书籍,有儒家五经之首的《周易》,有法家要典的《韩非子》,有曹魏刘劭论辩人才的《人物志》,有相传下邳神人授予张良的古兵书《黄石公三略》。这些注多已不存,仅《人物志注》收录于《四库全书》杂家类。《四库提要》称,刘昞的注"不涉训诂,惟疏通大意,而文辞简古,犹有魏晋之遗"①。《周易注》在《玉函山房辑佚书》有辑本,被视为"断圭残璧,少而益珍"。

他的著作,有《方言》三卷,不见于诸史经籍志。但汉扬雄有《方言》十三卷,是解释古语和异国方言的一部小学类著作。刘昞该书,亦名《方言》,殆因敦煌西连西域,北接柔然,南通吐谷浑,本地又有匈奴、鲜卑、氐、羌杂居,语言环境十分独特,而他又担任管理民族事务的抚夷护军,这本书很可能是一部多民族语言的汇聚本。可惜该书久已不存,否则,对考证研究民族史、边疆史和古代语言将会有很大帮助。

最能代表刘昞学识的是他撰写的《略记》《凉书》《敦煌实录》这三部历史著作。《略记》又名《三史略记》。魏晋时的三史,指《史记》《汉书》和《东观汉记》,三书合计393卷。《魏书》本传言,刘昞"以三史文繁,著《略记》百三十篇、八十四卷"②。我们知道,在他之前,孙吴时的太子太傅张温撰《三史略》,仅29卷③,似嫌太略。刘昞此书,当是纠张温之弊而作,其归纳剪裁排比资料的史学功力于此可见一斑。《凉书》

---

① 《四库全书总目》卷117"子部杂家类"《人物志》,中华书局,1965年,第1009页。

② 《魏书》卷52《刘昞传》,中华书局,1974年,第1160页。

③ 《隋书》卷33《经籍志二》,中华书局,1973年,第961页。《旧唐书·经籍志上》和《新唐书·艺文志二》皆著录为"《三史要略》三十卷"。

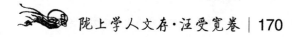
和《敦煌实录》在《隋书·经籍志》《旧唐书·经籍志》和《新唐书·艺文志》中都有著录,《宋史·艺文志》不再著录,大约于宋元间佚失。《隋书·经籍志二》云:"《凉书》十卷,记张轨事。伪凉大将军从事中郎刘景撰。"①按,唐人讳丙,故称其名为景。则该书是记载前凉张氏政权历史的著作。《敦煌实录》的情况留待下节阐述。

北魏太和十四年(490年),尚书李冲奏称:刘"昞河右硕儒,今子孙沉屈,未有禄润,贤者子孙宜蒙显异。"于是将他的一个儿子任命为郢州云阳县令。正光四年(523年)六月,根据太保崔光的奏请,孝明帝下诏道:"昞德冠前世,蔚为儒宗,太保启陈,深合劝善。其孙等三家,特可听免。"②北魏统治者的评价,反映了刘昞的学问道德在北朝学界的影响。

二

《敦煌实录》久已亡佚,其真实情况,只能从诸书著录及其点滴遗文予以考述。

该书的卷数,诸书说法不一。早期的《魏书》本传云为二十卷,而元嘉十四年(437年),北凉王沮渠牧犍向宋文帝"奉表献方物,并献……《敦煌实录》十卷"③。以后的《隋志》言十卷,新、旧《唐志》都录为二十卷。程千帆先生以《十六国春秋·北凉录》与《宋书》所记,断定该书"作十卷为是"④。我们以为,很可能该书从一开始就有两个版本流传,二十卷本的内容比十卷本为多。何以如此说,请看以下分析。

---

①《隋书》卷33《经籍志二》,中华书局,1973年,第963页。

②《魏书》卷52《刘昞传》,中华书局,1974年,第1161页。

③《宋书》卷98《氐胡大且渠蒙逊传》,中华书局,1974年,第2416页。

④程千帆:《史通笺记》,中华书局1980年,第247页。

　　《隋书·经籍志》将《敦煌实录》著录于"史部·霸史类"。霸史类《小序》言："自晋永嘉之乱，皇纲失驭，九州君长，据有中原者甚众。或推奉正朔，或假名窃号，然君臣忠义之节，经国字民之务，盖亦勤矣。而当时臣子，亦各记录……今举其见在，谓之霸史。"①则所谓"霸史"，是古人对记载地方割据政权和分裂时期非"正统"政权史书的称谓。历史上曾经以敦煌为都城的割据政权，只有西凉。史载：晋"隆安四年（400年），晋昌太守唐瑶移檄六郡，推玄盛（李暠）为大都督、大将军、凉公、领秦凉二州牧、护羌校尉"。以敦煌为都城。建初元年（405年），"迁居于酒泉"。到嘉兴四年（420年），西凉主李歆被沮渠蒙逊打败，又逃回敦煌，次年被灭。②西凉先后有约七年时间，以敦煌为其都城。因此，被列于霸史类的十卷本《敦煌实录》只能是记载西凉历史的史书。隋志著录《凉书》及《敦煌实录》时，称"伪凉大将军从事中郎刘景撰"。大将军是李暠之称。刘昞任大将军从事中郎是在西凉时代，则所谓"伪凉"当指西凉而言。据上可以断定，该书十卷本的写作时间，在公元405年至420年间，即西凉王李暠及其子李歆当政的时代。刘昞当时负责"注记篇籍"，也就是起居注和国史的写作，《敦煌实录》十卷本亦其职务成果之一。

　　两《唐志》著录该书为二十卷，说明唐时所存该书比隋人所见篇幅增加很多。从《魏书》本传亦称该书为二十卷，可以断然排除是由于隋唐间人对十卷本增益才造成二十卷本的可能。《魏书》撰成于北齐天保五年（554年），所言《敦煌实录》的卷数，是魏收根据中秘藏本所录，不应有误。而这一藏本当为魏太武帝平北凉后，于太延五年

①《隋书》卷33《经籍志二》，中华书局，1973年，第964页。
②《晋书》卷87《凉武昭王李玄盛传》，中华书局，1974年，第2259—2271页。

(439年)十月"徙凉州民三万余家于京师"时,一起运回的北凉"仓库珍宝"之一。①当时刘昞正担任乐平王从事中郎,二十卷本定出其手。古人著书,有终生不断增改的习惯。因此,可以断定,二十卷的本子,当系刘昞生前对十卷本多次增删以后形成的。十卷本前已献给南朝宋,被沈约著录于《宋书》,并为隋人在平陈后运回北方,而被《隋志》著录。"唐武德五年(622年),克平伪郑,尽收其图书及古迹焉。命司农少卿宋遵贵载之以船,泝河西上,将致京师。行经底柱,多被漂没,其所存者,十不一二。"②十卷本的《敦煌实录》大概也在这一次沉没黄河,永远佚失了。而二十卷本,则由北魏传至东魏,再传至北齐,被魏收著录。北周平北齐后运至长安。隋人迁都仍将其存于西京大兴,最后被唐人收藏传播。简单说,《敦煌实录》有两种版本:十卷本,为刘昞在西凉时写成,唐初沉于黄河;而二十卷本,是刘昞对十卷本增改而成,北魏将其运回平城,最后传到唐代。这就是诸目录记载《敦煌实录》卷数不同之谜的合理答案。

十卷本的内容已如前述。二十卷本的内容如何,从唐人的分类和论说中可以找到蛛丝马迹。《旧唐书·经籍志上》将其著录于"杂传类",《新唐书·艺文志二》将其著录于"杂传类",又著录于"伪史类"。杂传,《隋志》小序说:"又汉时,阮仓作《列仙传》,刘向典校经籍,始作《列仙》《列士》《列女》之传,皆因其志向,率尔而作,不在正史。后汉光武,始诏南阳,撰作风俗,故沛、三辅有耆旧节士之序,鲁、庐江有名德先贤之赞。郡国之书,由是而作。魏文帝又作《列异》,以序鬼物奇怪之事,嵇康作《高士传》,以叙圣贤之风。因其事类,相继而作者甚众,名目转广,而又杂以虚诞怪妄之说。推其本源,盖亦史官之末事也。载笔

①《魏书》卷4上《世祖纪上》,中华书局,1974年,第90页。
②《隋书》卷32《经籍志序》,中华书局,1973年,第908页。

之士,删采其要焉。今取其见存,部而类之,谓之杂传。"①简单来说,杂传就是除正史以外记人物事迹的历史著作。二十卷本的《敦煌实录》既然归于该类,当是以人物传记为重要内容的。唐代著名史学评论家刘知几对《敦煌实录》很有研究,将其视为"郡书",说:"郡书者,矜其乡贤,美其邦族,施于本国,颇得流行,置于他方,罕闻爱异。其有如常璩之详审,刘昞之该博,而能传诸不朽,见美来裔者,盖无几焉。"②在另一处,刘知几还说:"夫十室之邑,必有忠信。欲求不朽,弘之在人。何者? 交趾远居南裔,越裳之俗也;敦煌僻处西域,昆戎之乡也。求诸人物,自古阙载。既而士燮著录,刘昞裁书,则磊落英才,灿然盈瞩者矣。"③这两段话,充满了对刘昞及其著作的赞扬之词,同时也告诉我们,刘知几看到的《敦煌实录》大体是敦煌地方人物的传记。但《新唐书·艺文志》同时又将该书著录于"伪史类",说明其内容有相当部分不是人物传记,而是记述一个地方割据政权(西凉)的历史。由此看来,刘昞对十卷本是修订,而不是全部推倒重写。具体讲,是在原来的基础上增加了一些历代人物传记。由于该书以"敦煌"为名,又由于作者是敦煌人,因此,所增加的都是敦煌籍的人物传记,从而使该书具有了双重的性质,即既是一部西凉史,又是一部敦煌地方人物合传,这就与十卷本有一些不同。

我们说唐人见到的二十卷本《敦煌实录》并非单纯的人物传记,而是具有双重性质,还有材料可以证明。就在《史通》中,当说到史书的作者评论(论赞)时,刘知几再一次提到刘昞,云:"《春秋左氏传》每有发论,假君子以称之。二传云公羊子、穀梁子,《史记》云太史公。既

①《隋书》卷33《经籍志二》,中华书局,1973年,第982页。
②《史通》卷10《杂述》,上海古籍出版社,1978年,第275页。
③《史通》卷18《杂说下》,上海古籍出版社,1978年,第520—521页。

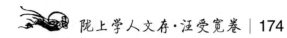

而班固曰赞……刘昞曰奏……其名万殊,其义一揆。必取便于时者,则总归论赞焉。"①它告诉我们,刘知几所见《敦煌实录》有论赞,是以"奏"字引出作者评论。所谓奏,一般指为臣向君主陈述意见。刘昞这样做,显然与后代史书中的"史臣曰"引出论赞相似,是作者身份的表示,是史官写出来首先要让君主看的国史或正史。如果仅仅是一部地方人物志,他不可能用"奏"的形式来发表评论。《晋书》卷58《凉武昭王李玄盛传》内容十分丰富,且有几处径录西凉奏表疏赋全文,但却无一处提到刘昞。这一情况说明撰史诸臣是以《敦煌实录》作为该篇最重要参考材料的,因为任何一位严肃的史家,都不会藉修史之机在史书中宣扬个人业绩的。

《敦煌实录》二十卷本在唐宋间为一些类书、注文、著述所录引。清乾隆间,学者章宗源著《隋书经籍志考证》,卷四《敦煌实录》条,有其辑出的佚文16条。清儒张澍关心桑梓文化,著《续敦煌实录》,其卷首一卷,为刘昞《敦煌实录》的辑本,共辑出该书佚文17条。李鼎文先生点校《续敦煌实录》,又补辑2条。②由于各人引据之书不同,辑文略有出入,但章氏所辑皆见于点校本19条中。这些佚文,"蒲海"(言疆域地理)、"李暠"、"张衡"(此为敦煌人,非发明浑天仪者)、"侯子瑜"、"侯瑾"(此人与上条非同一人)、"张存"、"童巽"、"索苞"、"索丞"、"范固"、"索充"、"宋质直"、"王琴"、"王贤"、"范游"、"库成述"、"库成仁"诸条皆为凉人凉事,仅"蛇见"(张焕事)、"周生烈"两条为前代敦煌人事,可见,《敦煌实录》基本是当代人写的当代史。

①《史通》卷4《论赞》,上海古籍出版社,1978年,第81页。
②张澍撰,李鼎文点校:《续敦煌实录》,甘肃人民出版社,1985年,第10页。

三

实录一词,本非书名。西汉末扬雄著《法言·重黎》云:"或问《周官》,曰立事;《左氏》,曰品藻;太史迁,曰实录。"①这是实录一词最早的出处。班固《汉书·司马迁传赞》称:"自刘向、扬雄博览群书,皆称迁有良史之材,服其善序事理,辨而不华,质而不俚,其文直,其事核,不虚美,不隐恶,故谓之实录。"应劭注:"言其录事实。"②则实录本指史家著史直录其事,不掺杂个人的好恶。用来论史书,则是对史家直笔品德的赞美。

纵观古代史籍目录,以实录二字名书,最早为刘昞的《敦煌实录》。作者其所以用实录作为书名,很可能取扬雄等人所说的记史实事求是之意。因为十卷本的记史对象西凉国,其君主李暠与作者私交甚厚,自称实录,乃谓著该书时已排除个人感情之谓也。北凉统治者能对该书表示赏识,并选为向南朝宋皇帝进献的书籍,当亦与其记史实事求是有关。

作为一种历史著作体裁,实录究竟起于何人何书? 欧阳修在《崇文总目叙释·实录类》说,"实录起于唐世"③。南宋王应麟则认为:"实录起于萧梁,至唐而盛。杂取编年、纪传之法而为之,以备史官采录。"④当代学者大体皆宗王说,如《中国历史大辞典·史学史分册》"实录"条即称"最早有南朝梁周兴嗣撰《梁皇帝实录》,记梁武帝事;又有谢吴(一作昊)撰《梁皇帝实录》,记梁元帝事"云云。周兴嗣,《梁书》卷49有传,

---

①汪荣宝撰,陈仲夫点校:《法言疏证》卷15《重黎卷第十》,中华书局,1987年,第413页。

②《汉书》卷62《司马迁传》,中华书局,1962年,第2738页。

③《欧阳修全集》,中国书店,1992年影印本,下册,第1000页。

④《玉海》卷48《艺文》,上海古籍出版社,1992年,第300页。

该传云："周兴嗣，字思纂，陈郡项人。（天监）九年，除新安郡丞，秩满，复为员外散骑侍郎，佐撰国史。十二年，迁给事中，撰史如故。普通二年（521年）卒。所撰《皇帝实录》……文集十卷。"①《隋志》杂史类著录："《梁皇帝实录》三卷，周兴嗣撰，记武帝事。"②武帝于502—549年在位，由于作者逝世，该实录实际仅记载了梁武帝在位前半段的历史。谢吴的《梁皇帝实录》五卷，《隋志》云："记元帝（552—554在位）事。"③则梁人所撰实录，时间都在刘昞撰《敦煌实录》100年以后。梁之实录的体例究竟如何，由于其皆已亡佚，似难说清。但梁时另有一书，名《梁太清实录》。《史通·杂说》自注云："其王褒、庾信等事，又多见于……裴政《太清实录》。""裴政《梁太清实录》称，元帝使王琛聘魏，长孙俭谓宇文曰：'王琛眼睛全不转。'公曰：'瞎奴使痴人来，岂得怨我？'"④这两条材料说明，梁代实录的主要内容还是记当时的人物，与十卷本《敦煌实录》的体例没有显著差别。既然体例相似，撰述时间又在其后，能否说梁朝诸实录系仿《敦煌实录》所作呢？回答应该是肯定的。这里关键的材料，就是前引《宋书》所述，元嘉十四年（437年）北凉沮渠牧犍献给宋文帝的河西著作20种中，包括《敦煌实录》十卷。这部书在南朝各代肯定受到妥善收藏，所以才能被沈约（441—513）载录于488年完成的《宋书》中。周兴嗣、谢吴与沈约年龄相差不大，并曾同事。《史通·古今正史》言："梁史，（梁）武帝时，沈约与给事中周兴嗣、步兵校尉鲍行卿、秘书监谢昊相承撰录，已有百篇。"⑤则周、谢二人肯定见过十卷本《敦煌实录》，仿其体例作书，也就是不言而喻的事了。

---

① 《梁书》卷40《周兴嗣传》，中华书局，1973年，第698页。
② 《隋书》卷33《经籍志二》，中华书局，1973年，第960页。
③ 《隋书》卷33《经籍志二》，中华书局，1973年，第961页。
④ 《史通》卷18《杂说下》，上海古籍出版社，1978年，第510页。
⑤ 《史通》卷12《古今正史》，上海古籍出版社，1978年，第356页。

实录史体的形成与发展有个历史过程。最初是刘昞于420年前撰十卷本《敦煌实录》，以都城名国，记一个割据政权以人物为主的历史。然后是南朝梁的史官，以皇帝二字或其年号为书名，记载一个皇帝在位的一段时间的以人物为主的历史。经过约200年的发展，到唐贞观中，才有了新的实录问世。史载："贞观十七年（643年）七月十六日，司空房元（玄）龄、给事中许敬宗、著作郎敬播等，上所撰高祖、太宗实录各二十卷。"①由于唐太宗当时正在位，并无庙号，所以《新唐书·艺文志》著录其书名为《今上实录》。由此可知，即使唐太宗时的实录，仍然并非后来严格意义上的实录，当帝王在位时就有修撰。以后的高宗、则天、睿宗、玄宗、德宗诸帝实录，都是在位时即修，死亡或退位后再修。大体从宪宗开始，才正式形成由继位皇帝下诏，组织史官为前皇帝撰述实录并以其庙号为书名的制度。这时距刘昞撰《敦煌实录》十卷本，已近400年了。至于唐代实录的内容，当然是包罗万象的。《唐六典》言："史官掌修国史，不虚美，不隐恶，直书其事。凡天地日月之祥，山川封域之分，昭穆继代之序，礼乐师旅之事，诛赏兴废之政，皆本于起居注，以为实录。"②但从体例讲，还是王应麟说的，"杂取编年、纪传之法而为之"。也就是说，唐代的实录，都是以编年纪事为主，兼有人物传记。唐实录现存者仅韩愈所撰《唐顺宗实录》五卷，其中就有在出使吐蕃途中逝世的工部侍郎张荐的传200余字，致仕后逝世的左散骑常侍张万福的传700余字，故忠州别驾陆贽的传1200余字，故道州刺史阳城的传1000余字，被贬为渝州司马的王叔文的传1200余字，再加上唐顺宗从出生到安葬的历史，总共6个人的传记。③由此可

---

①《唐会要》卷63《史馆上·诸司应送史馆事例》，中华书局，1955年，第1093页。

②《唐六典》卷9《史馆》，陈仲夫点校，中华书局，1992年，第281页。

③《韩昌黎全集·外集》卷6~10，世界书局，1935年，第499—518页。

见,唐代实录的体例,从本质上与十卷本《敦煌实录》没有多少区别。实录的撰修自唐代形成制度,五代、宋、辽、金、元、明历朝遵行,都是在某皇帝死后,由史官根据该皇帝时的起居注、时政记、日历等原始资料,加以删削,按编年的顺序,写成该皇帝在位期间军国诸事的资料长编,其中包括许多大臣名人的传记,《明实录》中的大量人物传记,近年已由学者辑出,分类编印成书。只是到了清朝,由于国史传记撰写制度的发展,才将大臣名人的传记从实录中分离出来,实现了实录体的最后净化。然而,至此时实录作为中国古代的一种历史著作体裁,也终于走到了尽头,随着封建制度的灭亡而寿终正寝。

总之,古代实录以《敦煌实录》的撰述为最早,体例亦为后代所沿袭,刘昞是实录史体的创立者。

（原载《敦煌学辑刊》,1995年第2期）

《隋书》曲笔论

唐初官修前代正史,以撰写胜国兴亡事迹的《隋书》最受重视。唐太宗李世民屡屡亲自过问,还为之组织了最为强大的史官班底。尚书左仆射房玄龄任总监,秘书监魏徵直接领修,名史家颜师古、封德彝、孔颖达、许敬宗、令狐德棻先后参修。李世民是古代最开明的君主之一,魏徵则以直谏名垂史册。李、魏君臣一再标榜史官必须"直笔其事","善恶必书,无所忌惮"[①]。在这种背景下,《隋书》理应如清代学者周中孚、赵翼等人赞扬的那样,"据事直书""毫无忌讳"。[②]但是,在认真考察了《隋书》的内容以后,我们却发现该书的曲笔隐讳仍是那样的严重。为此,撰写本文,略加论评,或许对我们更客观地揭示中国封建史学"直笔"书法的虚伪不无好处。

《隋书》的曲笔,最突出地表现在为隋帝篡弑的隐讳上。隋文帝和隋炀帝都是弑君篡权上台的。杨坚以外戚受命辅佐幼主周静帝,为时两年,就迫使九岁的静帝逊位,建立了隋朝。《隋书·高祖纪》对其真实的篡权过程讳莫如深,却用了许多篇幅,记"禅让"的繁文缛节和杨坚的辞让,似乎尧舜之德不过如此。杨坚建隋不久,杀了周静帝,书上只说"介国公薨,上举哀于朝堂,以其族人洛嗣焉"。对杨坚篡权,周臣王谦、司马消难、尉迟迥曾起兵抗争,周宗室毕王贤、赵王招、越王盛、

---

①《贞观政要》卷 7《文史》。
②《郑堂读书记》卷 15;《陔余丛考》。

陈王纯、代王达、滕王通都加以反对。反对篡权,本是合乎名教的忠烈之举,但《高祖纪》却说这些人是"作乱"遭"诛"。难怪刘知几要愤慨地指责:"古之书事也,令乱臣贼子惧;今之书事也,使忠臣义士羞。若使南、董有灵,必切齿于九泉之下矣"[①]。隋炀帝的上台,实际上重演了文帝的故技。他靠欺骗和阴谋手段,夺取了太子的桂冠。隋文帝病重时,终于认清了杨广的本质,决定传位于废太子杨勇。杨广得讯,指使张衡鸩杀父亲,抢班上台。[②]《隋书·高祖纪》不言文帝暴死,而写成因病寿终正寝,且遗诏曰,"今恶子孙已为百姓黜屏,好子孙足堪负荷大业……皇太子广,地居上嗣,仁孝著闻,以其行业,堪成朕志。朕虽瞑目,何所复恨",完全是后继有人的模样。炀帝上台后,很快镇压了汉王杨谅的军事反抗,缢死长兄杨勇。《炀帝纪》对这两件事,或是一句带过,或是干脆不提。

诸如此类的曲笔,是否可以根据"为尊者讳,似曲而直"的古训来为其辩护呢?从惯例说,一朝之讳,翌代即废,以唐臣为隋君讳,本来就不伦不类。况且,唐初著史的目的本是"彰善瘅恶,激一代之清芬;褒吉惩凶,备百王之令典"[③]。倘不瘅恶惩凶,何能以史为镜?我们认为,《隋书》在篡弑问题上回护的根本原因,是借之掩盖当代皇帝的罪恶行径。

原来,李渊、李世民的行事,与杨坚、杨广竟有惊人的相似。为了避免成为众矢之的,李渊攻下长安后,扶植炀帝13岁的孙子杨侑为恭帝,自己做大丞相,进相国,备九赐之礼,等炀帝一死,就踢开傀儡,经"辞让""劝进""禅让"上台,再杀掉杨侑。这与杨坚的篡权手段完全一

①《史通·曲笔》。
②《资治通鉴考异》卷8引赵毅《大业略记》。
③李世民:《修晋书诏》。

样。再说李世民也是次子继位,他发动玄武门政变,杀了太子建成和齐王元吉,再逼唐高祖退位,抢班夺权。李世民大言不惭地把玄武门杀戮兄弟的举动,譬之为"周公诛管蔡","季友鸩叔牙"的义举。①其实连这话语也是从杨广那儿贩来的。杨广在讨平其弟汉王谅的武装反抗后,就自诩为"周旦以诛二叔,汉启乃戮七藩"②的伟业。唐代史官是照李世民的口径,撰写了有关的国史。史官在《隋书》中倘若直书杨坚父子篡弑,岂不是有意影射李渊父子的凶残?难怪在《隋书》修成不久,杜宝就批评"贞观修史,未尽实录",而独自修撰《大业杂记》"以弥缝阙漏"了。③

《隋书》的几位参修者,颇有一点不好的名声,封德彝被称为"险诐",颜师古是"未为清论所许"的污吏,许敬宗被列于《奸臣传》,掌知国史,也"记注不直,论者尤之"④。贞观初年修《隋书》,距隋灭国仅十余年。许多传主与修史官有这样那样的关系,于是某些史官凭着他特有的权力,酬德报怨,任情褒贬。房玄龄之父房彦谦,在隋官司隶刺史、泾阳县令,"本无事迹可记",《隋书》中却以书信交友等为他敷演成三千字的佳传,言其"自少及长,一言一行,未尝涉私"。对此,连赵翼也不得不说,这"未免以其子时方为相,且总知诸史,故稍存瞻徇耳"⑤。杨素是干尽坏事,被王夫之斥为"天下古今之至不仁者也"⑥,但他曾特别欣赏封德彝,"骤称荐于文帝,由是擢授内史舍人"⑦。于是,

---

①《贞观政要》卷 7《文史》。

②杨广:《劳素手诏》,见《隋书·杨素传》。

③《大业杂记序》,见《直斋书录解题》卷 5 引。

④《旧唐书·封伦传》,《旧唐书·颜籀传》,刘肃《大唐新语》卷 9《谀佞》。

⑤《陔余丛考》。

⑥《读通鉴论》卷 19。

⑦《旧唐书·封伦传》。

《隋书》有意为杨素溢美隐恶，绝口不提他罗织杨勇罪名而谮废太子，陷害陈延、史万岁而致死之类的丑行，却大载文帝、炀帝劳奖杨素的诏命和封赏，以显其荣宠。大业初年，杨素与炀帝的矛盾，本是暴君奸臣同流合污而又相互倾轧的必然表现。《海山记》言，在用阴谋赞立炀帝后，杨素"恃有功，见帝多呼为郎君。时宴内宫，宫人偶覆酒污素衣，素怒叱左右引加挞，帝颇恶之，隐忍不发……会素死，帝曰：'使素不死，夷其九族。'"①《杨素传》却写成"素虽有建立之策及平杨谅功，然特为帝所猜忌，外示殊礼，内情甚薄。素寝疾之日，帝每令名医诊候，赐以上药，然密问医人，恒恐不死"。似乎咎责尽在炀帝一身，杨素不过是功臣遭忌。王劭是隋代最重要的学者之一，著有《齐志》《齐书》《隋书》《读书记》《平贼记》《皇隋灵感志》等二三百卷。他学问渊博，智力惊人，年方弱冠，就因熟悉史事而被祖孝征、魏收等称为"博物"。他"爱自志学，暨乎暮齿，笃好经史，遗落世事。用思既专，性颇恍忽，每至对食，闭目凝思，盘中之肉，辄为仆从所瞰，劭弗之觉，专固如此"②，是一个很典型的书呆子。他历仕齐、周、隋三朝，列传本应大有事实可述。但是，由于他写史"书法不隐，取咎当时"，于是有人"假手史臣，以复私门之耻"③。4500字的《王劭传》，有4000字是他录依陈符之命的五篇表疏，给人一个只会捏造符瑞谄媚主上的佞人形象。我们毋庸否认王劭有谄佞行为，问题是：第一，王劭写了那么多的史书，他一生的主要活动不可能是专写媚主的表文。第二，"文帝既受周禅，恐黎元未惬，多说符瑞以耀之。其或造作而进者，不可胜计"④。当时，陈符命者

①韩偓《海山记》，见《说郛》卷110。

②《隋书·王劭传》。

③《史通·曲笔》。

④《隋书·礼仪志一》。

岂止王劭一人。且不说《隋书·五行志》中大量的"马祸""白祥"之类的材料，就是颜之推、许善心、庾季才、耿询、肖吉、刘祐等也写了许多诸如《符瑞记》《鸟情占》《垂象志》之类的作品，何以这些人的传中对此都一带而过，《王劭传》却充盈全篇呢！爱之欲其生，恶之欲其死，《隋书》作者的手段也太毒辣了。更离奇的是，为避免得罪权贵，《隋书》竟不为大儒王通立传。王通一生，大致与隋朝相终始，是著名的河汾道统的始祖。他决意仕进，以著书讲学为业，隋唐之际的名臣薛收、陈叔达、温彦博、杜淹等都出其门下。他仿孔子六经，著《礼论》《乐论》《续书》《续诗》《元经》《赞易》，拟《论语》作《中说》(又名《文中子》)，倡导儒、佛、道合流，在中国古代思想史上有一定影响。但是，唐初，王通之弟王"凝为监察御史，劾奏侯君集有反状……长孙无忌与君集善，由是王氏兄弟皆抑不用。时陈叔达方撰《隋史》，畏无忌，不为文中子立传"①。原来王凝惹了侯君集，侯君集的朋友、唐太宗妻兄的长孙无忌因此报复王凝弟兄。在这种情况下，陈叔达终于没有给王通立传。

《隋书》的曲笔，也表现在为仕唐诸人文饰上。对于仕唐的隋朝旧臣，《隋书》一般都不为立传，偶尔提及的，也只是嘉言善行，无秽恶事迹。《李文博传》中，载房玄龄勉励李文博激浊扬清。《李德林传》中，附及李百药"博涉多才，词藻清赡"，而无其夜入杨素家内室，"则其宠妾所召"的丑事。②《许善心传》中，只有江都之乱时许善心气节高倨绝不舞蹈被害，而不提其子许敬宗奴颜婢膝"舞蹈以求生"③。《虞世基传》中，大讲其佞事炀帝，鬻官卖狱，却不说给他"密为指划"的是封"伦所

---

①邵博：《邵氏闻见后录》卷4。
②刘𬱩：《隋唐嘉话》。
③刘肃：《大唐新语》卷9《诶佞》。

为也"。①在《隋书》中立了传的唐臣只有裴矩、裴虔通、何稠等几个在隋事迹突出的人。何稠是与宇文恺齐名的工程制造专家,以制造六合城、仿作琉璃、营造舆服羽仪而被炀帝赏识。古小说《迷楼记》说,何稠给炀帝献"御童女车""转关车"之类,炀帝"以处女试之,极喜",称赞"朕得之任其意以自乐"。其事虽不完全可信,却道出了何稠以自己的技巧迎合炀帝淫乐需要的事实。何稠、宇文恺的创造发明,助长了炀帝穷奢极欲,也加重了人民的灾难。史载,何稠营造舆服,"务为华盛,以称上意。课州县送羽毛,民求捕之,网罗被水陆,禽兽有堪氅毦之用者,殆无遗类……所役工十万余人,用金银钱帛巨亿计"②。但《隋书》卷68的"史臣曰"却护稠伐恺,说宇文恺"起仁寿宫,营建洛邑,要求时幸,穷侈极丽,使文皇失德,炀帝亡身,危乱之源,抑亦此之由"。何稠"巧思过人,颇习旧事,稽前王之采章,成一代之文物。虽失之于华盛,亦有可传于后焉"。如果何稠不是在唐初还担任将作少匠的话,能幸免"使文皇失德,炀帝亡身,危乱之源,抑亦此之由"的责难吗?裴矩在唐,被高祖、太宗视为心腹。《隋书·裴矩传》载其事迹,竭力文过饰非。炀帝西征吐谷浑、东讨高丽,都出自裴矩的谋划。此举固有特定的政治原因和历史功过,但"令中国疲弊以至于亡,皆矩之唱导也"③。《旧唐书》本传记此事时,利弊皆言,堪称公允。如叙及与吐谷浑作战及经营西域的结果时,说:"及灭吐谷浑,蛮夷纳贡,诸蕃慑服,相继来庭。虽拓地数千里,而役戍委输之费,岁巨万计,中国骚动焉。"《隋书》本传言此,"竟破吐谷浑,拓地数千里,并遣兵戍之,每岁委输巨亿万计。诸番慑惧,朝贡相续"。文字仅稍有不同,实录与饰非的区别却极为明

①《资治通鉴》卷183,隋恭帝义宁元年。
②《资治通鉴》卷180,隋炀帝大业二年二月。
③《资治通鉴》卷180,隋炀帝大业三年十月。

显。再如，裴矩在东都主持接待外国外族商人使节时，弄虚作假，让店肆一律免费招待，"醉饱而散"，以示"中国丰饶，酒食例不取值"。①《旧唐书》本传载，"夷人有识者，咸私哂其矫饰焉"；《隋书》本传却说，"蛮夷嗟叹，谓中国为神仙"。一贬一褒，《隋书》难脱阿曲之嫌。炀帝晚年，骄矜拒谏肆意妄行。裴矩本来就是靠"谄谀有宠"而爬上高位的，此时他对炀帝"无所谏净，但悦媚取容而已"②，另外，又趁火打劫，利用"受诏参掌选事，多纳贿赂，士流嗟怨"③。《隋书》本传却编造史实，妄言裴矩曾劝炀帝自江都还驾东都，又说"文武多以贿闻，唯矩守常，无赃秽之响，以是为世所称"。颠倒黑白，达到惊人的地步！司马光曾一语道破个中奥妙，说："隋失天下，皆因矩谄谀所致，岂敢辄劝帝西还！盖矩经事唐朝，其子孙及史官附益此语，欲盖其恶耳！"④《裴虔通传》是仕唐隋臣的唯一恶传，这也并不是史官直笔的产物。裴虔通是江都之乱的元凶之一，降唐后官至辰州刺史。贞观二年六月，唐太宗因表彰忠节的需要，而谴责裴虔通等人弑杀炀帝之罪，下诏将其除名削爵，迁配驩州而死。《隋书》于贞观三年开始动笔，怎能不顺便落井下石，多书其罪恶呢！

《隋书》的曲笔，还体现在对后妃的隐善扬恶上。他们承袭儒家对妇女的偏见，把失政的过错推到后妃的身上，在写后妃传时，有意夸大其缺陷。从《北史》的记载看，杨坚妻独孤皇后是一个贤淑有见识的女中英杰，如俭省朴实，毫不靡费，后宫之中，一无长物。"帝常合止利药，须胡粉一两，宫内不用，求之竟不得。又欲赐柱国刘嵩妻织成衣

---

① 《资治通鉴》卷181，隋炀帝大业六年正月。
② 《旧唐书·裴矩传》。
③ 《旧唐书·杨恭仁传》。
④ 《资治通鉴考异》卷8，恭帝义宁元年"屈突通降"条。

领,宫内亦无"。她谦卑自守,毫不盛气凌人,每见公卿父母,则"为致礼",严格管教诸公主,不许"失礼于舅姑,离薄人骨肉"。她深明大义,不给外戚特权,舅子崔长仁犯法当死,文帝徇私欲免其罪,被独孤皇后坚决制止。她"识达今古",对文帝的过失,屡加劝阻,"凡言事皆与上意合,宫中称为二圣"。可以毫不夸张地说,隋开皇之治的出现,与文帝有独孤皇后这样一位贤内助是分不开的。尤为难得的是,她坚决反对多妻制,与杨坚"誓无异生之子",见到"诸王及朝士有妾孕者,必劝帝斥之"。这种行为,前人归之为妒忌,其实是有一定进步意义的。她一生中最大的过失,莫甚于劝杨坚废了太子勇更立杨广为太子。但是,此事从根本上说是皇位世袭制的恶果。要知道,杨坚的五个儿子都是淫逸之徒,唯有杨广伪装仁孝俭约,不好声妓,骗得文帝和独孤皇后的好感。《隋书·后妃传》怀着偏见记载独孤皇后的生平,抹杀其"雅性俭约""识达今古"的优点,滥述其"性尤妒忌"及谋废太子的事实。在论赞中竟攻击"文献德异雕鸠,必非均一,擅宠移嫡,倾覆宗社。惜哉!《书》曰'牝鸡之晨,惟家之索',高祖之不能敦睦九族,抑有由矣",实在诋毁过甚了。

　　《隋书》的曲笔,甚至在表彰忠节之臣时也不例外。历代开国皇帝,为了鼓励人们忠于自己而假惺惺地制赠胜国死节之臣。但在李世民心目中,真正的"忠节烈士"是兵败降唐的屈突通、扶持代王的姚思廉,不是为隋朝尽忠的死节之士。[①]故而,魏徵等人在撰写《隋书·诚节传》时,用了些方法,尽量分散和减弱烈士抗唐的事迹和程度,以达到既表彰忠烈,又不损害李唐"义师"形象的效果。《诚节传》共有十六个忠节之士,其中五人在高智慧至杨玄感事件中表现了气节,十人在与宇文化及或农民起义军的对抗中有"忠贞"行为,真正与李唐军队进

---

　　① 参见《贞观政要》卷5《忠义》。

行军事抗争不屈而死的只有尧君素一人。尧君素是隋河东通守,为隋坚守蒲州一年多,屡败唐军,给李唐的东进造成严重障碍。他气节高尚,斥退了说降的旧友屈突通、庞玉、皇甫无逸,射死了为唐劝诱的爱妻,枭首了俘虏的李渊女婿赵慈景,拒绝了李渊"赐金券,待以不死"的诱惑,最后被叛变的部下杀害。他的部将王行本继续举起抗唐的旗帜,又坚守蒲州一年多,直到武德三年春兵败,被李渊亲自处死。《隋书·诚节·尧君素传》尽量避免写唐军屡败、三换主将、总管被枭的史实,也绝口不提王行本拒守蒲州被李渊杀害之事,可耻地阉割了死节之臣的事迹。其实,抗唐最烈的隋臣,还有阴世师、骨仪等人。他们留守西京,在李渊起兵太原后,毁李氏宗庙,又率兵坚守长安一月余,城破后被李渊下令斩首于朱雀街道。①照封建道德衡量,二人皆是凛然死节之臣,在《隋书·诚节传》理应有一席之地。而事实上,两人事迹仅附于《阴寿传》中,影响被缩小到最低的程度。当然,在这个问题上也无需对《隋书》的修撰者多加指责,立场不同本来就有些勉为其难嘛!

对《隋书》曲笔的事实和原因,本文已经作了许多揭发和分析,最后还要指出的,是唐太宗李世民的影响。作为封建皇帝的李世民,尽管在口头上支持史官直笔,但在行动上并没有也不可能完全做到。他坚持自观起居注,害怕史官记下自己的过失,弄得房玄龄等人只好把起居注删略成"语多微文"的"实录"呈进②。他虽然鼓励臣僚直谏,却又说人君如龙"喉下有逆鳞,触之则杀人"③。魏徵披肝沥胆,抗直谏净,唐太宗就愤慨地威胁"会杀此田舍汉"④。魏徵自录谏争言辞给起

---

① 《大唐创业起居注》卷 2。
② 《贞观政要》卷 7《文史》。
③ 《旧唐书·杜正伦传》。
④ 刘餗:《隋唐嘉话》。

居注郎,唐太宗就悔约不把衡山公主嫁给魏徵之子。如此说来,唐太宗的逆鳞也是不触动为妙的了。于是,在写《隋书》时,别的反隋武装都称为"贼",唯独李唐军队是"义师""义军"。其他凡唐太宗有明确指示之处,也一概照改。比如房玄龄等人原来对隋文帝评价很高,说他"克己复礼,勤劳思政,每一坐朝,或至日昃。五品以上,引之论事,宿卫之人,传餐而食。虽非性体仁明,亦厉(励)精之主也"。唐太宗变换角度,予以否定,说:"公得其一,未知其二。此人性至察而心不明,夫心暗则照有不通,至察则多疑于物。事皆自决,朝臣既知上意,亦复不敢直言,宰相以下,承受而已。"[①]结果,房玄龄等人再也不敢把自己"厉精之主"的意见写进《隋书·高祖纪》,而是在纪和论中重复指责隋文帝"天性沉猜,素无学术,好为小数,不达大体,故忠臣义士莫得尽心竭辞"。从"厉精之主"的赞扬到"不达大体"的抨击,唐太宗干涉《隋书》修撰的后果是不容低估的。

(原载《兰州大学学报》(社科版),1988年第1期)

①《旧唐书·太宗纪下》。

宋代史学与《资治通鉴》

中国古代的史学,历经千余年的发展,到宋代达到它的高峰。宋代史学途径宽广,气象博大,方法至密,不仅集前代史学之大成,也为后代封建史学所不及,在中国古代文化史上占有突出的地位。而《资治通鉴》则是宋代史学的一面旗帜。

一、史学思想、当代史、"正史"的繁荣

中国封建社会政治经济的发展到宋代进入一个新的阶段。宋太祖在大乱之后,为了防备军阀割据事件的重演,建立了绝对专制的中央集权政治,并一反五代重武轻文的习气,重视文化,重用文人,而且以高官厚禄奖劝文人,这种政策为宋代史学的繁荣创造了适宜的政治条件。宋朝历代帝王努力振兴文化,提倡史学,关心史书的撰述,对学术风气的形成和持续极为有益。宋代经济的发展和科学技术的进步,特别是印刷术的进步,对史学的繁荣也起了巨大的促进作用。因为撰写史书必须凭借大量资料,以前人们读书都靠手抄,现在书籍大量印制,给学者提供了极大的方便。

繁荣的宋代史学,在史学思想上为专制政权服务的政治性更为明显。这既表现在正统论的盛行上,也表现在专为帝王服务的几部大部头类书和《资治通鉴》的编撰上。

正统论源于先秦的阴阳五行学说,三国时正式用于争作合法政权的理论,南北朝时对史书的编撰有重要的影响,南朝称北朝为"索虏"

（即留辫子的野人）①，北朝称南朝为"岛夷"（即住在水上的蛮子）②。宋
代外患不断，所以正统之论、华夷之别尤严。宋代正统论发端于欧阳
修，到朱熹的《通鉴纲目》正式确立。朱熹认为，只有一系相承、统一全
国的王朝，才是正统。因此，自周至五代的1362年中，正统的只有周、
秦、汉、晋、隋、唐六个朝代，其他都不是正统，而是僭国、篡贼或无统。
其实，正统论是统治者用以欺骗人民的工具，从人民的角度看，任何
一个封建王朝都是统治压迫人民的，都不是人民的正统。但是封建社
会的正统论，是封建大一统专制主义思想的体现，故而对宋朝及其以
后史书的编纂有重要影响。

在宋初帝王都爱读书的影响下，当时学人都以多闻博记为上，为
了有系统地整理资料，给帝王提供统治术的教科书，宋太宗下令李昉
等人为他编了《太平御览》1000卷，《太平广记》500卷，《文苑英华》
1000卷。宋真宗又令王钦若等人编成了《册府元龟》1000卷。这四部类
书，被后人合称为宋朝四大类书。其中，《太平御览》以引证广博见称，
所引古籍达2579种，现存者不过十分之二三，是研究宋代以前历史和
校勘辑佚古籍的宝库。《册府元龟》于1013年（大中祥符六年）编成，册
府是典策渊薮的意思，元龟即大龟，是古代占卜所用的宝物，因为占
卜可以预知未来，作为借鉴，所以称可以用作借鉴的事是龟鉴。命名
之意是说这部书是君臣鉴诫的大书，可以作为将来的典范。该书专辑
上古到五代的历代君臣事迹，所采事迹不仅包括《十七史》的绝大部
分内容，还兼取唐、五代实录等，对后人研究这段历史和校史、补史、
辑佚等都有重要价值，也为宋代人修史提供了宝贵的史料。与此同
时，私人编纂类书的风气也很盛行。著名的如：王应麟《玉海》，祝穆

---

①《宋书》卷1《武帝本纪上》，中华书局，1974年，第17页。

②《魏书》卷2《太祖纪》，中华书局，1974年，第41页

《事文类聚》，章如愚《山堂考索》，谢维《古今合璧事类备要》，高承《事物纪原》等。其中《玉海》200卷，分21部240类，多录有关典章制度的文献和吉祥的善事。书中不仅抄录材料，还多用提要概述的形式撮叙事实，并常常略作考证。该书包括了涉及文史的多方面知识，被古人称为"大有裨益经济实学"的"天下奇书"①。

后来，学风发生变化，新派的学问是以《春秋》为榜样，贯通古今沿革当作借鉴，于是出现了《资治通鉴》这部史学名著。司马光在给宋英宗的奏疏中说明了编书的目的，是为帝王作历史的参考。他说："自幼至老嗜之不厌，每患迁、固以来文字繁多，自布衣之士读之不遍，况于人主，日有万几，何暇周览。"②所以，他要将历代有关国家的盛衰和关系人民切身利益，善良可以学习的，恶劣可以防止的，帝王应该知道的史事，编成《资治通鉴》一书，供帝王阅读之用。

公私齐动手，大规模地进行当代史的编修和史料整理，是宋朝史学的一大特色。当代史的编修需要有一定的勇气和魄力。宋朝政府建立了庞大而且健全的史官组织，设置专门史官，分别撰修实录、国史、会要等书。当时，史官各有专职，分头记述。编修院（后改名史馆）负责修国史，起居院负责修起居注，日历所负责修日历，中书省和枢密院分别撰修时政记，实录院负责修实录。这些书的数量都很大，如日历达4102册，19个皇帝的实录达3833册。

宋朝的国史和实录允许人民传抄，而且朝廷对士大夫比较宽容，因此，宋代私人撰修本朝史的很多，其数量之多、卷帙之大，都是空前的。虽然其中有的因内容涉及社会现实而遭到统治者的禁毁，流传至

---

①清刻本《玉海》，胡助、熊本二序。
②司马光:《进书表》，见《资治通鉴》附录，中华书局，1956年，第 9607 页。

今的仍很可观。其中比较杰出的巨著有：李焘《续资治通鉴长编》，专记北宋九朝史事；李心传《建炎以来系年要录》，专记宋高宗一朝史事；徐梦莘《三朝北盟会编》，专记宋徽宗、钦宗、高宗三朝与金的和战关系；陈均《宋九朝编年备要》，专记北宋九朝的史事；佚名《两朝纲目备要》，专记南宋光宗、宁宗两朝史事；熊克《中兴小纪》，专记宋高宗一朝史事；刘时举《续宋编年资治通鉴》，专记宋高宗至宁宗的史事；佚名《宋季三朝政要》，专记宋理宗到宋灭亡的史事；王称《东都事略》，北宋九朝纪传体史书等。此外，宋人的大量笔记、文集中，也记录当代史实成风，有不少珍贵的资料。

《二十四史》中，宋代撰修的有《旧五代史》《新唐书》《新五代史》三部。《旧五代史》是由宰相薛居正监修，于973年（开宝六年）完成的五代纪传体史书，共150卷。该书仿《三国志》体例，梁、唐、晋、汉、周各自为书，各有纪传。《旧唐书》是五代后晋时所修，宋人多有非议，认为其气力卑弱，言浅意陋。于是，由宋祁、欧阳修主持，于1060年（嘉祐五年）修成《新唐书》225卷，该书与《旧唐书》比较，史事有所增加，而篇幅却有所减少。而且新书是用散文写成，取材生动丰富，又增加了表、志，反映了宋代正史编撰的新气象。《新五代史》是欧阳修所撰。在编撰《新唐书》时，欧阳修认为薛史繁芜失实，便着手搜集五代史料，独自重新编撰，到1053年（皇祐五年）完稿。因为这是私人撰修的，故密藏于家，直到他死去5年后，家属才奉命奏上书稿，由国子监刊行。全书74卷，它改变了五代各自为书的体例，打破朝代界限，按时间编排史事，以表示维护大一统之义。它仿效《春秋》笔法，注重于正名分，寓褒贬，书法谨严。它强调直笔记史，对史料进行了考订。它议论不苟，反复慨叹五代的黑暗，以反衬宋朝的太平。该书一出，在社会上立即引起强烈反响，人们从中受到很大启发。

二、编年体通史和其他各种史体

编年体通史《资治通鉴》(以下简称《通鉴》)是宋代史学繁荣的里程碑。它的修撰,使编年史体达到绚烂美备的程度,影响所及,作者纷起。南宋时,袁枢在《通鉴》的基础上,写作《资治通鉴纪事本末》,开创了纪事本末体,使纪传、编年贯通为一,不仅为人们阅读《通鉴》提供了方便条件,而且为史书的编纂开辟了新途径。自此以后,各朝纪事本末体史书陆续有人修撰,成为继纪传、编年以后的又一种贯通古今的系列历史著作。

政书是分门别类地记述典章文物沿革变迁的专书。通代政书始于唐杜佑的《通典》。宋代郑樵的《通志》是继《通典》以后的第二部通代政书巨著,该书有本纪、世家、年谱、列传及记典制的二十略。有人将其归为通史纪传体。但其纪传部分多为抄撮旧史而成,二十略却颇为精粹,故一般将其归于政书体。专详一朝一代各种典制的史书称会要。会要体虽创始于唐,但以宋人所著规模最大,体裁也最为完备。当时,首创由政府设官撰修会要,在秘书省设会要所,专司其事,前后成书10种,总数达2441卷。清人徐松从《永乐大典》中辑录宋会要文字,成500卷的《宋会要辑稿》,达800万字,其中十分之七八的史料都是《宋史》中所没有的,为今天研究宋代政治、经济、文化、军事等各项典制沿革变迁不可缺少的资料。同时,还有许多私人撰修的会要,如:王溥《唐会要》《五代会要》,徐天麟《西汉会要》《东汉会要》,李攸《宋朝事实》,李心传《建炎以来朝野杂记》,从此,会要便成为一种独具系统的断代典制体史书通行于世。

唐朝刘知几《史通》开史评风气,宋代史评继而勃兴,分为三支,各有专书。一支是以郑樵《通志总序》为代表的评品史学体例义法的著作,一支是以范祖禹《唐鉴》、胡寅《读史管见》为代表的对史事的是非得失进行详尽论断的著作,一支是以吴缜《新唐书纠谬》《五代史志疑》、吴仁杰《两汉刊误补遗》、司马光《资治通鉴考异》为代表的对历史事实的正误异同进行严密考定的著作。宋代的历史考证学使史评由注重书法疏于考证变为专书考证异同、批评史料选择,使历史著作所述史实更趋于真实,在中国史学史上有突出的地位。

金石学起源于宋代,是现代考古学的前身。宋代经济,尤其是农业的发展,使大量荒地得到开垦,从而古代文物大批发现。宋代学者悉心对殷周礼器、石刻、汉简、陶器、石器进行搜集,整理鉴定,考释金石文字,并用来考定历史记载,称之为金石学。主要著作有:欧阳修《集古录》、吕大临《考古图》、王黼《宣和博古图录》、赵明诚《金石录》、薛尚功《历代钟鼎彝器款识法帖》、洪遵《泉志》、龙大渊等《古玉图谱》、郑文宝《玉玺记》、王厚之《汉晋印章图谱》等。

目录一名始于西汉末年刘向的《别录》,到宋代目录学成为一门显学,有辉煌的成就。一是宋仁宗时王尧臣、王洙、欧阳修等人修成的《崇文总目》66卷,著录中秘藏书30669卷,每书都是先书名,次卷数,后撰人或注释者姓名、年代、官衔,并简略考证其存缺情况,是一部相当详备的目录书。二是郑樵《通志·艺文略》,创12分类法,特别是他提出书籍编类后不需加以不必要的注释,对后世目录书的编撰影响很大。三是开创学者私人编写一家收藏的图书目录,成为专书,著名的有:晁公武《郡斋读书志》、尤袤《遂初堂书目》、陈振孙《直斋书录解题》等。

校勘,古称校雠。五代社会混乱,书籍散失严重。宋初书籍不仅少,而且错讹较多。由于当时将《五经》《三史》列于科举取士,需要有标准读本,更由于印刷术的发达,大量书籍需要印制,于是宋代君臣都致力于经史的校勘、刊印。其中官校史书工程浩大,方法进步,选请专家从事工作。从太宗淳化年间到北宋末,先后由知名学者杜镐、陈尧佐、宋祁、曾巩、范祖禹等人精校刊刻了《史记》《汉书》《后汉书》《三国志》《晋书》《南史》《北史》《宋书》《南齐书》《梁书》《陈书》《魏书》《北齐书》《周书》《隋书》《旧唐书》，以后加上《新唐书》和《新五代史》，(不算《旧唐书》)合称十七史。在校勘书籍的同时，宋人不仅写了许多校史专书，而且正式创立了校勘学理论。郑樵《通志·校雠略》就是我国第一部校雠学专著，对我们今天仍有重要的参考价值。

宋代是我国方志发展史上的成熟期。它承前启后，所撰方志数量远远超过前代，编撰体例和内容也进一步完备起来，为以后方志的发展奠定了基础。首先是国家三次编撰全国地理总志，包括：太平兴国年间乐史总纂的《太平寰宇记》200卷，1010年(大中祥符三年)李宗谔等修撰的《祥符州县图经》1566卷，1085年(元丰八年)王存等修撰的《元丰九域志》10卷。其次，由于朝廷三令五申要求各地编修图经、图志，大大促进了地方志书的编修。《宋史·艺文志》史部地理类著录的书籍共407部5196卷，其中州郡志书约占十分之七八。这些方志书分门别类十分仔细，文辞也很雅正。宋代方志中，最受历代史家推重的，是宋敏求的《长安志》、范成大的《吴郡志》等。

传记、学术史，大体包括名人年谱及其事迹的编撰，均为宋代创体。以年谱言，宋代有胡舜陟(zhì)父子《孔子编年》5卷，赵子栎(lì)《杜工部(甫)年谱》2卷，王宗稷《东坡先生年谱》1卷，对后代影响很大。名人事迹编撰，最重要的有：杜大圭《名臣碑传琬琰集》107卷。该书撰成于1194年(绍熙五年)，收集了自建隆、乾德，迄南宋建炎、绍兴，大臣们的碑、铭、传、状，共著录碑传文254篇，不仅材料极其珍贵，而且开创了传记的新体例。再如佚名的《京口耆旧传》，则是采录镇江一地名人事迹的传记。

十七史自《后汉书》以后，有不少缺表、志。南宋初，熊方自题其书室为"补史堂"，以全力撰《补后汉书年表》10卷，开创了后代史家补作前史表志的道路。其后有钱文子撰《补汉书兵志》等。

宋代史学的繁盛还表现在私人文集、野史、笔记的大量撰集及其内容的浩博上。宋人文集流传下来的很多,仅《四库全书》别集类著录的,就有388部5000余万字。宋人流传下来的笔记,《四库全书》中著录的有151部。其中,如司马光《涑水纪闻》16卷、沈括《梦溪笔谈》30卷、洪迈《容斋随笔》74卷、陆游《老学庵笔记》12卷等,都有很重要的价值。

三、司马光生平与《资治通鉴》的编撰

司马光(1019—1086),字君实,陕州夏县(今山西夏县)涑水乡人。他20岁为进士,历仕仁宗、英宗、神宗、哲宗四朝,由奉礼郎迁至天章阁侍制并侍讲、知谏院。英宗时,进龙图阁直学士。神宗即位,升翰林学士。当时,正值神宗用王安石变法,司马光与其政见不同,是反对派的头领,受到排斥。1070年(熙宁三年),司马光自请作外官,出知永兴军(今陕西西安)。宋神宗曾任命他为枢密副使,他坚决推辞不就。次年,王安石为相,司马光又自请改为权判西京留守御史台的闲差,以后六任冗官,在洛阳15年,专门从事《资治通鉴》的写作。哲宗继位,政局发生变化,司马光当了6个月的宰相,于1086年(元祐元年)九月一日逝世。

司马光自幼爱好历史,7岁读《左传》,就能给人讲解。其后,终生手不释卷,甚至不知饥渴寒暑。他非常博学,音乐、律历、天文、书法、数学都很精通,打下了深厚的学识基础。他自幼家教很严,五六岁时,家中有一些新核桃,姐姐无法去其青皮走了,姐姐的婢女用热水将青皮脱掉。姐姐回来后,问他:“是谁将皮去掉的?”他回答:“是我自己。”他父亲正好在外边看见,大声训斥道:“小子怎能撒谎?”从此以后,司马光再也不说谎话。他做事踏实谨慎,一生中从来没有写过草字,全是一笔不苟的楷书。他的性格又很坚强。这些,对他终于编成《资治通鉴》大有好处。司马光在仁宗时就计划编这部大书,以后又得到英宗、

神宗的大力支持,神宗不仅为该书赐名撰序,还将颍邸藏书2402卷送给他,又供给纸笔,允许他以书局自随。特别是他编撰该书时,正当王安石变法,他以政见不同而居闲职,得以有时间专心写作。总之,司马光既有抱负,又有能力,又得到皇帝强有力的支持,又有闲工夫。这就是《资治通鉴》成书的得天独厚的条件。

早在1064年(治平元年)以前,司马光就编成了一部自周威烈王二十三年到周世宗显德六年的大事年表及评论,名《历年图》,进呈给仁宗。在此基础上,他又仿《左传》体裁,撰写了一部起三家分晋至秦二世的编年体《通志》8卷,进呈英宗。英宗对该书十分赏识,于1066年(治平三年)四月,命司马光设书局于崇文院,编辑《历代君臣事迹》,并给予他自行选择助修人员和借阅龙图阁、天章阁和三馆秘阁书籍的方便。神宗即位之初,给该书赐名《资治通鉴》,赞扬其"鉴于往事,有资于治道"。从1066年四月到1084年(元丰七年)十一月,历时19年,司马光终于修成了这部上起公元前403年(周威烈王二十三年),下迄959年(后周世宗显德六年),包括1362年史事,共292卷的编年体巨著。书成两年以后,司马光未及看到该书刊出,就去世了。他在《进书表》中说:"臣今骸骨癯瘁,目视昏近,齿牙无几,神识衰耗,目前所为,旋踵遗忘,臣之精力,尽于此书。"[1]司马光为编成《资治通鉴》付出了巨大的代价。

四、三大助手及编修方法

《资治通鉴》的成功,与司马光编书的三大助手的贡献是分不开的。司马光的书局有主编,有协修,有书吏。刘恕、刘攽(bān)、范祖禹

---

①司马光:《进书表》,见《资治通鉴》附录,中华书局,1956年,第 9608 页。

是三大协修,他们各有专长,都是当时第一流的史学家。特别是刘恕(1032—1078),字道原,由县令被司马光看中,称他"博闻强记,尤精史学,举世少及"①,任为实际的全局副手,主要负责魏、晋至隋朝和五代十国,为编书费尽心力,年仅47岁,在书成7年以前就去世了。刘攽(1023—1089),字贡父,是《后汉书》的专家,知识渊博,善做文章,与其父刘敞、侄刘奉世合称"三刘",他主要负责两汉部分。范祖禹(1041—1098),字梦得,一字淳甫,他追随司马光在洛阳15年,倾全力于编书,放弃了升官的机会,为该书耗力最多,主要负责唐代部分。司马光的儿子司马康,从1078年(元丰元年)起,负责该书的文字检校工作,也做出了贡献。这些年龄差距达30来岁的人,和睦相处,各尽所长,互为补充,分工合作,协同奋战,终于完成了这部史书的写作。

《资治通鉴》的成功也得力于它有一套严密的编撰方法。其编写程序为三步:

第一步作丛目。就是由分修各人按照历史事件的年月日的顺序,列出标题,围绕标题将有关史料剪贴排列起来,叫作丛目。丛目要求尽可能详备。

第二步作长编。由分修各人把丛目中编排的史料,进行初步的整理,经过选择,决定取舍。然后重新组织,从文辞上加以修正。遇有年月日和事迹互相抵触的地方,就加以考订,说明取舍的理由,作为附注。这样出来的东西,叫作长编,实际就是初稿。长编要求尽量详细,而不能太简略,以便作进一步修改。

第三步删成定稿。由司马光依据长编,考其异同,删其烦冗,修改润色,写成定稿。司马光一般是先对长编进行粗削,再作细删、改写。

---

①《乞官刘恕一子札子》,载《温国文正司马公文集》第53卷,商务印书馆四部丛刊初编本,第400页。

他对于全书的书法、体例以及史料的考订、文章的剪裁,甚至字句的锤炼,都严肃认真,一丝不苟,使来源于各种不同时代、不同文笔的史料,熔铸于一炉,浑然一体,自成一家。例如,《唐纪》的长编原为600卷,司马光花了4年多时间,仔细删改,定为81卷。司马光死后,洛阳还有两间房子的《通鉴》残稿,其中多半是长编的底本。现在还存有一卷司马光手写《通鉴》永昌元年的提纲,上面的字一笔一画,非常认真。

《资治通鉴》全书294卷,约300万字,篇幅浩大。司马光考虑到该书一般人难以全部阅读,为了解决这一问题,在修书的同时,围绕《通鉴》,编成了《资治通鉴目录》30卷。它与《通鉴》配合,既是《通鉴》的索引、目录、补充,又是一部独立的史学著作,一部浓缩的《通鉴》,一部多功能年表体例的简明中国古代政治通史。

同时,司马光还编成了30卷的《资治通鉴考异》,把对《通鉴》中所用史料的考证、鉴别汇编到了一起。《资治通鉴考异》考证鉴别史料的方法主要是博引典籍,予以分析取舍,实际考订中既有反证法,又有推历法、推理法、择优法、常识判断法等,特别是注重用碑碣墓铭证史,开创了史书考异之路,还为后人储存了丰富的史料。

司马光还撰成了《资治通鉴举要历》80卷、《资治通鉴节文》60卷,都是《资治通鉴》的简本。又有《资治通鉴释例》1卷,记述修史凡例和与刘恕、范祖禹等人往来的书信,为后人研究《通鉴》提供了方便。

五、不朽的史学丰碑

杰出的史学著作,来源于历史家优秀的史学思想。《资治通鉴》中反映的司马光的史学思想有以下几个特点。

一、主张据史直书,不取正闰之说。正统论在当时影响很大,司马光却不以为然,他说,那些所谓正统的标准,都是偏颇的个人意见,不是大公的通论。他认为,只要没有统一九州的都不能说成是正统,而不在于其是否华夏天子。他排除正统观的偏见,根据帝王功业写史,甚至对曹操这样一位当时被骂为奸臣的人,也予以了很高的评价。

二、反对神鬼怪异之说。司马光在开始编修《通鉴》时,就对助手们宣布,除了个别有警诫作用的以外,有关神鬼怪诞符瑞的记载,一概不加采录。反之,书中却有许多揭露迷信虚妄的材料。他本人也从来不信迷信,曾经写过一篇《葬论》,现身说法,驳斥阴阳家关于必须择地看风水葬先人的胡说。他也不信宗教,在书中说信佛教是"事胡神",老庄之书是"矫诬之说,不近人情"。

三、注重治乱原因的探讨。从巩固封建统治的目标出发,他注重从历史研究中总结治国的经验教训。他提出治国之道在于用人唯贤,德才兼备,让官吏有职有权,不可猜忌功臣。他在书中反复赞扬那些持法公正、赏罚严明的君主,谴责乱行赏罚的帝王。强调要使法令行之有效,君臣上下执法如一,真正体现法令的权威,实行法治。

四、从根本上说,司马光编写《资治通鉴》是从另一条战线与王安石做斗争。所以,书中特别强调维护纲常名分等封建伦理道德,认为礼治道德关系国家的安危。将帝王的意志看成是历史的主宰,说:"治乱安危存亡之本源,皆在人君之心。"①大讲历朝祖述祖宗之法的情况,而删削历代变法的事实。

《资治通鉴》是我国封建社会仅有的一部贯通古今的编年体通史巨著。900多年来,一直受到学界的备极推崇。清人王鸣盛称:"此天地间必不可无之书,亦学者不可不读之书也。"②究其特点,主要是:

一、采用了丰富的史料,将1362年的历史融会贯通,集于一书,将其

①《进修心治国之要札子状》,载《温国文正司马公文集》第46卷,商务印书馆四部丛刊初编本,第355页。

②王鸣盛:《十七史商榷》卷100《缀言二·资治通鉴上续左传》。

中盘根错节的无数事件加以耙梳,年经事纬,条分缕析地写出来,而且吸收了纪传体写作上的一些优点,每遇重大事件,必交代其前因后果,同一史事的材料,不再分见多处,避免了一般编年史书材料零散不相连接的弊病,开辟了编年史体的新纪元。使读者可以用较少的时间,全面系统地了解这很长一段风云变幻的历史,得到宝贵的历史经验教训。

二、材料丰富,考证精详,是古代史书中最信实的一部。据统计,该书参考引用了359种史籍,数千万字的材料,其中有半数左右的书早已失传。作者对这么多的材料进行了严谨的考异鉴别,往往一件事要根据三四种资料写成,纠正了许多史书中的记载错误,故所述史事比较翔实可靠。而所创造的分三步成书和史事考异的方法,更影响了后代史学,许多史家运用其法写出了质量较高的史书。

三、作者致力于探讨社会治乱的原因,以给统治者作为治理国家的借鉴。书中对历代政治事件、军事斗争、农民起义、民族关系给予特别的关注,有真切详尽的记录。书中敢于揭露历代统治者,包括帝王的罪恶,客观上暴露了封建社会的本质,为我们今天研究历史,提供了丰富的资料。

四、《资治通鉴》虽为集体官修,但经过司马光的精心总撰,全书风格一致,如出一人之手。书中文笔卓绝,行文生动优美,结构严谨,长于叙事,是历史文学的楷模。许多篇章段落,都可以作为一篇篇完美而生动的故事看,特别是书中对一些重大战役的描述,气势磅礴,周详完备,绘声绘色,脍炙人口。

《资治通鉴》问世,对史学界有很大的震动,除胡三省为之注释外,仿效该书体例作史者历代不断,袁枢和朱熹在此书基础上还创立了纪事本末史体和纲目史体。《通鉴》不愧是古代史书的典范。

（1996年撰,部分内容以《划时代的史学丰碑——资治通鉴》为名发表于《光明日报》2001年7月31日理论周刊史学版）

《资治通鉴目录》初探

　　在司马光的史学著作中,《资治通鉴目录》(以下将《资治通鉴》简称为《通鉴》)是颇有建树而又罕为学者所重视的一部书。司马光在编著《通鉴》的同时撰述了《通鉴目录》和《通鉴考异》。近年来,《通鉴考异》已经受到学术界的重视,《通鉴目录》的研究却尚付阙如。不少同志将它看成普通的专书目录而不予垂青,胡三省曾深有体会地慨叹,《通鉴目录》"是可以凡书目录观邪?"①在纪念《资治通鉴》成书九百周年的今天,对体现司马光史学思想和创新精神的《通鉴目录》仍然置之高阁不加研究,无疑会影响对司马光史学全面正确的评价。为此,我们不揣浅陋,试图对《通鉴目录》作一粗略的探讨,其中谬误之处,尚祈方家垂教是幸。

一

　　史学贵在创新。《通鉴目录》的最可贵处,在于它体例上的创造。我国古代的编年史体例,肇端于西周。《春秋》反映了编年史体的雏形,由于它叙事过于简单,不能说明历史发展的原因结果,难免被人讥为"断烂朝报"。战国初成书的《左传》叙事翔实,兼有评论,以年、时、月、日系事,结构严密,确立了编年史体的基本规模。荀悦《汉纪》又把探讨为政得失作为史论的基本内容,既密切了编年史书与封建

---

①胡三省:《新注资治通鉴·序》。

政治的关系，又开创了断代编年史体裁。从此，编年与纪传成为封建社会两大史学正宗，并驾齐驱，代有著述。隋唐以后，由于统治阶级吸取历史经验以巩固和加强封建专制主义中央集权统治的需要，和史学向更深更广阔领域发展的促进，通贯古今的各种历史著作的出现已成为必然趋势。而编年史正是写通史的较好体裁。于是，从唐代开元以后，就有人主张修编年体的通史。开元间裴光庭、萧颖士皆曾作此尝试，而讫未卒业。①宪宗时马总又撰《通历》十卷，用编年体记太古十七世、中古五帝三王以及秦至隋历代兴亡的大概事迹，分别评论君主贤否。②到唐宣宗时，太子詹事姚康复曾撰成自开天辟地到隋末为止的编年体通史《统史》三百卷，③但该书竟未得流传。司马光集编年史体发展之大成，撮十七史之精要，囊括1362年史事，网罗众说，撰成294卷的编年体通史巨著《资治通鉴》，成为编年史体发展的一个划时代里程碑。编年体史书有很多优点，首先它以时间先后为序排列史事，使每一时代的兴盛衰亡之迹易于明了；其次，它将同一时间内的各种史实并列排比，使史实间的联系颇为清楚；再次，它以时间归并史事，既可使繁复的史文归于简要，又可易于发现记史的差误。但是，编年史体又有一些无法克服的缺陷。司马光是一位富于探索精神的史学家，他看到了以编年体修《通鉴》的长处，同时也注意到了其短处。为此，他首先在《通鉴》本身的修撰中，用了追叙和带叙等多种手法努力前后照应；其次，他通过《通鉴目录》的修撰试图弥补《通鉴》体例造成的不足。在《通鉴目录自序》中，他写道：

> 臣闻：古之为史者必先正其历，以统万事，故谓之"春秋"。故崇文院检讨刘羲叟遍通前代历法，起汉元以来，为

---

① 《旧唐书》卷145，卷84《裴行俭传附光庭传》。

② 陈振孙：《直斋书录解题》卷4。

③ 《唐会要》卷36《修撰》。

《长历》。臣昔尝得其书,今用羲叟气朔并闰,及采七政之变著于史者,置于上方。又编年之书,杂记众国之事,参差不齐,今仿司马迁"年表",年经而国纬之,列于下方。又叙事之体,太简则首尾不可得而详,太烦则义理汩没而难知,今撮新书(指《通鉴》)精要之语散于其间,以为目录云。

这篇序言道出了司马光作《通鉴目录》的宗旨与方法,说明在《通鉴》开始编纂时,作者就已经意识到了《通鉴》体例所无法避免的三个缺陷,而同步编撰《通鉴目录》以补其缺。

序言中所提出的第一个问题是正历法,载节气朔闰及天文现象。《通鉴》用的是以时间为本位的编年史体,写了1362年的史事。这漫长的岁月中,历法复杂,人事纷纭,记载之歧层出不穷。要统一这一千数百年间所用的不同历法,几百位帝王的复杂纪年,考明无数史事所发生的准确时间,必须有科学的历法,这是编年史体成功的先决条件。

刘羲叟(1018—1060),字仲更,泽州晋城(今属山西)人。他"于经史百家无不通晓","星历数术尤过人"。[1]曾参与欧阳修《新唐书》的编修班子,专撰《律历》《天文》《五行》三志,是当时有名的历法专家。他的《长历》,对自汉初至五代末的历法考证甚精,颇为时人推重。该书一经撰就,即为邵康节著《皇极经世书》所采用。[2]司马光对历法天文素有研究,他以刘羲叟《长历》考之于古史所记,发现《长历》"最为得实"[3],是当时最为科学的历史年代学著作,就毅然采纳该书用历作为《通鉴》编年的基础。但是,他也看到,凭《通鉴》本文,无法说清自己的编年与一千多年间诸多历法和帝王纪年的关系。出于和编撰《通鉴考

①王偁:《东都事略》卷65《刘羲叟传》。
②《资治通鉴》卷1,周安王二十五年胡注。
③《资治通鉴考异》卷1,周纪。

异》说明材料取舍的同一动机,司马光在《通鉴目录》中以《长历》的纪年、朔闰、节气等贯通上下,从根本上统一了千余年历法,解决了诸史纪年纪时的歧见。《通鉴目录》在以《长历》纪年的同时,在中间边栏里又列出与该年相应的朝代名称、帝王庙号、名讳、年号和年数。当数国并列时,则分为数条横格,载明各自的年号、年数。以《通鉴目录》所记编年、朔闰与中间的帝王纪年及历史事件发生日期相配合,使我们知道同时有多少年号,而各年号又相当于星岁的某年,还可以推算出某一历史事件的干支记日相当于该月的多少日,给人们读史带来了极大的方便。

从《通鉴目录》中我们看到,它采用的是星岁纪年法。这种纪年法产生于战国,实行于秦汉,新莽亡后不再使用。由于该法对校正古代其他纪年中悬而未决的问题有一定作用;还由于上古时代,人们但以干支记日,不以纪年;更因为它周而复始地循环使用,不因朝代灭亡、帝王改元而改变。所以《史记·历书》就用星岁法纪年。《资治通鉴》为避免与干支记日相混,故而依《长历》而采用星岁法。对于我们今天的多数读者来说,星岁纪年的名称是陌生的。该法据《尔雅·释天·岁名篇》所载十二岁阴名与十岁阳名交错相配,成阏逢摄提格、旃蒙单阏、柔兆执徐、强圉大荒落等六十组合,周而复始循环使用可至万万年。我们只要知道岁阳岁阴之名与干支名称的对应关系, 这种纪年方法其实是不难掌握的。

《通鉴目录》的另一个内容是"采七政之变著于史者,置于上方"。所谓"七政",指的是日、月和木、火、土、金、水五星。[1]而"七政之变",则是指天象的变化。由于农业生产的需要,我们的祖先很早就注意天文现象的观察,有不少重要的发现。虽然后来有人以天象附会人事吉

---

[1]见《史记·五帝本纪》裴骃集解引郑玄说。

凶，不免掺杂了迷信的成分，但天象记录本身的科学价值并不因之而稍损光辉。在编撰《资治通鉴》的过程中，司马光认为各代正史中的志书很有整理的必要，于是指示刘恕等人，在《通鉴长编》完成以后，将有关正史中的律历、礼乐、职官、地理、食货、刑法志删次补葺，别为一书。①这些资料中的部分内容，就是《通鉴目录》所载七政之变的来源。《通鉴》中，除了有一些日食记载外，一般不记其他天象。《通鉴目录》所记天象材料，弥补了这一缺憾，使《资治通鉴》这部通史的内容更为丰富全面。

可以说，《通鉴目录》上方所载的纪年、朔闰、节气和天象变化，加上中部横格内所载各朝帝王庙号、名讳、年号、年代，构成了一部囊括一千数百年历法、纪年、天文全部资料的、系统完整的、体例严谨的星历帝纪综合编年表，这在中国历史编纂学史上是没有先例的。

序言所提出的第二个问题是用《通鉴目录》整齐"众国之事"。《资治通鉴》纪事，同一时间，只能采用一国的纪年，各国史事杂厕其间，交互混杂，读者不花大功夫，无法将一国的历史发展进程梳理出一个清晰的线索。对此问题，司马光很早就锐意解决。在英宗治平元年（1064年）所进编年体的《历年图》中，为了区别分裂时期的各国之年号，"每行记一年之事，其年取一国为主，而以朱书它国元年，缀于其下，盖欲指其元年，以推二、三、四、五则可知矣"②。这种用墨朱二色以区别各国纪年的办法，首先不能完全解决各国史事混杂的问题，其次给刻板印刷要增加很多困难，实际上是不易行得通的。到作《资治通鉴》"丛目"时，也是按年、月、日编排资料，不分国别。经过执着的探究，到编《通鉴目录》时，他才真正解决了各国史事混杂的问题，模仿

①《与刘道原书》，载《温国文正司马公集》卷62。
②《历年图序》，载《稽古录》卷16。

司马迁《史记》中所创的"年表"体例,以年为经,以国为纬;统一时代,年系一国;群雄并立的时代,则每国一格,各为纪年,自成一统。不仅标明每一朝代的名称、帝王庙号、名讳、年号和年数,而且将各国史事,分行记载。读者要了解一国历史,只需沿着该行叙事,逐年读下去,其间兴衰得失,政治军事,君臣事迹无不毕悉。实际上每一行都是一部国别编年简史。这样,才真正体现出编年史体"于一国治乱之事为详"①的优点。纵观《通鉴目录》的国别分行情况,又可以明确地勾画出1300多年间中国古代分而复合,统一而又分裂的历史轮廓,不至于如纪传体或编年体史书那样使分裂时代的史事漫然一体,无法分辨。如《资治通鉴》以卷一至卷五为周纪,把战国时期从周威烈王二十三年(前403年)到周赧王五十九年(前256年)间十几国的历史混合记载,除了周王纪年明确以外,其他各国皆不得其详,有些小国甚至多年不载一字,以至其是否存在也不易知晓了。《通鉴目录》则不是这样,它以年表的体例,在卷一和卷二中,将各国别为一行,卷一所载有十三国之多,卷二前半部所载也达十一国,即使这一年该国无事也存其年号,不仅使我们可以明确各国的历史,而且对任何一国的君统也可以一目了然。另外,由于《资治通鉴》一个时期总为一纪,对于历史上复杂的渐进的分裂与统一及其历史转变不易明了。例如《资治通鉴》卷六、卷七称《秦纪》,所记时间由周赧王死(秦昭襄王五十二年,前255年)到秦二世元年(前209年)。其间,秦始皇于二十六年(前221年)统一六国,建立中国历史上第一个大一统的专制主义的秦帝国,这一伟大的历史转变被淹没于该年复杂的纪事之中,不易引起读者的注意。但《通鉴目录》年经事纬,分国纪事,在卷二中先有周、秦、韩、魏、赵、齐、楚、燕、宋、鲁、卫等十一国,以后随着兼并战争的进行,国

---

①晁公武:《郡斋读书志》卷2。

家数目逐渐减少,终于到秦始皇二十六年以后只剩秦之一国。《通鉴目录》中部的横格,由十一格而渐归于一,历史发展的不同阶段明显地表现出来了。

这种年表式史书,还有一个更突出的为纪传和编年体都无法取代的作用,就是可以避开将分裂各国别为正闰的嫌疑。我们知道,古代史家对并列王朝正统和僭伪的问题争论得非常认真。司马光是一个超脱者,他说:"臣愚诚不足以识前代之正闰,窃以为苟不能使九州合为一统,皆有天子之名而无其实者也。虽华夏仁暴,大小强弱,或时不同,要皆与古之列国无异,岂得独尊奖一国谓之正统,而其余皆为僭伪哉!"①他还专门给人写信,说明自己编《资治通鉴》在分裂时期采用某国年号只是"以授受相承,借其年以纪事尔,亦非有所取舍抑扬也"②。但是,宣言和认识是一回事,事实又是另一回事。以争论了千余年的魏、蜀孰为正统的问题为例,陈寿《三国志》明确地以魏为正统。司马光撰《资治通鉴》还是以三国史为《魏纪》,采用魏国年号,称魏帝为"帝",而不采用蜀、吴年号,不称蜀、吴君主为"帝"。可见此书仍未摆脱其"苟天下非一统,则漫以一国主其年,固不能辨其正闰"③的毛病。《通鉴目录》所采用的年表体例,才使司马光对分裂各国不辨正闰的思想付诸实践,把分裂各国各为一行,各自为主,各系本国纪年,总统于同一星岁年下,孰正孰闰,就可避而不论,隐而不见了。

《通鉴目录》虽然是仿《史记》"年表"体例而作,却又不同于年表内容的单薄,而是包含了更为丰富的内涵,这就是序言所说的第三个问题,采撮《资治通鉴》中的"精要之语散于其间,以为目录"。这里,司

---

①《资治通鉴》卷 69,文帝黄初二年"臣光曰"。
②《答郭纯长官书》,载《温国文正司马公集》卷 61。
③《记历年图后》,载《温国文正司马公集》卷 66。

马光发现了叙事体史书(包括编年体、纪传体等)的一个重要缺陷:"太简则首尾不可得而详,太烦则义理汨没而难知。"就是说,叙史之文如过于简略,会使读者不了解历史发展的前因后果;过于详细,又会因文字的漫长而使读者不得要领。司马光写历史,是要总结历史上的兴亡之道,为帝王提供专制统治术的教科书;也是为了以史书做武器,在一条新的战线上与王安石的变法作战。为此,在《资治通鉴》中,他以"臣光曰"等附论来总结历史上的经验教训,或者借题发挥,表达自己的政治见解。但是,附论总共只有188篇,无法充分准确地道出作者从一千多年历史中所悟出的全部道理,给读者以应得的教训。《资治通鉴》本身叙事翔实,又不可避免地存在"义理汨没而难知"的缺点。于是,他就借助于《通鉴目录》,学习《春秋》微言大义的方法,将《资治通鉴》中历史事件的主要梗概,有关治乱兴衰的精粹言论,为君为臣之道的基本义理摘录著于其间,寓论断于叙事,使其义理自现,褒贬分明。司马光曾经与刘恕详细地讨论书法问题①,又确定有三十六条例②,这些书法凡例运用于《通鉴目录》中对更为准确地显义理、明褒贬、别善恶起了一定作用。

司马光把自己的这部著作定名为《通鉴目录》。我们知道,编一本史书的目录一般来说是不困难的。《尚书》一类以文献为中心的汇编体史书,是以其中所收篇名编排目录的;《史记》一类以人物为中心的纪传体史书,是以纪主、传主、表志篇名编排目录的;《通典》一类以典章制度为中心的政书体史书,是按其事物门类编排目录的;《通鉴纪事本末》一类以历史事件为中心的纪事本末体史书,是以其事件名称编排目录的。编年体史书以时间为中心,内容庞杂,一般无法归纳出

---

①刘羲仲:《通鉴问疑》。

②《通鉴释例》。

篇名或标题,历来以年月日编排目次。如果你不熟悉何人何事发生于何年,则无法利用其目次去查找所需内容。司马光发现了编年体史书编目的困难,想出了将每年主要史事做出摘要,再排比整理系年作为目录的办法。这种将年表与事件摘要结合的《通鉴目录》,是司马光对编年体史书目录的创新。从《通鉴目录》中,你要了解某年发生了某事,可查阅该年栏内的摘要。反之,你要了解某事在某年,可以找到该事的摘要,再看系于何年。这种目录形式当然并不尽善尽美,可是至少比起在《资治通鉴》中整卷整卷地瞎翻要省事得多。

司马光还创造性地解决了《通鉴目录》与《资治通鉴》本文配合的问题。《资治通鉴》把1362年史事共编为294卷,每卷包括几年甚至几十年史事,又有将一年分载于前后数卷的。这样,你即使知道某事在何年,也很难较快地在《资治通鉴》中找到所需内容。《通鉴目录》在年表下方标出了每段史事所见的卷次,以之与事要、纪年相配合。据之,不仅可以知道某事在某年,还可以知道某年在《资治通鉴》某卷,于读者大便。这种方法,已突破了目录本来的功能范围,首创了史书主题索引法。当然,古人读书,多重记诵,此类索引,往往不为他们所重视。但是,在知识爆炸的今天,历史研究越来越需要借助索引,甚至电脑之类的工具,去寻取有用的知识和史料,提高工作效率。司马光早在八百年前就以《通鉴目录》形式的小改革,为人们了解《资治通鉴》的内容,查找《资治通鉴》的史事,提供了极大的方便,不能不说是非常难能可贵了。

《通鉴目录》集年表、帝纪、历法、天象、目录、举要、索引于一帙,开创了一书目录中编年史书多功能目录的新体例,在中国史学史上产生了深远的影响。早在《通鉴目录》编撰同时,刘恕著《通鉴外纪》,就全仿其体例,别为《通鉴外纪目录》五卷。其后,李焘《续资治通鉴长编》有《目录》十卷,薛应旗《宋元资治通鉴》另有《甲子会纪》五卷,夏愬《明通鉴目录》等,都仿照《通鉴目录》体撰述。齐召南《历代帝王年表》,万斯同《历代史表》也是变仿《通鉴目录》体例而成。另外,朱熹改胡安国《通鉴举要补遗》为《通鉴纲目》,首创纲目史体例,实际上还是受《通鉴目录》体例启发的结果。[①]清乾隆间,大官僚毕沅约集幕府宾客编撰《续资治通鉴》,也模仿《通鉴目录》作《续鉴目录》,可惜未见传本。当时,章学诚曾提出改革《通鉴目录》体例以撰《续鉴别录》的意见。他认为:"纪传之史,分而不合,当用互注之法以联其散;编年之史,浑灝无门,当用区别之法以清其类。"办法是:"于一帝纪中,略仿会要门目,取后妃、皇子、将相、大臣、方镇、使相、谏官、执事、牧守、令长之属,各为品类,标其所见年月,定著《别录》一篇,冠于各帝纪首,使人于编年之中隐得纪传班部。"当时,毕沅以为"续书而遽改原书规模,嫌于无所师授"[②],而没有照办。其实,章学诚所提出的这种人物分类索引法,时人吴炳文撰《春秋左传汇辑》即使用之。它与《通鉴目录》那样多功能的体例比较,功用未免过于单一,根本无法取而代之。

二

在司马光编纂的七种《资治通鉴》卫星书中,以《通鉴目录》和《通鉴考异》这两本姊妹书与《资治通鉴》的关系最为密切。本来,它们都是单独成书的。元胡三省注《资治通鉴》时,把《通鉴考异》分散附于有关正文之下。从此,《通鉴考异》罕有单行本。但是,900年来,《通鉴目录》却一直与《资治通鉴》分别刊行,究其原因,恐怕与该书本身的相对独立性有关。以它与《资治通鉴》配合,可视为其索引、目录;分开,它又不失为一部独立的史学著作,一部浓缩的《资治通鉴》,一部形式

---

①朱熹:《通鉴纲目序例》。

②章学诚:《为毕制军与钱辛楣宫詹论续鉴书》,载《文史通义》外篇。

独特的简明中国古代政治通史。

我们之所以把《通鉴目录》说成是一部简明古代政治通史,首先是从司马光的著书动机分析。面对五代以后防止分裂割据,以巩固封建专制主义中央集权的繁重任务,和边疆少数民族势力强盛的武力威胁,宋朝皇帝一般都努力读书,企图从历史的温习中找到解决现实问题的钥匙。但是,帝王们政务丛脞,日理万机,哪里有时间遍览数量浩瀚的历代史籍呢?司马光是一位积极的政治活动家,又是一位有很深造诣的史学家。他对于历史知识在现实政治中的作用有充分的估计,对于历代史籍的烦冗也有清醒的认识。他一再担任史官和侍讲,深深地感到为帝王编写一部贯通古今的简明政治通史的必要。他说:"旧史文繁,自布衣之士,鲜能该通,况天子一日万机,诚无暇周览。乞自战国以还,迄于显德,凡关国家之兴衰,系众庶之休戚,善可为法,恶可为戒者,诠次为编年一书,删其浮长之辞,庶于奏御差便。"①他的请求,得到宋英宗的支持。于是他自选助手,开始了《资治通鉴》的编纂。《资治通鉴》主要取材于当时已经编就的19部正史,另外还有杂史、奏议、笔记、文集、碑志等310种。这些书,仅有卷数可查的加起来就有6500多卷。司马光和他的助手们对这数千万字的资料进行了认真的排比,严格的考异鉴别,细致的删繁就简,"抉幽隐,校计毫厘",终于以仅三百余万字的篇幅,就囊括了1362年的复杂历史。古人说:"不熟读正史,未易决《通鉴》之优劣。"其意之一就在于表彰《资治通鉴》统贯千多年史事的系统性和记述文字的简洁性上。但是,这三百万字的一部通史,要阅读又谈何容易?司马光很快就觉察到《资治通鉴》比起十七史来固然已经很简,但仍然过于浩大,难以领略。他说:"吾此书

———————

①司马光:《刘道原十国纪年序》,载《温国文正司马公集》卷65。

（指《资治通鉴》）惟王胜之尝读一遍，余人不能数卷，已倦睡矣。"①为了简上求简，司马光在编撰《资治通鉴》的同时，着手编写了这部《通鉴目录》。按："目录"一词，本包含两方面的内容：其一是篇章名称，是为"目"；其二为书籍篇章内容的摘要，是为"录"。司马光以"目录"名该书，就是要以该书作为《资治通鉴》内容全面系统的摘要，成为《资治通鉴》的"纲领"②，一部最简明的古代政治通史。

元丰七年（1084年），《资治通鉴》和《通鉴目录》成书以后，司马光又撰《通鉴举要历》一书。该书久已不存。陈振孙说："司马光撰《通鉴》既成，尚患本书浩大，难领略；而《目录》无首尾，晚著是书，以绝二累。"③（这里，关于《通鉴目录》"无首尾"的结论是错误的，留待下文说明）显然，司马光是把《资治通鉴》和《通鉴目录》看成两部详略不同的通史著作。因前者太详而后者嫌略，故著《举要历》以适其中。

我们说《通鉴目录》是一部简明的古代政治通史，还可以从《通鉴目录》与《资治通鉴》交错的进呈时间得到证明。李攸《宋朝事实》说，司马光撰《资治通鉴》"自治平三年置局，每修一代史毕，上之"。张煦侯先生根据《资治通鉴》各卷的作者题衔，找到了各卷不同的呈进时间。我们试将《资治通鉴》《通鉴目录》《通鉴考异》的卷头衔名通盘比较，发现三部书中，只有《通鉴考异》是元丰七年全书完成后一次呈进的。《资治通鉴》自治平四年起共分九次呈进。《通鉴目录》在此间分六次呈进。其中，多数情况是，《资治通鉴》相应部分呈进的同时或稍后呈有关部分的《通鉴目录》。但也存在相反的例子，就是以"端明殿学士兼翰林侍读学士、朝散大夫、右谏议大夫、充集贤殿修撰、权判西

①马端临：《文献通考》卷193，《经籍二十》。
②周中孚：《郑堂读书记》卷9。
③陈振孙：《直斋书录解题》卷4。

京留司御史台、上柱国、河内郡开国侯,食邑一千三百户,食实封四百户,赐紫金鱼袋"的衔名,于熙宁五、六年间呈进《资治通鉴》卷七十九至一百一十和卷一百一十五至一百一十八时,将《通鉴目录》第八至十二卷一齐呈上。而这几卷《通鉴目录》内,包括了后来以"提举崇福宫"的职名分两次呈进的《资治通鉴》卷一百一十一和卷一百一十二至一百一十四的内容。由此,我们能得出的唯一解释是:司马光编《通鉴目录》不仅是为了"备检寻"《资治通鉴》①,更是为了向皇帝提供一繁一简两部通史。否则,他绝不应该先进《通鉴目录》,以后才进有关部分的《资治通鉴》。

我们说《通鉴目录》是一部简明的古代政治通史,最主要是从该书内容分析的。

首先,《通鉴目录》选材既有重点,又兼顾一般,保证了作为通史的完整性。柴德赓先生介绍《资治通鉴》时指出,司马光对材料的选择,首先是政治史,其中最突出的又是军事史;关于经济史方面的材料,也有一定的重视;而文化史和文学、艺术、宗教等内容比经济更少。②《资治通鉴》约三百余万字,《通鉴目录》只有约五十万字。为了以有限的篇幅,突出治乱兴衰的要旨,《通鉴目录》在选材上下了功夫。例如,《资治通鉴》卷一百七十三,陈高宗太建十年(578年),载有二十九条(段)史事,计一千七百八十九字。《通鉴目录》卷十七该年共二百二十一字,只对《资治通鉴》该年的九条史事作了摘录。这九条史事围绕着两个中心:一是陈与北周的战争;二是初继位的周宣帝胡作非为,肆杀大臣。至于不录的,是关于帝王行幸、大赦、改元、官吏任免、别宫废置、突厥来犯之类。再如《通鉴目录》卷十九,唐高宗永徽五年、

①《进资治通鉴表》。

②柴德赓:《资治通鉴介绍》,求实出版社,1981年。

六年(654、655年)的内容,大部分是围绕立武则天为皇后前后的各种斗争。在注意政治、军事等有关国家兴亡大事的同时,《通鉴目录》还尽可能兼顾到本来在《资治通鉴》中分量已经很少的关于经济、文化、宗教等方面的材料。关于经济生产方面的,如:卷五记汉明帝永平十一年粟的价格,卷十四齐永明六年武帝令以中外出钱籴买贱价的谷帛,卷二秦始皇元年"作郑国渠"等。关于文化科学方面的,如:卷四汉元帝元始元年"刘向上《列女传》",卷六汉灵帝熹平四年"立石经于学门",卷十三南朝宋元嘉二十一年"何承天撰《元嘉历》",卷十九唐贞观七年"李淳风造浑天黄道仪",卷二十唐玄宗开元二年"初置教坊及梨园弟子"之类。虽然都很简略,却是构成通史所不可或缺的。

其次,《通鉴目录》不像《春秋》只有史事标题,而是对历史上有一定意义的史事,都作有首有尾、脉络清楚的交代。例如,对公元前210年的秦始皇之死和沙丘政变,《通鉴目录》卷二叙述道:"始皇出游,丞相斯、少子胡亥从……西至平原津而病。始皇恶言死,群臣莫敢问后嗣。病甚,乃令赵高作书赐扶苏,令与丧会咸阳。书未发而始皇崩于沙丘,秘不发丧。赵高素善胡亥,乃与李斯谋,诈为始皇诏,立胡亥为太子,更为书,赐扶苏及蒙恬死。遂从井陉抵九原,由直道归咸阳,发丧,胡亥袭位。"真是简明扼要,有首有尾。再如,同卷对陈胜起义的叙述。秦二世元年,"胜,阳城人。秦发间左民戍渔阳,胜与吴广为屯长。至大泽乡,遇雨。度已失期法当斩,胜与广因杀将尉号令徒属。行收兵,得数万人。攻陈,拔而据之,欲自立为王。张耳、陈余谏曰:'将军出万死之计,为天下除残也。今始至陈而王之,示天下私。愿将军毋王,急引兵而西,遣人立六国后,自为树党,为秦益敌,诛暴秦而号令诸侯,此帝业也!'胜不听,自立为楚王,分遣诸将徇地。郡县苦秦苛虐,争杀长吏以应。胜遣吴广围三川守李由,周文收兵西击秦。王有轻秦之意,孔鲋谏,不听。周文至戏有众数十万,秦将章邯击破之。文走还。"秦二世二年:"周文死,楚兵连败,陈胜御庄贾杀胜降秦。胜傲妻父,杀故人,人无亲之者。又好信谗,以苛察为明,诸将徇地有功者多坐诛,由是遂败。"请看,不足三百字的两段,既讲了陈胜出身、起义原因、曲折经过,还分析了失败的原因,分明是一篇陈胜起义简明纪事本末了。有时,为了说清问题,《通鉴目录》还突破编年限制,提前交代一些史实。如,秦灭六国,卫实未亡。《资治通鉴》卷七,秦二世元年附一条:"是岁,二世废卫君角为庶人,卫绝祀。"《通鉴目录》提前到卷二,秦始皇二十六年,卫君角九年格云:"秦并天下而卫独存。至二十一年,秦二世废君角为庶人,卫祀绝。"

第三,《通鉴目录》最基本的着眼点是总结历代封建统治经验,君臣议论中关于治国方策的精要话语,构成了该书政治通史的基干。

司马光读史,把总结统治经验,明为政得失作为最主要目的。他认为,"国之治乱,尽在人君之道"。他把古代君主分成"创业""守成""陵夷""中兴""乱亡"五类,提出"人君之德有三":一是仁,就是教化百姓,修明政治;二是明,就是能明辨是非;三是武,就是果断地按照"道"处理问题。[1]他总结治国方法有"三要":"一曰官人,二曰信赏,三曰必罚。"并说:"诚以臣平生力学所得至精至要尽在于是。"[2]他把为以上议论提供历史例证贯穿于《通鉴目录》始终。所以,该书对《资治通鉴》中"所载明君、良臣切摩治道,议论之精语"[3],几乎是有论必摘,借古人之口,道出了自己"资治"的拳拳之心。清代学者钱大昕对这一点颇为赞赏,指出:"司马温公《通鉴目录》极简括,而多采君臣善言。如:'明主爱一嚬(矉)一笑'(韩昭侯);'无德而富贵,谓不幸'(班固);

---

①《历年图序》,载《稽古录》卷16。
②《作中丞初上殿劄子》,载《温国文正司马公集》卷36。
③赵顼:《御制资治通鉴序》。

'治乱民犹治乱丝,不可急也'(龚遂);'明主可为忠言'(赵充国);'动民以行不以言,应天以实不以文'(王嘉);'忠臣不和,和臣不忠'(任延);'文吏习其欺谩,廉吏清在一己,皆无益百姓'(宗均);'以身教者从,以言教者讼'(第五伦);'遣将帅不如任州郡'(李固);'刑罚者,治乱之药石;德教者,兴平之粱肉'(崔实);'物速成则疾亡,晚就则善终。救寒莫如重裘,止谤莫如自修'(王昶);'人非尧舜,何得每事尽善'(王述);'便宜者,便于公宜于民也'(顾宪之);'史不书恶,人君何所畏忌'(魏孝文帝);'朝堂非杀人之所,殿廷非决罚之地'(高颎);'人主兼听则明,偏听则暗'(魏徵);'循正而行,自与志会'(唐太宗);'执政不能受谏,安能谏人? 人臣纳谏,与冒白刃何异(同)';'明主贵怵以收忠贤,恶顺以去佞邪。法贵简而能禁,刑贵轻而必行'(杨相如);'天下本无事,但庸人扰之'(陆象先):'士,名重于利;吏,利重于名'(刘晏);'论大计者,不可惜小费'(同);'六经言祸福由人,不言盛衰有命,实事未必知,知事未必实。天不以地有恶木而废发生,天子不以时有小人而废听纳。谏者有爵赏之利,君亦有理安之利。谏者得献替之名,君亦得采纳之名。谏者当论理之是非,岂论事之大小! 帝王之道,宁人负我,无我负人,有责怒而无猜嫌,有惩沮而无怨忌。财匮于兵众,力分于将多,怨生于不均,机失于遥制'(皆陆贽);'万国耳目,岂可以机数欺之'(韩渥)。皆古今不易之论,以'资治'名其书,斯无愧矣。"①难怪人们说《资治通鉴》是封建统治术的教科书。在今天看来,《通鉴目录》中的这些议论不也可以借鉴吗?

从来的通史,不是纪传体,就是编年体。《通鉴目录》这种年表体例的通史,是司马光以新体例编纂通史的一次成功的尝试。它以区区50万字,汲取了《资治通鉴》的精华,概括了十六代1362年的历史,不

---

① 钱大昕:《十驾斋养新录》卷18《通鉴多采善言》。

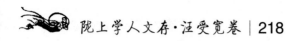

仅是读《资治通鉴》的入门书,十七部正史内容的汇要,还是集中国封建统治经验大成的一部形式特殊的政治通史。

三

《通鉴目录》的价值是多方面的。

首先,它向我们提供了只有《资治通鉴》篇幅的六分之一,却又包含了该书主要内容的一部简明中国古代政治通史读本。

作为封建统治术形象教材的《资治通鉴》,受到古人的极端推崇,认为它是"天地间必不可无之书"①,也是为君、为臣、为人子者不可不读之书。②宋代学者洪迈曾将该书手抄三遍,留下了勤奋读《资治通鉴》的佳话。《资治通鉴》是我国中世纪文化的突出代表,其中关于国家管理的内容是我国封建阶级政治学说的结晶。马克思主义者必须吸收和改造几千年人类思想和文化发展中一切有价值的东西。因此,无论是领导干部,还是知识分子、青年学生都应该尽可能涉猎《资治通鉴》,从中汲取有益的养料。但是,《资治通鉴》浩大的篇幅会使大多数工作繁忙的读者望而生畏。那么,比较可行的办法是阅读它的缩编本《通鉴目录》。日读一卷,一月即可藏功。如果对某问题特有兴趣,还可以查《资治通鉴》的有关内容。阅读《通鉴目录》,可以丰富历史知识,拓宽视野,陶冶气质,增强民族自信心,提高思想理论水平。经过批判,还可以学到如何做好行政工作、处理人事关系,甚至政事的本领。

第二,该书以比较科学的方法,系统地整理记录了自战国到五代我国古代的历法、朔闰、节气、帝王纪年、天文学成就的资料,为我们

---

①王鸣盛:《十七史商榷》卷100《资治通鉴上续左传》。

②胡三省:《新注资治通鉴序》。

阅读历史,研究古史的年代学、历法学、天文学,提供了较为完整可靠的资料。

《通鉴目录》载有自战国到五代末全部的朝代名称,帝王庙号、名讳、年号和纪年,本身就是一部十六代帝纪。自汉初到五代末,还逐年采择了《长历》中的朔闰、节气和历法资料。对于历代所用不同历法,记载了开始使用的时间和不同的岁首。如果同时使用几种历法,还将各种历法的朔闰、节气并列载明。记朔的办法是:"后朔与前朔同日则不记,改日乃记之。"①这部包括1165年的历法、朔闰、节气的表,不仅弥补了《资治通鉴》不载历日、朔闰的不足,而且在历史年代学上和古代农业生产史的研究上有相当价值。陈垣先生的《中西回史日历》和《二十史朔闰表》都是参考《通鉴目录》上行的历日朔闰编撰而成的。另外,刘羲叟《长历》早已亡佚,其主要内容,亦赖《通鉴目录》得以保存。应该注意的是,《通鉴目录》根据《长历》之说,以为西汉初《殷历》和《颛顼历》并用之。但1972年山东临沂银雀山二号墓出土《汉元光元年历谱》和其他出土资料表明,当时用的是《颛顼历》。②因而,《通鉴目录》所载太初以前的朔闰是错误的。

司马光不信虚诞。为避免以天象附会人事之嫌,《资治通鉴》中除了有一些日食记载外,一般不记其他天象。这些天象资料被他在《通鉴目录》中辟出专门位置予以记录,所录资料都标明来源,如果各史志记载分歧或有误,还指出其不同或略加考订。比如卷七,柔兆摄提格年(丙寅,246年)所载:"《晋志》七月乙亥,荧惑犯毕距星。《宋志》在九年。"又如,卷十五,上章困敦年(辛丑,521年)所载:"《魏志》五月丁酉,日食。又,丁未月食。案,五月无丁未,疑癸未误。"《通鉴目录》的

---

①《通鉴目录》卷3,汉高祖元年上行。
②参见陈久金、陈美东:《临沂出土汉初古历初探》,载《文物》1974年第3期。

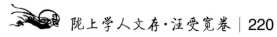

天象资料,是一部完整的十七史天文、五行志内容总汇,对于现代天文学研究也有一定的参考价值。

第三,它是校勘《资治通鉴》的宝贵文献。

《资治通鉴》卷帙浩大,800年来迭经翻刻,文字的错落不在少数。清胡克家翻刻胡注元刊本《资治通鉴》,错误竟在万字以上。长沙章钰是校勘《资治通鉴》的功臣,民国初年,他以九种宋、明刻本校胡刻本,撰成《胡刻通鉴正文校宋记》三十卷。通过阅读张敦仁《通鉴刊本识误》,章钰意识到了《通鉴目录》对校勘《资治通鉴》的价值,提出:"《目录》有《通鉴》无者,不止此条,当别校详列之。"[1]可惜,章氏的夙愿迄今尚未实现。

《通鉴目录》之所以对校勘《资治通鉴》有重要价值,首先,由于《通鉴目录》本来是司马光"撮新书精要之语"编撰而成的。从二者著录史事、排列顺序或系年的不同,就可以给我们提供查考问题的线索。其次,《资治通鉴》的祖本元祐元年杭州雕本早已不存,现在我们所能看到的最早版本是绍兴二年余姚官刻本。《四部丛刊》缩印宋刊本《通鉴目录》避讳至"构"字,当亦为绍兴年间刊本。这就为我们提供了一部刊刻较早的可资与余姚本对勘的版本。再次,《通鉴目录》一直与《资治通鉴》别行,后人据《资治通鉴》误改《通鉴目录》的可能性相对较小,从而在一定程度上减少了《通鉴目录》诸刊本失真的可能。这样,不仅绍兴刊本,就是后代的《通鉴目录》版本,也可为校勘《资治通鉴》异同提供佐证。

为了撰写本文,我们曾经将《通鉴目录》和《资治通鉴》粗略对读一过,就发现中华书局标点本《资治通鉴》中的不少问题。

以文字脱落来说。《通鉴目录》卷二,秦始皇九年,魏景闵王五年

---

[1]章钰:《胡刻通鉴正文校宋记》附二之一《张敦仁古余校记》注。

（前238年）有"秦伐我，取垣、蒲阳"。《资治通鉴》卷六，此处为："伐魏，取垣、蒲"，无"阳"字。证以《史记》之《秦始皇本纪》《六国年表》《魏世家》，皆为"蒲阳"。可见《资治通鉴》此处脱一"阳"字。《通鉴目录》卷十五，梁普通四年（523年）有"始铸铁钱，民多盗铸，物价腾贵"。《资治通鉴》卷一百四十九，此处只有"十二月，戊午，始铸铁钱"。查章钰《校宋记》及所附四种前人校记也没有校出此条，则他们所见到的宋、明刻本此处均脱多字了。《通鉴目录》卷十七，隋仁寿元年"文昇单骑说下山獠"，其下有"李浑刺杀兄子申公筠而代之"一条。《资治通鉴》卷一百七十九无此内容。（按，李浑为隋初重要将领，他刺杀李筠之事见《隋书·李穆传》）此事虽不见载《资治通鉴》各刊本，却显然是一条重要遗漏。

以文字错讹和误衍来说。《通鉴目录》卷二十五，唐乾宁三年（896年），有"全忠拜受弘信赠遗"。《资治通鉴》卷二百六十记为："全忠方图兖、郓，畏弘信议其后，弘信每有赠遗，全忠必对使者北向拜授之。"（按，"受""授"本意相别，对他人的赠礼，理应"受"而不是"授"）胡三省以意忖之，注为"'授'当作'受'"。其实，《通鉴目录》所云，就是他这一条注的最好佐证。《通鉴目录》卷二十二，唐建中元年（780年），有"嫁县主老未嫁者十一人"。《资治通鉴》卷二百二十六却为"嫁岳阳等九十一县主"。章钰校记云："十二行本'九'作'凡'，乙十一行本同。"看来，胡刻本是误以"凡"为"九"，从而衍增一字，使出嫁的诸亲王家老处女由11人变成了91人。

以系年问题说。《资治通鉴》卷六，系"楚灭鲁，迁鲁顷公于卞，为家人"于秦庄襄王元年（前249年）。《通鉴目录》卷二，系此事于秦孝文王元年，楚考烈王十三年，鲁顷公二十四年（前250年）。查《史记·鲁世家》记此事在鲁顷公二十四年，《六国年表》系于楚考烈王十四年，两说不一。泷川资言《考证》云："灭鲁在前一年辛亥。"恐当以鲁顷公二十四年灭鲁为是,《资治通鉴》系年似有误。三国蜀汉蒋琬卒年,《资治通鉴》卷七十四系于魏正始六年(245年)十一月。《通鉴目录》卷七,系于蜀汉延熙九年(246年)秋冬之际。查《三国志·蒋琬传》,言琬于延熙九年卒,故《资治通鉴》此事系年恐误。

以错简来说。《通鉴目录》卷十四,魏世宗景明元年(500年)"彭城王勰不乐势利"下有"甄琛乞弛盐禁,勰与邢峦以为不可,曰:所谓资天地之产惠天地之民"。《资治通鉴》离析二条,前者系于卷一百四十三齐东昏侯永元二年(500年),后者系于卷一百四十六梁武帝天监五年(506年)。查史实,景明元年,魏世宗根据甄琛的提议,罢盐池之禁;景明四年(503年),复收盐利;正始三年(506年)重新罢盐池之禁。《资治通鉴》永元二年(500年)不载魏初罢盐禁,天监二年却有"复收盐利",又把甄琛最早提出"弛盐禁"的内容作为天监五年第二次弛盐禁的追叙,显然于理不顺。"甄琛乞弛盐禁"的内容当置于永元二年为妥。《通鉴目录》卷十七,周高祖宣政元年(578年),有"帝殂。帝勤俭严明,将士乐为之死"。《资治通鉴》把"帝勤俭严明,将士乐为之死"的内容,系于卷一百七十三,陈太建九年(577年)。按:《资治通鉴》例在某人死时叙及该人的主要特点或评价。周高祖谥武帝,一生征战,照例应在他去世时叙及其征战成功的原因,故而《通鉴目录》所系恐比《资治通鉴》校点本为当。

在充分肯定《通鉴目录》的同时,也必须指出它的缺点和不足。我们认为,该书存在的第一个问题是它书写帝王纪年头齐脚不齐,对一年中有几个年号的,只用最后一个年号,这样,某些年号的终年就无法知道。第二个问题是它摘录史事不附月日,给人们阅读带来困难,第三个问题,因体例关系,行文过于干瘪。第四个问题,摘录史事时为了突出义理,有的省去主要史事,只摘附叙内容,有喧宾夺主之嫌。如《资治通鉴》卷二百一十二,唐玄宗开元九年(721年)记载刘知几卒,顺带说到与刘有关的一件逸事。《通鉴目录》卷二十一有关部分，干脆不提刘知几死事，只言其附述逸事"吴兢不以史事诬刘子玄，不为张说改史"。这样做虽说出于作者对吴兢高尚史德的表彰，但这种因义害史的做法实在不妥当。

总之，《通鉴目录》是一部有创新、有价值的史学著作。可惜中华书局标点《资治通鉴》却没有同时点校《通鉴目录》。柴德赓先生20年前在中央党校讲课时曾指出："当初没有考虑印一个《目录》，不能不说是件遗憾的事，应该有《目录》。当初没有印，将来应考虑单独印。"①我们盼望柴先生的遗愿早日实现。

（见刘乃和主编《司马光与资治通鉴》，1986年12月版）

---

① 柴德赓：《资治通鉴介绍》。

晚清官修史书述论

官修史学,自汉代开始,经过十几个世纪的发展,到清代已处于完全程式化的状态。清代的各项官修史书制度,大体在乾隆年间定型,鸦片战争以后,作为王朝的一项恒定事务,一切照章办事,一直延续至王朝灭亡。

这段时间,常设的修史机构,仍然为翰林院所辖之国史馆,军机处所辖之方略馆,内务府所辖之武英殿修书处。例开的史馆有:内阁负责的实录馆,新皇帝继位后奉旨开馆;宗人府负责的玉牒馆,每十年一开;翰林院负责的起居注馆,每年年初开始。特开的史馆是由内阁负责的会典馆。这些机构,一如既往地编纂或续修了大量的官修史书,为我们研究有清的历史,储备了丰富的史料。

在救亡图存史学已蓬勃展开,资产阶级史学开始产生的时候,官修史学仍然以宣扬祖宗"圣德"、王朝武功和作为治世龟鉴为目的;当先进的史学家们根据时代需要,学习西方经验,对著史体裁和对象进行各种探索革新的时候,官修史学却每每以"悉遵祖制"自诩,体例缺乏变化。况且,由于当时的清王朝危机四伏、经济窘迫,此时官修史学的气象与规模也远逊鼎盛的乾隆年间,呈现出僵化与没落的倾向。

当然,近代社会的情况与前代大不一样:外国资本主义的侵略横行,朝廷的腐败出卖与内争,近代工业的产生和商业的发展,地主阶级有识之士的救国图强,资产阶级的谋划改良与革命等,种种情况交织在一起。官修史书要反映这些前所未有的复杂局面,不能不在坚持原来记史对象的同时,适当予以转移。例如其方略,就从传统的战争主题变为新纂《筹办夷务始末》。其案录,随着中外关系的复杂,商业与海运的发展和改良政治的需要,而撰出《钦定各国政艺通考》《海运新案》《大清商律》等。

清代官修史书多需历朝不断补充,最后方成定本。而作为王朝末期的官修史学,处于这种总结阶级,其成果颇令人注目。据不完全统计,其间共编撰成:从宣宗到德宗的四朝《实录》1803卷,《圣训》545卷,太祖至文宗《圣训》762卷,《清会典》《会典图》《会典则例》1590卷,各部院《则例》40种,《志》《案》《录》13种1022卷册,《玉牒》6卷,《方略》8种1410卷,国史馆写定稿本包括《本纪》《志》《传》《表》和《皇清奏议》5686卷册,《清一统志》560卷,道光至宣统二年《起居注》千余册,等等,数量巨大,有一定的研究价值。

一、《清会典》的续修

我国古代关于一朝一代官署职掌和典章制度的资料总汇称为会典或会要。清朝定鼎以后,非常重视会典的编纂,以汇编现行的政治制度,为从事行政参考。鸦片战争以前,清廷曾四次组织《清会典》的修撰。第一次在康熙二十三年(1684年),按照《明会典》"以官统事,以事隶官"①的体例进行编纂,所收资料,起自崇德元年(1636年),迄至康熙二十五年(1686年),初次确定了《清会典》的规模。第二次在雍正二年(1724年),重新开馆,经九年努力,始告藏工,计250卷,所收资料,迄至雍正五年(1727年),于雍正十年刊行。第三次在乾隆十二年(1747年),于二十九年撰成,所收资料,迄于二十二年(1757年)。这次在体例上有较大变动,将原来混合的典章与事例分开编

---

① 《四库全书总目》史部政书类《钦定大清会典》提要。

纂,以《会典》为纲,《则例》为目,成《会典》100卷、《会典则例》180卷,二者相辅而行。第四次在嘉庆六年(1801年),所收资料迄于嘉庆十七年(1812年)。这次增修,本着"务求详尽"的原则,则例补充很多,并将则例改称事例,成《会典》80卷、《会典事例》920卷,另增编《会典图说》132卷。

光绪年间,对《会典》进行第五次,也是最后一次增修。从光绪九年(1883年)开馆,到二十五年(1899年)成书,计成《会典》100卷、《会典事例》1220卷、《会典图》270卷。这次纂成的《会典》大体有三个特点:第一,取材广博。德宗《续修大清会典序》称,修撰者"博稽群籍,定别异同,或因旧存,或补未备"。他们不仅搜罗了各衙门的档案等材料,还专门到皇史宬抄录各朝《实录》,参阅了国史馆和内廷所藏档案文献书籍,有了这样优越的资料条件,参考了许多从来秘不示人的机密档案,内容极为丰富,故而其《凡例》敢于自诩该书"网罗掌故,实集大成"。第二,体例完备。《清会典》经三次体例变动,至此更为完备。《会典》记载政府各部门的职掌,百官奉行的政令,以及职官、礼仪等制度,类目有宗人府,内阁,军机处,吏部,户部,礼部,兵部,刑部,工部,理藩院,都察院,通政使司,大理寺,翰林院,詹事府,鸿胪寺,国子监,钦天监,太医院,侍卫处,奏事处,銮仪卫,八旗都统,前锋、护军、神机、步军诸营,内务府,总理各国事务衙门等四十余类。以政府机构为纲,各机构的政事为目,在每一官衙项下,叙其内部构成、官员、职掌以及它们的变化。有此一编,清朝从中央到地方的各种官署设置、体制、职掌如鱼贯雁行,排列井然,有清二百数十年间,政府机构及其政策法令的嬗变亦极为明了。《会典事例》是制度、政策施行的详尽阐述,它按照会典条目,依年系事,凡有关清朝的政策、军事、民族、宗教、土田、户口、钱法、盐法、赋税收支、驿递邮政、行政区划、科举制度及其沿革,无不备载,是清代官方文献的分类汇编,它与《清会典》"一具政令之大纲,一备沿革之纲目,互相经纬,条理益明"①。《会典图》是典例的形象材料,包括礼、乐、冠服、舆工、武备、天文、舆地等七类图,每图皆有图说,以翔细说明所绘事物的情况尺寸等。《光绪会典》以会典、事例、图三者互为补充,纲目形齐全,成为历代会典中体裁最完备之作。第三,资料翔实。《光绪会典》保留了前几次修会典的主要内容,还根据形势的发展,增添了新的材料,补充了道光至光绪二十二年间新的情况和事例。会典门类即增加了神机营和总理各国事务衙门。我们知道,总理各国事务衙门系咸丰十一年(1861年)新设,从《会典》该目中,我们可得知其如何创立、设官、职掌,以及它怎样从办理洋务和外交的机构权力渐大,演变为近似内阁的过程。礼制中,因慈禧专国,增加了垂帘听政事宜和亲政礼。《事例》主要增辑了盛典,尽量探讨了各项制作的原始,分录了例案,从而使行政有了更明晰的样板。邓之诚先生指出:"清以例治天下,一岁汇所治事为四季条例,采条例而为各部署则例,新例行,旧例即废,故则例必五年一小修,十年一大修,采则例以入会典,名为会典则例或事例。"②《光绪会典》就增加了1813至1896间80余年的事例,还补充了其前的一些事例,资料翔实丰富。《图》不仅在类目上有所变动,而且增添了许多新图。如天文一门,《嘉庆会典》只有157图,这次新增了175图,总为332图。图说对"旧图说之误者正之,略者补之,说所未详更立之表"③。增绘之图,如服制图,乐图中的舞谱,冠服中的皇太后、皇子、皇子福晋的冠服图,舆工中的皇太后仪驾图、武备中的御制枪炮诸图等,都极有价值。

①《四库全书总目》史部政书类《钦定大清会典则例》提要。
②《中华二千年史》卷5下册,中华书局,1958年,第531页。
③《大清会典图》卷首"奏折"。

二、国史馆作品

国史馆是官修史书的一个重要部门。康熙至乾隆初，曾三次开馆，修撰天命至雍正的五朝国史。乾隆三十年（1765年）七月，重开国史馆，此后，直至清末，国史馆成为翰林院下属的常设机构，负责撰修清一统志、皇清奏议和国史。"一统志"是一代地理总志，自康熙二十四年（1685年）起，三次修撰，最后于道光二十二年（1842年）成书，称为《嘉庆一统志》。《皇清奏议》是对官员有关重大国政、方略、制度等方面的奏折的汇编，国史馆所辑顺治至光绪十年的《皇清奏议》有890册之多。

国史馆从事的最大工程是修撰本朝国史。清代国史，沿袭《史记》《汉书》开创的纪传史体例，分为本纪、传、志、表四种体裁。清国史馆本纪，照例在该皇帝实录修成后，再据以撰纪，所撰有自太祖至穆宗的十种本纪。[1]其中近代所修，为宣宗至穆宗的三种本纪，计134卷。馆撰列传，包括亲王传、宗室传、大臣传、功臣传、循吏传、儒林传、文苑传、忠义传、孝友传、列女传、节烈传、土司传、四裔传、贰臣传、逆臣传等，以及宗室王公功绩传、外藩蒙古王公传、贤良祠小传、昭忠祠小传等，数量很大，现存稿尚逾万数。馆撰志，包括天文、时宪、地理、礼、乐、舆服、仪卫、选举、职官、食货、河渠、兵、刑法、艺文，共14种。据陶湘《故宫殿本书库现存目》（中册）史学类记载，到1933年时，国史馆志稿尚存有1330册。馆撰表，包括文职大臣年表、武职大臣年表、恩封宗室王公表、宗室王公功绩表、满汉忠义表、贰臣表、外藩蒙古回部王公

---

①李鹏年：《国史馆及其档案》（载《故宫博物院院刊》1981年第3期）言，"光绪本纪未保存下来"，似乎国史馆曾撰有《光绪本纪》。考《清会典》卷70，有"列圣实录告成后，皆由馆恭纂本纪"。《光绪实录》至民国十年（1921年）才完成，怎么可能再据之撰修《光绪本纪》？

表等,也有数百册之多。

吸收历代修史的成功方法,加上自身二百多年经验的积累,清末,国史馆修史有一整套缜密有效的程序。第一步搜集资料。各部门必须及时向国史馆录送各种档案文献资料。《钦定台规》卷十二言:"臣民奏章,天语批答,应分曹编辑,以垂法戒,备章程,为纂修国史之用。令六科每月录送史馆,付翰林官分任编纂。"从各方面搜集来的材料大体分为两类,凡属官方的资料,编为长编档册,凡属专题性或个人传记资料,则归入有关传包内。第二步汇抄长编档册。长编档册系资料汇编,是国史馆为撰辑国史汇抄的档册,包括长编总档和长编总册两种。总档是将从内阁、军机处移取来的上谕档(皇帝特降谕旨)、列传档(京内外臣工奏折的簿册,每月一册)、丝纶档(内阁票签处记载谕旨的簿册,每月一册)、廷寄(军机处记载谕旨的重要档册)、月折(军机处汇抄各部院奏折的档册,按月分册)、议复廷寄(军机处分类立册的有关谕旨的档册)、军务档、河工案卷、江南漕运等档案,分别按年月日摘录汇抄成册。而长编总册,则是总档的目录,记载总档每日资料所涉及的人名,以便在撰修人物列传时查询。现存于北京和台北的清国史馆长编档册涉及乾隆到光绪间,数量很大。第三步专题资料的整理。例如为撰写人物传记,要整理排比各地送来的此人的传记资料、讣闻、哀启、行状、行述、咨文,及吏部造送的履历、出身清单、奏折、片文、祭文、年谱、文集、政绩或功绩折等。还要据长编档册摘录出各种档案中此人的有关事迹和上谕、奏折等,称为事迹册。第四步撰稿。国史馆撰稿,有初辑、重缮、校订、增辑、定稿的区别。如列传,初辑本一般以官方资料,即事迹册、履历片、出身单为主,参照其他材料,汇编考订辑录而成,往往大段摘录原始材料。初辑本重缮校对后,由另一人进行覆辑,补其漏略,正其舛误,往往多有增删。然后呈请校阅,始成定稿。如台北"故宫博物院"所藏光绪二十一年修撰的岑毓英传稿,先由协修陈田纂辑,经缮写校对后,由张星吉覆辑,再经李大人阅过,始成定稿。第五步呈送御览。国史馆所定之稿,都要呈请皇帝钦定。清末,皇帝之御览多徒具形式,主要由军机大臣阅看。汉文本由汉人军机大臣看,满文本由满人军机大臣看。若有疑问,还要调阅有关档册文献,进行考订,一般直接予以批改。第六步缮写正本收藏。经御览的国史,即为定本。其中的本纪缮写正本,藏之大内乾清宫,臣工列传、表、志等发还国史馆收存。

清国史馆经历朝陆续撰修的国史,体例严格,撰述认真,考核精详,数量大,资料丰富,学者普遍认为,其价值远在《清史稿》之上。

清国史馆所撰本纪、志及大部分传表的定稿本,至今尚分藏于北京第一历史档案馆和台北"故宫博物院"。只有一小部分国史馆列传,陆续有所刊布,社会上流行的《清史列传》《国史列传》《满汉名臣传》《国朝耆献类徵》等大部头的清代传记,差不多都与国史馆列传有关,从中可以窥见清国史馆作品的情状。倘能将北京、台北所藏国史馆定稿全部整理出版,将是清史学界的一件盛事。

三、几种方略的编修

方略,或称纪略,为清代独创的著史体裁,是在重大军事政务行动结束后,经奏请皇帝批准,将该事件过程中的有关诏令奏议按时间顺序整理刊刻而成的资料书。

撰修方略,始于康熙二十一年(1682年)敕撰《平定三逆方略》。康、雍间曾三次开方略馆,事毕即予撤销。乾隆十四年(1749 年)始将方略馆作为常设机构,与国史馆和武英殿修书处合称内廷三馆。方略馆又被称为军机处大库,在隆宗门外咸安宫之左,库内专门存放录副谕奏。原来,清代官员的奏折,经皇帝批示后,每日寅、卯二时,发军机处抄副本存档,以备查阅,而把原折封发奏事官员遵办。录副谕奏每日汇为一束,每半月合为一包,并及时整理汇订成册。据庄吉发《清代宫中档的史料价值》①言,台北"故宫博物院"收藏有乾隆至宣统朝的录副谕奏约19万件。撰修方略,是方略馆臣的专门性工作。每遇撰集,由皇帝钦派方略馆总裁,一般由满汉军机大臣任之,而方略馆之提调、收掌、纂修,则以满汉章京兼充。他们从存档中取出这一事件过程中形成的全部档案,包括文武官员的奏折和有关谕旨,进行一些删节和文字订正,按文件形成之年月日编录出来,奏请皇帝钦定,再交内府刊印。

清代官修方略计25种,其中编定于鸦片战争以后的8种,其情况大体如下:

书名	卷数	总裁	撰成时间	所收资料时限
《剿平粤匪方略》	420	奕訢等	同治十一年	1850—1866
《剿平捻匪方略》	320	同上	同治十一年	1855—1868
《平定云南回匪方略》	50	同上	光绪二十二年	1855—1879
《平定陕甘新疆回匪方略》	320	同上	光绪二十二年	1855—1888
《平定贵州苗匪纪略》	40	同上	光绪二十二年	1855—1881
《道光朝筹办夷务始末》	80	文庆等	咸丰六年	1836—1849
《咸丰朝筹办夷务始末》	80	贾桢等	同治六年	1850—1861
《同治朝筹办夷务始末》	100	宝鋆等	光绪六年	1861—1875.1

从上表可知,近代官修方略与以前诸方略比,有相同,又有不同。

相同处:其一,体例一以贯之,都是用编年的方法,收载某一事件(或段)的原始文献资料,属资料汇编性质。清代官修方略,在《四库全

①《清代史料论述(二)》,文史哲出版社(台北),1980年,第12页。

书》中多收于纪事本末类,而《皇朝开国方略》却归于编年类。李宗侗先生说,清代方略"以体裁论,属于编年,但因只记一役之前后,故又属纪事本末"①。其实方略所载为谕旨和奏折,在四库中收入诏令奏议类更为适宜。其二,卷帙大,搜罗材料广,保存了丰富的专题历史文献。方略所收,都是军机处录制的奏折及谕旨副本。由于清代录副制度的严密,故而材料搜罗比较齐全,不少谕旨、朱批,未编入《实录》《圣训》,却仅见于方略内,况且其数量巨大,足以帮助我们了解官方在这一历史事件中比较全面的意见和情况。其三,史料价值高。方略所收,为历史事件当时官员的报告、建议、要求和皇帝的谕旨。对谕旨为全文照录,对奏折进行了一定的删节。经抽样对《平定陕甘新疆回匪方略》的奏折与所录原奏折比勘发现,方略对奏折原文的整理主要为:删削赘文,改正语气不明之处,连贯被隔断的文义等,是必要的文字加工润色和删节,而不是内容的更动,故其史料价值不亚于档案原件。当然,清代将领战报,难免有讳饰战败、无端冒功、铺张战绩等问题,但是,由于清廷编纂方略的目的,除了炫耀王朝武功之外,也为了作处理有关问题的借鉴,虚假的材料没有借鉴意义,所以,从主观上说,方略编纂者比较注意材料的真实性问题,至于收载某些冒功奏折,本来就是为后边揭发虚冒作铺垫。研究者倘能通盘检查史料,一般不会被其中个别的不实史料所迷惑。其四,站在清朝统治者的立场,对人民起义多污蔑之词,又不收敌对一方的文献。

不同处:首先是选题的转变。从传统镇压"内乱"的题材转向外交洋务。外国资本主义的侵略和中国民族工业的崛起与人民的反侵略斗争,是中国近代历史的主要内容,为了适应这种形势,由协办大学士杜受田发凡起例,诏令交馆编纂《筹办夷务始末》,而后更继续其

①《中国史学史》,中国友谊出版公司,1984年,第176页。

事,编成道光、咸丰、同治三朝筹办夷务始末,将历年所奉上谕廷寄,以及京外臣工折奏,各国往来之照会书函等件,无不胪列于篇。其他几种近代方略,也都或多或少地反映出近代中国社会的特点,甚至包括一些涉外内容,这就为研究中国近代史,特别是中外关系史,提供了系统而重要的资料。其次是篇幅更大。清代官修诸方略,超过百卷的7种,其中近代就有4种。近代方略所涉及的反清事件,只有太平天国运动尚存一些起义一方的文献,其他几次的起义一方极少有文献传世,而关于外交洋务的外国档案文献又不易查找,只有这8部方略,以其1410卷,近1500万字,3万件以上的谕旨奏折,为我们提供了最大量的比较完整而集中的专题资料,对研究近代有关史事,有无可替代的重要价值。第三,一般方略只收录军机处存录副谕奏,不收内阁所存奏折谕旨和密折留中未奉谕旨者,《筹办夷务始末》扩大了收录范围。其凡例云,"书中所载谕旨,谕内阁者十之二三,谕军机者十之七八","有未经纂入实录及圣训者,悉载此书"。该书对皇帝的密谕及在奏折中的朱批和朱笔圈点勒抹也一律保存,提供了不少内幕材料,于深入研究有关问题,甚为关键。

总之,近代的这几种官修方略,保存了大量可靠的官方档案文献材料,内容丰富,涉及面广,价值很高,应该引起研究者的高度重视。

（原载《历史文献研究》总第19辑,2000年）

试论钱大昕的历史考证学

我国古代的历史考证之学,至清代乾隆、嘉庆年间发展到鼎盛,考证名家如夏夜群星璀璨夺目,钱大昕则是其杰出代表。总结钱大昕历史考证学的理论和实践,为新史学的繁荣服务,是我们研究史学史的任务之一。

一

从事历史考证,首先要解决目的问题。顾炎武等人以考证为手段,以经世致用为目的,很受今贤赞许。而乾嘉学者埋头考证,似乎为考证而考证,则颇遭今贤微词。钱大昕从事考史,目的何在,不可不首先辨明。

钱大昕从事历史考证,主要有三项目的。

其一是为了贯彻自己的思想政治主张。他说:"义以贯道,言以匡时,雕虫绣蜕,虽多奚为?"①他总结历史经验,认为学问与国家兴亡密切相关,在《士大夫不说学》中指出:"士大夫不可以无学。不殖将落,原氏所以先亡;数典亡祖,籍父所以无后。董昭言,当今年少,不复以学问为本;曹魏所以不永也。史洪肇言,但事长枪大剑,安用毛锥?乾祐所以失国也。蔡京禁人读史,以《通鉴》为元祐学术,宣和所以速祸也。"学问与社会从来都有着密切关系,不重视学术的社会和不关心

---

① 《潜研堂文集》卷 17《文箴》。

社会的学术都是难以长久存在的。钱大昕所作的历史考证,多是从现实社会和政治中选题,以考古来喻今世。比如《十驾斋养新录》卷16"父母官"条,表面上是考证父母官名称的由来,实质却在斥责当今"有不爱百姓之官,甚至假其势以恣其残暴,苟有人心者,能毋顾名而惭且悔乎!"卷18"党籍"条说:"奸臣暴君,快意于一时,而被其毒者,流芳于百世,心愈狠而计愈拙,当时无恻隐羞恶之心,后世岂无是非之心哉!徐健庵云,'做官时少,做人时多;做人时少,做鬼时多',此辈惜未闻斯语。"从中,我们不难感悟到他对当时文字狱倒行逆施的警告。当然,处于政治高压之下,钱大昕是不敢公开指斥当局的。但他用这种婉转的方法,通过历史考证来阐明其经世思想,则是我们应该予以理解的,这就是他自己所说的:"柳翳隐形,志在避祸,千载之下,必有心知其意而莫逆者。"①

其二,是为了纠正颓废的学风。宋明时代,理学盛行,许多学者崇尚空谈,学风败坏。清初学者对此已有深刻批判。但风气转变原非易事,况且清王朝从巩固政权出发,仍大力提倡理学,故而钱大昕从事考史,每讲学风,则以明季为鹄的,以纠止空疏学风为己任。他批评"明代人空疏无学,而好讲书法","明人好谈名节,而于纪载多失讨论","盖八股取士所得,皆束书不观,游谈无根之子衣钵相承,转以读古书为务外",以至著述"涉笔便误",学子"揣摩剽袭",世人"口耳与身心相戾"。②他提出纠正的方法是"多读书,善读书","穿穴经史,实事求是。虽议论不必尽同,要皆从读书中出"③。由此,钱大昕读书考史,颇注意以之揭露理学之妄说。如理学讲妇人要从一而终,钱大昕

①《十驾斋养新录》卷13《史通》。

②《十驾斋养新录》卷13《竹书纪年》,卷14《太仓州志》,卷16《双声》。

③《潜研堂文集》卷25《严久能娱亲雅言序》。

则考证礼之七出之文,说:"先儒戒寡妇之再嫁,以为'饿死事小,失节事大。'予谓……去而更嫁,不谓之失节。"①这哪里是为考证而考证!

其三是为了给后世留下信史。历史记载有曲笔和讹谬,考证就是为了纠止讹误,恢复历史真实。钱大昕在《廿二史考异序》中明确阐述道:"夫史非一家之书,实千载之书,袪其疑乃能坚其信,指其瑕盖以见其美。拾遗规过,非为龋龁前人,实以开导后学。"正是由于钱大昕等学者的艰苦考证,使我们今天研究古代史时资料上的障碍少了,他们的贡献岂可低估!

二

有人把历史考证看作雕虫小技。其实,这一学问很大,没有正确的思想、丰富的学识、纯熟的技巧,是很难搞出成绩来的。

从长期从事历史考证的实践中,钱大昕总结出考史者应具备诸多的基础和条件。

首先,要实事求是,不迷信盲从。钱大昕反复讲史学要实事求是,不妄下雌黄。他批评王安石"心术不正,即在好非议古人"②,赞扬顾炎武、惠栋等人"皆精研古训,不徒以空言说经,其立论有本,未尝师心自用,而亦不为一人一家之说所囿"③。他最反感"擅改古书,以成曲说",说这"最为后儒之陋!"④要实事求是,就必须破除迷信。在《释道俱盛于东晋》《轮回说》《星命说》中,他痛斥佛道和天命说教的谬妄。对前贤师友他也绝不盲从,敢于批评他们的不足与错误。正是由于朴

---

①《潜研堂文集》卷 7《答问四》。
②《十驾斋养新录》卷 16《曾王晚年异趣》。
③《潜研堂文集》卷 33《与晦之论尔雅书》。
④《潜研堂文集》卷 31《跋陶渊明诗集》。

素的唯物思想和独立思考的精神，使钱大昕在从事历史考证时能高屋建瓴，头脑清醒，突破藩篱，有所发现。要实事求是，还必须摒弃门户之见，不偏激穿凿。他批评朱熹"意尊洛学，故于苏氏门人有意贬抑，此门户之见，非是非公也"①。他发现偏激的见解往往源于处境和地位的不同，因此告诫："处患难者，勿为怨天尤人之言；处贵显者，勿为矜己傲物之言；论学术，勿为非圣悖道之言；评人物，勿为党同丑正之言。"②

其次，要知人论世，不苛求古人。他认为研究历史，从事历史考证，"必知其人而论其世"③。他不喜为人之诗作序，就是因为诗寓情志，倘"不知其人志趣所在而强为之辞，赘也"④。他最痛恨有的人"强作聪明，妄生疹痏，不稽年代，不揆时势，强人以所难行，责人以所难受，陈义甚高，居心过刻"⑤。

第三，要有广博的知识，不空疏措大。他说："自古史家之患，在于不博。"⑥强调史家必须注重舆地、官制、氏族之学。他说："读史而不谙舆地，譬犹瞽之无相也。"⑦批评贞观"史臣不谙官制"，以至《隋书》多误。指出"氏族之不讲，触处皆成窒碍"⑧。钱大昕本人就是一位公认的知识渊博的学者，段玉裁赞扬他"凡文字音韵训诂之精微，地理之沿革，历代官制之体例，氏族之流派，古人姓字里居官爵事实年齿之纷

---

① 《十驾斋养新录》卷7《宋儒议论之偏》。
② 《十驾斋养新录》卷18《文字不苟作》。
③ 《潜研堂文集》卷26《郑康成年谱序》。
④ 《潜研堂文集》卷26《李南涧诗集序》。
⑤ 《廿二史考异序》。
⑥ 《潜研堂文集》卷18《记琉璃厂李公墓志》。
⑦ 《东晋南北朝舆地表序》。
⑧ 《二十四史同姓名录序》。

繁,古今石刻画篆隶可订六书故实可裨史传者,以及古《九章算术》,自汉迄今中西历法,无不了如指掌"①。正因为此,钱氏在考史中能触类即通,游刃有余,做出显著成绩。

第四,要注重证据,搜集丰富的资料。钱大昕终生勤于搜集各种考史资料。他自己藏书丰富,"插架图籍,不为不富"。他还与许多藏书家建立了深厚友谊,以便向他们借阅罕见图书。为了考史需要,他有时花很长时间搜寻某一种书,比如宋《宝祐会天历》,他就找了50年才在苏州吴氏家见到。他特别重视以金石证史,自称"平生最嗜金石刻,钟鼎款识穷爬搔"②。先后得到金石文字二千数百通,编成《潜研堂金石文字目录》《附录》及《金石文跋尾》共35卷。以金石证史,其"考史之精博,逐能超轶前贤"③。

第五,要区别各种资料的考史价值。丰富的资料是考史的基础,但各类资料的可信程度不尽相同。钱大昕经过几十年的探讨,精辟地指出了各种资料的证史价值。他认为金石文字最可信,说:"史文转写或失其真,唯石刻出于当时真迹,当据碑以订史之误,未可轻訾议也。"④在各类史书之中,他认为实录比正史更为可靠。而正史又比方志、家乘可信。对于正史,他又尊私撰而斥官修。钱大昕还重视诗歌和小说笔记的证史之功,说:"谁谓小说无裨于正史哉!"⑤他独具慧眼,注意发掘民族文献。《元朝秘史》《元圣政典章》《圣武亲征录》《朝鲜史略》等书都因他的访求评论而得为治史者所重。

第六,要求善本。钱大昕精于版本目录之学,但求书是为了运用,

①《潜研堂文集段序》。
②《潜研堂诗集》卷19《王汇英家藏古钱歌》。
③王鸣盛:《潜研堂金石文跋尾序》。
④《十驾斋养新录》卷6《特勤当从石刻》。
⑤《十驾斋养新录》卷6《五代史》。

求罕本珍籍亦为考史。他说："经史当得善本……若日读误书,妄生驳难,其不见笑于大方者鲜矣。"①他赞扬时人冯应榴据宋元刊本考订辩证所著之《苏诗合注》,说："立言愈慎,考古愈精,披沙而金始露,凿石而泉益清,是书出而读苏诗者可以得所折衷(折中)矣"。②这里讲的是一部书,但推广而之,亦是钱大昕艰苦考史的经验之谈。

三

历史考证是一门精深的学问。朱熹曾经说："读书玩理外,考证别是一种功夫,某向来不曾做。"钱大昕很赞赏此话,说"朱文公议论平实"③。以历史考证方法论,钱大昕超越前人和时贤,卓然独立,达到圆浑自如至缜至密的程度。

考史的第一步是发现问题,确定考证对象。钱大昕主要是通过不同资料的校勘来找出差异,予以辨证。他把自己的考史专著定名为《廿二史考异》,其因正在于此。他自述其写作过程是对廿二史"反覆(反复)校勘,偶有所得,写于别纸,涉猎既久,启悟遂多"④。前后花了近四十年功夫,终成斯书。钱氏校勘不外乎陈垣先生《校勘学释例》中总结的对校、本校、他校、理校诸法,通过校勘,发现差异。凡文字上的错讹衍脱,往往直接解决。但对那些问题较为复杂,真伪难以骤定,众说难以适从者,就需要运用考证的方法予以解决。

钱大昕也凭借自己对历史、地理、职官、年历、文字音韵、姓氏、史例、避讳、谥法等广博的知识,发现历史记载中的问题,进行考证。比如《隋书·经籍志》"梁有魏司农卿董遇注《周易》十卷"。钱氏凭其职官

---

①《十驾斋养新录》卷 8《经史当得善本》。

②《潜研堂文集》卷 26《苏诗合注序》。

③《十驾斋养新录》卷 18《朱文公议论平实》。

④《廿二史考异》卷 23。

知识立即指出,此"卿"字乃"史臣以意增之"①。

还有一种做法是从现实政治、社会或读史中提出某一方面的问题,进行系统的耙梳考证。例如清乾嘉间动辄将人凌迟处死。钱大昕两次作文,专题考证凌迟之刑的由来及历史,且引陆游奏状,称此刑"感伤至和,亏损仁政,实非圣世所宜遵也"②。

此外,还有因朋友学子的询问而进行考证,因新发现的碑石文字、珍稀书籍引出考证,或为了学术上的需要进行考证等。

钱氏给阎若璩作传,称其"平生长于考证,遇有疑义,反复穷究,必得其解乃已。学问之无穷,而人尤不可以无年也"③。这其实也是钱氏自己从事历史考证的艰辛历程。《十驾斋养新录》卷15《吴越武肃王庙碑》一文,就记载了他考证该碑碑文疑义的过程。《会稽志》中讲,吴越武肃王庙有一巨碑,立于荒园中,内容是"唐长兴七年吴越王弃宫馆,后二年嗣王建庙于越"。但宋人刘恕《吴越纪年》则称"天福元年七月乙卯,立武肃王庙于东府"。天福元年与长兴七年为同一年(丙申),都当公元936年,两者已有不同。更主要的在于《五代史》《吴越纪年》、钱俨《吴越备史》都说武肃王钱镠死于长兴三年(932年,壬辰)。庙碑言其长兴七年死,显然有一误。钱大昕说:"然碑当时立,立碑者皮光业为其国丞相,亦不应误谬至此。盖皆不可知。予读此志,蓄疑有年。"后来,朋友送给他风山灵德王庙碑拓片,文署"宝正六年重光单阏岁"。见此,钱大昕才恍然大悟。原来,宝正是吴越武肃王的年号,他死于宝正七年,即后唐长兴三年,丞相为之立碑,当然用宝正年号,称"宝正七年弃宫馆"。后来,吴越王钱弘椒归顺宋朝,忌讳钱镠自建年

①《廿二史考异》卷34。
②《潜研堂文集》卷31《跋渭南文集》。
③《潜研堂文集》卷38《阎先生(若璩)传》。

号事,"乃磨去宝正,易以长兴,非复元刻之旧矣"。这一个小问题的考证,竟花了这么大的功夫,实在是外行人难以想象的。钱氏有《绝句》言:"灵鹊不如拙鸠,快马不如钝牛。记得黄涪翁语,真富贵在千秋。"①他正是以拙鸠钝牛的精神,不畏艰险,辛勤地在文献的瀚海中遨游搏击了五十年,才对廿二史以及许多其他古籍进行了精审的考证,给我们留下了数百卷的皇皇巨著。

四

在从事具体问题的历史考证时,钱大昕因对象与内容不同而灵活运用各种手段和方法,如果要一一予以剖析,大致有如下十二法。

第一,专题资料梳理排列法。这是古代学者做笔记,考证某些具体历史问题常用的方法。大体是将历代各种典籍材料中有关此专题的记载说法,尽可能全部找出,予以梳理比对,查清所要考证专题的来龙去脉,演变过程,分歧所在或致误原因,解决问题。进行这种方法的考证,史家资料掌握的多少是最关键的。钱大昕平常读史非常细心,遇有问题或值得重视的材料往往随手录出,以后进行考证时,有关材料则随即涌出,排除异说弄清事实也就不困难了。反之,如果资料搜集得不全,就据之下断语,就难免偏颇甚至完全搞错。

钱大昕用这种方法进行的考证很多。例如《潜研堂文集》卷12《答问九》对魏晋中正制度的考证。他先概括了从各种史书中得到的此制度的一般情况,然后引《晋书·刘毅传》的有关记载,得知州大中正选举的程序。引《文献通考》得知县亦有中正以及中正荐举人才的具体方法。原原本本,令人信服。当今学者讲魏晋选举制度,无不以此为根据。

———————

① 《潜研堂诗续集》卷5《绝句》。

第二，事实反证法。这是一般历史考证常用的方法。大体在判断某一史实或说法的正误时，设法找出与此完全相反的确凿证据，以推翻伪误，确立正确的意见。从逻辑学来说，这是由证明反论题之假以确定原论题之真的间接证明方法。使用这种方法，最重要的是反证材料选择，必须是自身真实性毫无疑义而且又正好与伪误完全相反的。如果材料自身不够可靠或者说法含糊，就不能拿来作为证据。

钱大昕把这种方法称为"以矛刺盾"①，并运用这种方法解决了许多难题。比如唐代宗之子嘉王李运的卒年，《新唐书·十一宗诸子传》和《德宗纪》都说是贞元十七年（801年），而《文宗纪》却说在开成三年（838年）。钱大昕指出："两说必有一误。古称三占从二，则以为贞元者或可信。"实际上究竟如何，钱氏找出《唐大诏令·宝历元年南郊赦文》中"亚献嘉王运、终献循王通各赐物一百匹"的记载，一下子否定了贞元十七年说，"则敬宗时嘉王尚无恙，其薨年必在开成，而断非贞元，可深信而不疑矣"②。

第三，历日推算法。考证年时月日的记载差误、人的年龄与区别不同时的人事，多用此法。大体是从有关材料中找出与所考专题有关的一些时间记述，据以推算或比较，就可解决问题。使用这一方法，最重要的是考证者必须有丰富的年历学知识。钱大昕著有《三统术衍》和《四史朔闰考》两部年历专书，又有许多专题论说，是一位学兼中西、精湛入微的历算学家。他运用历日推算法进行考证就纯熟自如，成果卓著。例如，明王世贞《弇州四部稿》第40卷《庚午元日日食诗》言："甲寅元日雨不食，庚午正元食稍微。"是说嘉靖三十三年元旦有雨而不见日食，隆庆四年元旦有日食。钱大昕查阅史书，却记载：嘉靖

①《十驾斋养新余录》卷中《晋书地理志之误》。
②《潜研堂文集》卷28《跋唐大诏令》。

三十二年正月初一日食,雨,不见;而次年元旦那一天没有日食。他本以为王世贞是述己所见,不应有错,后来用《大统术》推算,"嘉靖癸丑正月戊寅朔,入交二十六日七千六百七十七分有奇,正入食限。而甲寅正月壬寅朔,入交二日四千八百二十一分有奇,则已逾食限矣"①。就是说,根据推算,嘉靖三十二年元旦不可能出现日食,王世贞诗所述当是记忆错误。

第四,引文辑植溯源法。各种著述中的记载、说法、引文,一般都有所本,抄辑汇录的诗文,也都是据它本所录。遇到疑难问题,如果能找到此说法或记载的出处,或所辑录诗文的原始依据,往往能弄清真相。钱大昕很重视这一方法的运用,说:"言有出于古人而未可信者,非古人之不足信也。在人之前尚有古人,前之古人无此言,而后之古人言之,我从其前者而已矣。"②就是讲历史考证要尽量追溯最原始的记载。例如高士奇《天禄识余》说:"《周礼》漏下三刻为商。商音滴。"邵长蘅《古今韵略》十二锡部商字下,亦引"日入三商为昏"。钱大昕指出,高氏所引之文不在《周礼》,而在《仪礼·士昏礼》注中,原文为"日入三商为昏",疏云:"商谓商量,是漏刻之名。"他说:"既以商量为义,则读如参商之商明矣。商商二字,形声俱别,岂可读三商为滴之滴!且其文出《仪礼》郑注,乃误作《周礼》,又妄改为漏下三刻,是并《周礼》亦未尝读也。"③

第五,据籍里、履历、行踪考定法。这是考证与人物行事有关问题时用的方法。历史记述中,有不少将名人在别地的活动误说为本处的,有将前后年世相差较远的人妄说为共事的,有将毫不相干的同姓

①《潜研堂文集》卷31《跋弇州四部稿》。
②《潜研堂文集》卷16《秦四十郡辨》。
③《十驾斋养新录》卷14《天禄识余》。

名者误认为一人的。遇到这类问题，钱大昕往往考查有关人物的地望、履历、行踪、世系等以予鉴别。例如，元人蒋子正《山房随笔》记有辛弃疾、朱熹、张栻的一件逸事，说："辛稼轩帅浙东时，晦庵（朱熹）、南轩（张栻）任仓宪使。刘改之欲见辛，不纳。二公为之地云：某日公宴，至后筵便坐，君可来。门者不纳，但喧争之，必可入。"刘改之依计而行，果然被辛弃疾召见，当堂赋诗，颇受赞誉等等。钱大昕道："予考《宋史·辛稼轩传》，稼轩两知绍兴府皆在庆元四年（1198年）以后，与朱、张皆不同时。晦庵提举浙东乃在淳熙八、九年间（1181—1182），南轩未尝官浙东也。传闻之难信如此。"①既然三人从来没有同时在浙东任官，哪里会有三人在一起宴会和召见某人的事呢！

第六，据用语、称呼考定法。许多用字、话语、称谓、名号具有强烈的地域性和时间性。比如，元朝人称元为大元，明人绝不这样称；西北人称小为尕，称小孩子为尕娃，它地不这样称；活人不会有谥号；帝王未登位和死后不称尊号；避讳字是有其人名才有此讳；地名都有其产生的时间等等。这些材料都可以用来考史，尤其是判定某些文献的著作年代或真伪、附益等。钱大昕常常用这种方法进行历史考证。例如唐宣义郎周远志等造阿弥陁像，并有记文，年号署为上元。但唐高宗和肃宗都有上元年号，一在674—676年，一在760—761年。钱大昕根据记文中"奉为天皇天后"的文字，断定其"在高宗朝无疑"②。因为唐高宗于咸亨五年尊称为天皇，武皇后为天后，并改年号为上元。唐高宗死后，武后称皇太后，不再有天皇天后之称。

第七，歧说择优法。同一问题有不同说法，用其他方法难以确定时，可以分析各种说法的可靠程度，从中选出在史料学或文化典制学

---

① 《潜研堂文集》卷30《跋山房随笔》。

② 《潜研堂文集》卷32《跋阿弥陁像文》。

上看来最为可靠的说法。钱大昕用此法进行过许多考证。例如,据《辽史》记载,辽道宗有清宁、咸雍、太康、大安、寿隆五个年号。但洪遵《泉志》、晁公迈《历代纪年》都说有寿昌年号,《东都事略》《文献通考》有寿昌无寿隆年号。钱大昕考证说:"予家所藏辽石刻,作寿昌者多矣,文字完好,灼然可信。且辽人谨于避讳,道宗为圣宗之孙,断无取圣宗讳(隆绪——汪注)纪元之理。此《辽史》之误,不可不改正。"①

第八,方位确定法。地名考证,重要的是确定该地的大体地理方位,方位一定,再在小范围内搜寻,往往可以得其准确位置。钱大昕精于地理之学,用此法纠正了前人的许多误说。例如,《资治通鉴》卷171陈太建五年九月有"前鄱阳内史鲁天念克黄城"。胡三省注此黄城在谯州,即今安徽蒙城附近。钱大昕考察了这次陈朝军队北伐的行军路线,周炅、鲁天念一路是"别取江北蕲、黄之地",由之北寻,附近有安昌、汉阳、义阳等地名。通过对《隋书·地理志》和《周书·杞国公亮传》的分析,指出,此"黄城与安陆相近,则必为黄陂城,非淮口之黄城矣。胡氏乃以下蔡之黄城当之,则安昌、汉阳、义阳皆风马牛不相及矣"②。

第九,据音韵考证名称之实。古代有很多人名、地名、事物名,由于据民族语言、方言译为汉语、通语,用字有所不同,而使后人误解,或以一为二,或误二为一。钱大昕在音韵学上造诣很深,又通习蒙古语,所以在运用音韵考证名称方面取得很大成绩,往往使学者叹为发千古之覆。例如《晋书·载记秃发乌孤》言"秃发"姓氏的来历,说因"鲜卑谓'被'为'秃发',因而氏焉"。钱大昕在《廿二史考异》卷22中指出:"秃发之先与元魏同出,秃发即拓跋之转,无二义也。古读轻唇音如重唇,故赫连佛佛即勃勃。发从龙,得声,与跋声正相近。魏伯起书尊魏

①《十驾斋养新录》卷8《寿隆年号误》。
②《廿二史考异》卷27。

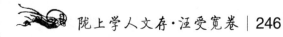

而抑凉,故别而二之。《晋史》亦承其说。"

第十,多重证据法。由于历史现象本身的复杂性,使得孤证有时难以定案,这就需要凭多种不同性质的证据以考定,使结论更为可靠。钱大昕治史提倡"不穿凿,不诋毁",只要资料允许,尽量从多方面进行考订,以使其"确乎不可易"①。例如关于陶侃为陶渊明曾祖的考辨。《宋书》和《晋书》都这样讲,清人阎咏却据《赠长沙公诗序》中"昭穆既远,已为路人"一句,否认此说。钱大昕先以陶渊明《命子诗》,继以牒谱学历史,又以官制,再以宗法制度与其家世状况,再以两人之居地,最后以颜延之《靖节诔》,从六个方面,层层剖析,一举驳斥了阎咏的误说。

第十一,常识判断法。有些史书中的说法与常识抵触,有些问题难以找到其他证据却又是常识性的,就可以用常识判断法。钱大昕有不少考证运用此法。比如《史记·秦本纪》载,昭王四十四年攻韩南郡,取之。《六国表》作"南阳"。但昭王三十五年已置南阳郡,此处又讲攻韩南阳,取之,岂不矛盾。钱大昕考证说,昭王三十五年所置南阳郡是原魏之南阳。韩国的南阳,秦在以前曾攻占其中二城,但"战国时大郡或领十数城,非一时所能尽拔,至是始悉取之"②。这其实是个常识问题,一点就通。

第十二,考而不断法。有些历史问题,有分歧说法或明显有误,但凭现有材料又难以定其是非或建立新说,钱大昕就经过一定考证,不作结论,留待后人探究。例如,明将耿炳文的结局,《明史》说是自杀,《长兴县志》说是阵亡。钱大昕将各种材料列举以后说:"今正史、野录俱载建文命帅师讨燕,此大可疑事。盖实录为西杨改削,文献无征,不

①《潜研堂文集》卷38《严先生(衍)传》。
②《潜研堂文集》卷12《答问九》。

可不为辨明,恐贻误国史,所关非小耳。《三吾集》予访之未得,姑记竹
垞说,俟异日考论之。"①这是因资料不足,而存以待考。

五

我们总结了钱大昕历史考证学的思想和方法,充分肯定其对历
史文献学的巨大贡献,并不因此说,钱大昕的历史考证是完美无缺
的。许多同志在评论钱大昕时已举出了他在一些方面的不足。我们在
翻阅钱大昕历史考证著述时也发现了个别的问题。例如,他对某些问
题的考证有前后自相矛盾之处。在《十驾斋养新录》卷20中他考证陆
德明著《经典释文》"在陈而不在隋唐",但在《十驾斋养新余录》卷上
却言"陆德明著书在隋季"。其实,据现代学者考定,陆氏之书始作于
陈,完成于隋。另外,他的考证结论也有明显错误的。在《十驾斋养新
录》卷16中说"左军羊长史名松龄,不见晋、宋二史"。其实在《晋书·陶
潜传》中就有"其乡亲张野及周旋人羊松龄、庞遵等或有酒要之……"
在这里,我们似乎也应该像钱大昕那样,不能迷信盲从过分吹捧前
贤,总以"实事求是"为要。

(原载《兰州大学学报》社科版,1991年第2期)

---

①《十驾斋养新余录》卷中《耿炳文》。

近三十年来《四库全书》研究现状与思考

20世纪80年代,台湾"商务印书馆"出版了《景印文渊阁四库全书》,使卷帙浩繁且深藏秘阁的《四库全书》惠及学人,在海内外引起了很大反响。不仅大大便利了学术研究取资,而且对开展和推动《四库全书》研究起到根本性作用,其价值与意义不可估量。在这种大背景下,国内《四库全书》研究呈现方兴未艾之势。本文即运用文献计量学的方法,对1980—2006年间中国(不包含港澳台地区)学术界公开发表的有关《四库全书》研究文献进行全面的统计分析,并以此数据来说明《四库全书》研究的现状。系统地整理与总结这些丰硕成果,是摆在我们面前的一个任务,更是我们站在前辈的肩膀上继续深化的基石。

一、成果总量及分布

《四库全书》文本是《四库全书》研究最基本的第一手文献资料。1986年台湾"商务印书馆"《景印文渊阁四库全书》出版,大陆地区立即购进230套影印本和100多套缩微品。1987年上海古籍出版社以此为蓝本,缩至32开本重新出版。《文渊阁四库全书》的出版,使过去深藏内府的皇家图书,成为学者易于查检的案头书籍,激发了《四库全书》的研究热。

20世纪80年代启动的编纂《续修四库全书》《四库全书存目丛书》《四库禁毁书丛刊》《四库未收书辑刊》的传统文化工程,不但极大便利了学人对"四库学"的研究,而且带动了新世纪以来出现的强劲的

《四库全书》影印热:2003年上海古籍出版社重印《文渊阁四库全书》;2004年鹭江出版社出版《文渊阁四库全书》线装影印本;2004年商务印书馆影印《文津阁四库全书》;2006年杭州出版社开始影印《文澜阁四库全书》。

与此同时还引发了对《四库全书》的选编热:1983年《四库辑本别集拾遗》(栾贵明辑,中华书局)问世;1994年《四库释家集成》(陶秉福主编,同心出版社)完成;1996年《四库全书精粹》(彭林等主编,大连出版社)登场;2004年《四库全书图鉴》(张福江编,东方出版社)出版。

值得一提的是,经迪志文化出版有限公司和上海人民出版社的通力合作,《文渊阁四库全书》以180张光盘的新型文献载体形式,于1999年6月出版发行。全文检索电子版《四库全书》的开发,为古籍整理的现代化开辟了一条新路,给学术界带来了极大的方便。

在学术研究机构方面,1993年12月海南大学举办"中国首届《四库全书》学术研讨会",并成立了"海南大学《四库全书》研究中心";1998年台湾淡江大学与故宫博物院联合举办了"两岸四库学第一届中国文献学术研讨会";1999年天津图书馆成立"四库文献中心",并在其主办的《图书馆工作与研究》上开辟"四库学研究"专栏;2003年9月首都师范大学"《四库全书》学术研究中心"成立;2005年"甘肃省四库全书研究会"正式成立,同年武汉大学"四库学研究所"成立。这一系列文化举措,为《四库全书》研究提供了新的发展契机。随着《四库全书》研究热、编纂热、影印热,《四库全书》研究上升到了建立学科的高度,"四库学""四库总目学""四库全书学""四库区域文化学"逐渐被提出。

为了从总体上把握近三十年来《四库全书》研究文献的增长情况,我们以中国人民大学书报资料中心的《报刊资料索引》(1980—2006年)、《中国期刊网》(1994—2006年)、上海图书馆编《全国报刊总目索引》(光盘及纸本)以及各种书目、索引为信息源,按年度统计了《四库全书》研究文献的变化,统计结果如表1和表2所示。可能会有一些研究成果未统计进去,但表列已足以显示《四库全书》研究的发展概况。

表1 《四库全书》研究的著述成果

编著者	书名	出版社	出版年
刘汉屏	《〈四库全书〉史话》	中华书局	1980
华立	《〈四库全书〉纵横谈》	上海古籍出版社	1988
黄爱平	《〈四库全书〉纂修研究》	中国人民大学出版社	1989
雷梦辰	《清代各省禁书汇考》	北京图书馆出版社	1989
李裕民	《〈四库提要〉订误》	书目文献出版社	1990
崔富章	《〈四库提要〉补正》	杭州大学出版社	1990
周积明	《文化视野下的〈四库全书总目〉》	广西人民出版社	1991
海南大学学报	《〈四库全书〉研究》	《海南大学学报》(社科版)增刊	1992
王克荣	《〈四库全书〉研究——中国首届〈四库全书〉学术研讨会论文集》	海南大学出版社	1994
中国第一历史档案馆	《纂修〈四库全书〉档案》	上海古籍出版社	1997
何龄修等	《四库禁毁书研究》	北京出版社	1999
何香久主编	《薪与火的传承——纪晓岚与〈四库全书〉研究》	中国文联出版社	2000
朱维干纂辑 李瑞良增辑	《〈四库全书〉闽人著作提要》	福建人民出版社	2001
杨武泉	《〈四库全书总目〉辨误》	上海古籍出版社	2001

续表

编著者	书名	出版社	出版年
周积明	《文化视野下的〈四库全书总目〉》	中国青年出版社	2001
上海古籍出版社编	《〈四库全书〉目录索引》	上海古籍出版社	2003
顾志兴	《文澜阁与〈四库全书〉》	杭州出版社	2004
司马朝军	《〈四库全书总目〉研究》	社会科学文献出版社	2004
司马朝军	《〈四库全书总目〉编纂考》	武汉大学出版社	2005
吴格整理	《翁方纲纂〈四库提要稿〉》	上海科学技术文献出版社	2005
李裕民	《〈四库提要〉订误（增订本）》	中华书局	2005
甘肃省图书馆编	《〈四库全书〉研究文集》	敦煌文艺出版社	2005
甘肃省图书馆编	《〈四库全书〉研究文集——2005年四库全书研讨会文选》	敦煌文艺出版社	2006
张昇编	《〈四库全书提要稿〉辑存》	北京图书馆出版社	2006
吴格、乐怡标校整理	《〈四库提要〉分纂稿》	上海书店出版社	2006

除去重复，共有22部著述，基本上代表了近30年来《四库全书》研究的现状。黄爱平《〈四库全书〉纂修研究》，充分利用当时未公开发表的《纂修〈四库全书〉档案史料》，全面、深入地总结了《四库全书》的纂修过程，立论公允辩证，是一部具有重大意义的开拓之作。对《四库全书总目》(以下简称《总目》)的考订与补正，以崔富章、李裕民、杨武泉等的著作为代表，在继承前人成果的基础上有新的贡献。崔著致力于版本的考核，谬则匡之，缺则补之，又努力查考文澜阁补抄本的底本，

将其所得补录于各条之后，还采录了近人对四库诸书的评价，使提要补正的内容更加丰满。李著《四库提要订误》(增订本)是在原书基础上修订而成，订正《总目》450条，加订正《四库未收书目提要》8条，共得458条。由于李是宋史专家，故能对宋人著作多予以缜密考证。对《四库全书总目》文化的研究力作，当属周积明《文化视野下的〈四库全书总目〉》。该书着力透过《四库全书总目》的"外壳"，把它置于一个生动的文化整体中加以还原和分析，"从中探寻中国文化的'种族心理'、18世纪的'时代心理'以及《四库全书总目》制作者的'群体心理'"①，从而以令人耳目一新的思路与新鲜见解突破了传统"四库学"的研究架构，开辟了《四库全书总目》文化研究的新领域。对编纂《四库全书》过程中禁毁书的研究，则有《清代各省禁书汇考》和《四库禁毁书研究》两部著作，它们从另一角度论述了乾隆编书时"寓禁于征"的目的以及编纂《四库全书》对中国古文献的大破坏。长期致力于"四库学"研究的司马朝军，出版的《〈四库全书总目〉研究》和《〈四库全书总目〉编纂考》在学术界产生了广泛的影响。前者是海内外第一部从文献整理角度系统研究《四库全书总目》的著作，着力于总结《总目》的学术方法与学术贡献，分别从目录学、版本学、辨伪学、辑佚学、考据学等方面对传统学术方法进行总体性发掘。后著主要探讨《总目》的编纂过程，分析现存四家(翁方纲、姚鼐、邵晋涵、余集)所纂《四库提要稿》与《总目》的异同，弄清其他馆臣(包括分纂官、总纂官、总裁官等)在《总目》编纂过程中发挥的作用，讨论清高宗对《总目》的主控作用。对《总目》研究中的许多疑难问题给予了解析，提出了不少新见。关于史料的搜集与整理，应该感谢《纂修四库全书档案》的出版。所辑文件始于乾隆三十七年，终于嘉庆九年，共计1580件、150余万

①周积明：《四库学：历史与思考》，《清史研究》2000年第3期，第50—62页。

字,是继20世纪30年代的《办理四库全书档案》一书后,涵盖内容最为丰富、史料最为翔实的一部重要档案文献汇编。

1978和1979年共发表论文13篇,虽然不能完全反映当时《四库全书》研究的数量规模,但说明至改革开放之初,《四库全书》研究还相当薄弱。20世纪80年代后,《四库全书》研究的论文发表数以较快的速度增长,由80年代平均每年发表论文19篇到90年代平均每年37篇,增长了将近一倍。进入21世纪,《四库全书》研究成果逐年上升,7年内发表论文数量达534篇,平均每年发表76篇。这一方面说明,当代学者已经认识到科学评价《四库全书》这一文化宝藏的重要意义;另一方面也充分彰显了《四库全书》文本的魅力,其丰富的学术资源,为研究活动提供了多方面的课题。

表2 《四库全书》研究论文年度分布

年份	文献量	年份	文献量	年份	文献量	年份	文献量	年份	文献量
1980	15	1986	18	1992	30	1998	45	2004	100
1981	14	1987	20	1993	24	1999	40	2005	109
1982	18	1988	25	1994	41	2000	42	2006	100
1983	18	1989	24	1995	50	2001	52		
1984	22	1990	31	1996	41	2002	64		
1985	15	1991	30	1997	45	2003	67	合计	1100

观诸论文选题,多分布于以下几个方面:1.《四库全书》纂修与流传;2.《总目》的考订与补正;3.《四库全书》及《总目》的文化价值;4.《四库全书荟要》研究;5. 四库禁毁书研究;6.《四库全书简明目录》研究;7. 七阁与《四库全书》关系研究;8. 纂修官与《总目》关系研

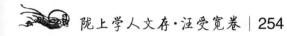

究;9. 档案辑录与整理、影印与电子版的开发等。①②

二、作者与报刊分布

《四库全书》研究的繁荣离不开广大学者的辛勤耕耘。笔者统计《四库全书》研究论文目录的作者数据,根据国际惯例,对多作者文献只取第一作者。因为《四库全书》研究论文目录对其收入的文献有一定选择,同时也存在不区分同名作者、有某些录入错误等问题,此处统计的发文量与实际发文量可能存在微小差别。据初步统计,1980—2006年间,发表过《四库全书》研究论文的作者共有682位,统计结果如表3所示。

表3 《四库全书》研究论文的作者分布

发文量	人数	发文量	人数	发文量	人数	发文量	人数
1	544	5	4	10	3	14	1
2	65	6	7	11	2	15	1
3	34	7	1	12	2	16	1
4	12	8	2	13	1	25	1

1980—2006年间,发文量超过10篇的学者有崔富章、李裕民、周积明、黄爱平、杜泽逊、李国庆、修世平、司马朝军、何槐昌、李晓明、周录祥、胡露12人。发文量5篇以上的作者均列于表4。发文1篇的作者通常称为客串作者,共有544人,占全部作者的80%,他们小试牛刀,偶尔发表一篇论文后不再造访《四库全书》。发文量在2到4篇的作者通

---

①李杰:《90 年代〈四库全书总目〉研究论文综述》,《图书馆工作与研究》2001年第 3 期,第 33—37 页。

②汪受宽、刘凤强:《〈四库全书〉研究的回顾与思考》,《史学史研究》2005 年第 1 期,第 62—66 页。

常称为一般作者,共有111人,占全部作者的16%,他们的情况大致有二:一是经过一段时间的研究后,学术兴趣转移到别的领域,很少再继续进行研究;二是一部分后起之秀处于研究的初期,正在积蓄力量,积极向核心作者群挺进。发文量超过5篇者共计26人,发表论文249篇,占全部论文的24%,换言之,将近四分之一的论文是由不到5%的人完成的,他们是《四库全书》研究领域的核心作者。

表4 核心作者一览

作者姓名	发文量	作者姓名	发文量	作者姓名	发文量	作者姓名	发文量
刘尚恒	5	林申清	6	李国庆	10	修世平	13
徐 苏	5	汤华泉	6	周录祥	10	李裕民	14
周生春	5	李祚唐	6	胡 露	10	司马朝军	16
陈东辉	5	李 杰	6	何槐昌	11	周积明	17
肖东发	6	陈晓华	7	李晓明	11	杜泽逊	25
陈福季	6	杨 讷	8	黄爱平	13		
沈治宏	6	张 升	8	崔富章	14		

以陈垣、余嘉锡、王重民、杨家骆为代表的第一代学术大师,在20世纪前期披荆斩棘,开创了《四库全书》研究的新局面,但在1980年以后他们大都早归道山。以李裕民、崔富章、黄爱平、周积明、杜泽逊为代表的第二代学者,或梳理纂修《四库全书》全过程,或对《总目》纠谬补正,或开拓《总目》文化研究新思路,或对《四库存目》标注,以辛勤的努力和杰出的智慧构建起"四库学"的瑰丽殿堂,从而为21世纪"四库学"研究奠定了坚实的基础。近几年,虽然出现了以司马朝军、陈晓华、张升为代表的新一代学者,但根据表4不难看出,目前还没有形成

严格意义上的《四库全书》研究的核心作者群,平均发文量还比较低。这主要是由于全力研究"四库学"的专家比较少,大多数仅以余力为之。当然,数量仅反映一个方面,各学科之间的数字也缺少可比性。众所周知,学术水准主要是看论文质量,有的人虽然发表的文章不多,但质量很高。如周少川《〈四库全书总目提要〉论史书编纂》①、李春光《〈四库全书〉校勘刍议》②、乔治忠《〈四库全书总目〉清代官修史书提要订误》③、邵毅平《评〈四库全书总目〉的晚明文风观》④、王世学《〈四库全书〉与清代辑佚》⑤、张祝平《〈四库全书〉与科举文献》⑥、张杰《〈四库全书〉与文字狱》⑦、王记录《〈四库全书总目〉史学批评的特点》⑧、罗炳良《〈四库全书总目〉史部提要的理论价值》⑨等。

尤为可喜的是,全国有一批博士、硕士涉足《四库全书》研究,并

---

①周少川:《〈四库全书总目提要〉论史书编纂》,《史学史研究》1985 年第 1 期,第 47—58 页。

②李春光:《〈四库全书〉校勘刍议》,《辽宁大学学报》1989 年第 5 期,第 57—60 页。

③乔治忠:《〈四库全书总目〉清代官修史书提要订误》,《史学集刊》1990 年第 1 期,第 63—68 转 23 页。

④邵毅平:《评〈四库全书总目〉的晚明文风观》,《复旦学报》1990 年第 3 期,第 52—57 页。

⑤王世学:《〈四库全书〉与清代辑佚》,《中国图书馆学报》1993 年第 3 期,第 76—78 转 83 页。

⑥张祝平:《〈四库全书〉与科举文献》,《中国历史博物馆馆刊》1994 年第 1 期,第 72—76 页。

⑦张杰:《〈四库全书〉与文字狱》,《清史研究》1997 年第 1 期,第 45—54 页。

⑧王记录:《〈四库全书总目〉史学批评的特点》,《史学史研究》1999 年第 4 期,第 41—49 页。

⑨罗炳良:《〈四库全书总目〉史部提要的理论价值》,《史学月刊》2006 年第 9 期,第 12—20 页。

且以此为研究方向,从不同的角度诠释对《四库全书》的理解,思路开阔,立论有据。我们有理由相信,他们将会是《四库全书》研究的主力军。据笔者搜集到的资料显示,共有32篇硕博论文,统计结果如表5所示(已经将论文修改并予以出版成书的,不在列表之内)。

表5 《四库全书》研究部分硕博论文

著者	论文题目	指导教师	所在学校	完成时间	学位
刘小琴	《八十二种四库底本删改浅析》	郑如斯	北京大学	1982年	硕士
曹淑文	《〈四库全书总目〉史部分类分析》	陈仲夫	北京大学	1984年	硕士
李国新	《论乾嘉目录学》	朱天俊	北京大学	1984年	硕士
杜泽逊	《〈四库全书总目〉辨伪学发微》	王绍曾	山东大学	1988年	硕士
师曾志	《论〈四库全书总目〉》	朱天俊	北京大学	1990年	硕士
张传峰	《〈四库全书总目〉学术思想研究》	崔富章	浙江大学	1992年	博士
可佳	《〈四库全书总目〉分类体系的比较研究》	张涵	北京大学	1994年	硕士
阮阳	《二十世纪〈四库全书〉的出版和研究》	王余光	武汉大学	1994年	硕士
涂谢权	《崇实黜虚:经世氤氲笼罩下〈四库总目〉的学术批评》	蔡镇楚	湖南师范大学	2002年	硕士
杜泽逊	《〈四库存目〉标注》	王绍曾	山东大学	2003年	博士
陈旭东	《清修〈四库全书〉福建采进本与禁毁书研究》	方宝川	福建师范大学	2004年	硕士
陈伟文	《纪昀与〈四库全书总目〉的文学批评》	李山	北京师范大学	2004	硕士

续表

著者	论文题目	指导教师	所在学校	完成时间	学位
史丽君	《论〈四库全书总目〉的考据——以史部提要为中心》	周少川	北京师范大学	2004年	硕士
陈晓华	《"四库总目学"史研究》	周少川	北京师范大学	2004年	博士
郭向东	《文溯阁〈四库全书〉的成书与流传研究》	赵逵夫	西北师范大学	2004	博士
王亮	《〈续修四库全书总目提要〉研究》	吴格	复旦大学	2004年	博士
李士彪	《〈续修四库全书总目提要·经部〉辨证》	吴格	复旦大学	2004年	博士后
周录祥	《〈四库全书简明目录·集部〉订误》	赵生群	南京师范大学	2005年	硕士
翟爱玲	《〈四库全书〉设计系统之研究》	许平	中央美术学院	2005年	硕士
翁筱曼	《目录学视野下的〈四库全书总目·小说家〉》	吴承学	中山大学	2006年	博士
周晓聪	《〈四库全书总目〉与考据学》	汪受宽	兰州大学	2006年	硕士
王作华	《乾隆皇帝与〈四库全书〉的纂修》	汪受宽	兰州大学	2006年	硕士
郭合芹	《〈四库全书总目·史部〉研究》	赵梅春	兰州大学	2006年	硕士
徐亮	《〈四库全书〉西北文献研究》	汪受宽	兰州大学	2006年	硕士
刘凤强	《四库全书馆研究》	赵梅春	兰州大学	2006年	硕士

报刊是学术成果的主要编辑生产单位。了解《四库全书》研究论文

发表的报刊,对《四库全书》研究者掌握文献信息源是很有帮助的。据笔者对1980—2006年以来的1100余篇研究论文的统计,发表过《四库全书》研究论文的报刊达220余种,其中发文量超过10篇的报刊列于表6。

表6　发文量超过10篇的报刊

序号	刊名	篇数	序号	刊名	篇数
1	《图书馆工作与研究》	54	16	《中国图书馆学报》	13
2	《文献》	48	17	《北京大学学报》	12
3	《图书馆杂志》	32	18	《图书馆建设》	12
4	《古籍整理研究学刊》	30	19	《图书馆论坛》	12
5	《中国典籍与文化》	23	20	《人民日报》	12
6	《图书情报工作》	21	21	《图书馆工作》	11
7	《四川图书馆学报》	20	22	《新世纪图书馆》	11
8	《图书与情报》	19	23	《图书情报知识》	11
9	《光明日报》	18	24	《图书馆学研究》	11
10	《图书馆理论与实践》	17	25	《清史研究》	10
11	《国家图书馆学刊》	16	26	《中华读书报》	10
12	《图书馆》	15	27	《图书馆研究与工作》	10
13	《山东图书馆季刊》	15	28	《社会科学战线》	10
14	《图书馆学刊》	14	29	《晋图学刊》	10
15	《河南图书馆学刊》	14	30	《上海高校图书情报学刊》	10

从上表看,图书馆学、文献学类期刊在《四库全书》研究论文的刊载上发挥了重大作用。发文量超过10篇的30种期刊中,有21种为图书

馆学、文献学类期刊,占到70%。《光明日报·理论周刊》专门辟出"《四库全书》与中国传统文化"栏目,对普及四库学知识起到很大的作用。同时,国家级核心期刊上也出现了不少《四库全书》研究的文章,比如《史学史研究》(6篇)、《文史知识》(5篇)、《北京师范大学学报》(社科版)(5篇)、《中国史研究》(4篇)、《江汉论坛》(4篇)、《社会科学辑刊》(4篇)、《学术月刊》(4篇)、《文史哲》(4篇)、《中华文史论丛》(3篇)、《历史教学》(3篇)、《历史教学问题》(3篇)、《史学集刊》(2篇)、《民族研究》(2篇)、《中国文化研究》(2篇)、《文史》(2篇)、《复旦学报》(社科版)(2篇)、《历史研究》(1篇)、《中国哲学史研究》(1篇)、《史学理论研究》(1篇)、《史学月刊》(1篇)等,虽然发表的文章不多,但是开拓性强,启发意义很大。

以上所列发表论文的数量虽比较多,但是还不能直接说明《四库全书》研究目前已经达到了相当高的水平。科学学中测评科学家的学术水平,除了看他科研成果的数量外,还要看其科研成果的质量。对于中国的社会和人文科学来说,文献被他人引用的频率、文献被重要检索刊物收录的数量等通常被认为是质量高低的指标。通过检索中国人民大学书报中心的《复印报刊资料》、《新华文摘》和《中国社会科学文摘》等系列刊物,我们发现《四库全书》研究很难有自己的一片天地。这充分说明目前的《四库全书》研究水平仍处于起步阶段,在理论建树及学术致思方面尚待开拓,深入研究十分必要。

三、总结与思考

(一)《四库全书》研究还未真正形成一门专学。一个学术研究专题能否成为专学,取决于其自身储备的学术文化信息能否具有学术开采的价值;同时要考虑它在内涵上能否为展开系统的学术活动提供足够的空间,能否容纳巨大的人力、智力的投入。《四库全书》研究能否成为专学,我们不妨考虑以下几点:其一,编纂《四库全书》是一项巨大的文化工程,尽管在修书的过程中,焚毁、篡改了大量的典籍,但无论如何,清中叶以前的主要文化典籍大体搜罗完备,从而构成古代最为庞大与完备的知识世界,蕴含丰富的学术矿藏。其二,前人研究已有丰富的学术积累,拥有了大量论题的探索实践,为以后深入研究提供了广阔的学术空间和前景。其三,从学术史的发展来看,一门专史是否被明确地提出来,对于这个专史的发展具有极重要的意义,相关研究可以据此形成共同的出发点和发展目标;而且在邻近的专史中可以找到和确立自己的位置,从而丰富专史的门类,促进学术史的发展。新世纪呼唤新的理论,只有站在前人的肩膀上总结其贡献,上升到理论高度,才能为《四库全书》研究增添新的活力。

(二)立足于文本本身进行辨证考据者甚多,且论题重复现象严重,论点往往是重新组合,缺乏新意。其实,《四库全书》研究还有很多问题需要开发:1.《四库全书》在世界历史上占据的地位,在今日延存的价值。2. 它在知识的领空中,代表了多大的区域,涉及了多大的范围。3. 它所包含的知识体系及知识本质。4. 它本身的历史及现状怎样? 从历史与现状上所显示的方法,对我们的工作有何启示和借鉴。5. 这种工作和类似的工作,对于人类世界的演进与改造,是否能成为一种重要的原动力。6. 如何突破历史限制、地理限制、性类限制、形式限制,以适应无穷无尽的新知识。①这些问题,无疑值得《四库全书》研究者们思索。在新的世纪,《四库全书》研究要用宏观视野去开拓课题,"站在世界文化发展高度,审视《四库全书》在我国乃至世界18世纪文化流向中的作用和地位, 不仅能对其价值和作用有更为客观的

---

① 杨家骆:《四库全书学典》,世界书局,1946 年,第 127 页。

评价,而且对我们今天的文化建设也很有借鉴意义。"①

（三）《四库全书》编纂的文化现象,既有经济、社会、政治诸方面的深刻制约,也有学术、文化等先后相承的内在逻辑。研究者大抵从前者出发,揭示《四库全书》编纂的外核问题,对于其在乾嘉两朝学术中的内核理路,往往被忽视。《四库全书》开馆后,将一时学术俊杰网罗其中,辑佚群书,考镜源流,不啻治学风尚的一种无声的典型示范。借此考据学空前发皇,我国古代学术从此步入对传统学术进行全面整理与总结的阶段。基于此,研究四库馆与乾嘉考据学的关系,是一个很有意义的论题。司马朝军将乾嘉考据学派分为民间学派与皇家学派两种,就是很有意义的探索。循此理路发展,对《四库全书》在文化学术史上的地位进行实事求是的评价,不仅可以深入认识乾隆年间学术发展的历史本质,而且也有助于批判地继承中华民族文化的优秀遗产。

（四）《四库全书》与中国古代史学之关系值得探讨。在这一问题上,虽有一定数量的论文发表,但是仍有深化的必要。如《四库全书》与明代史学之关系,就是一个很好的课题。历史上曾有两个否定明代史学的高峰:第一个时期是清初,第二个时期是乾隆时期。乾隆朝借编纂《四库全书》之机,清算和极力贬低明代学术文化,把明代大量的史学著作汰入存目;编纂过程中,大部分著作又被禁毁,致使失传。影响最深者,莫过于通过撰写《四库全书总目提要》,对明代史学肆意攻击,批评激烈,訾议苛刻。于是以讹传讹,直到20世纪中叶以前,明代史学一直受到冷落。如何评价四库馆臣对明代史著之认识,如何分析《四库全书总目》对明代史学之批评,怎样看待《四库全书》对明代史

---

①汪受宽、刘凤强:《〈四库全书〉研究的回顾与思考》,《史学史研究》2005年第1期,第65页。

学之影响，对我们今天研究明代史学很有意义。同时，《四库全书总目》史部提要的史学批评，散见于对各书的具体评论之中，如果我们把这些具体的史学批评加以综合概括，就可以归纳出四库馆臣史学批评的理论和方法。

（原载《图书与情报》，2008年第3期）

文溯阁本《四库全书》的抄装、播迁及其价值

　　清朝乾隆三十八年至嘉庆十一年（1773—1806），朝廷开设四库馆组织学者整理中国历代典籍，编纂抄装出我国古代最大的一部丛书《四库全书》。当时为南北七阁共抄成七分书，每分书约738119000字①。近代，《四库全书》屡遭劫难，1860年英法联军进攻北京，火烧圆明园，文源阁《四库全书》被毁。太平天国时，镇江文宗、扬州文汇两阁书被焚，杭州文澜阁书也有损失。现今，《四库全书》原本完整保存下来的仅有三部半，即现存台北"故宫博物院"的文渊阁本，现存国家图书馆的文津阁本，现存甘肃省图书馆的文溯阁本，以及补抄齐全的杭州文澜阁本。

　　笔者长期生活于兰州，自1980年始曾多次参观文溯阁《四库全书》，2003年起组织学生从事《四库全书》研究，参与甘肃省《四库全书》研究会工作，自己也做过一点相关的研究。本论文主要是对文溯阁《四库全书》相关情况和个人研究的介绍，充分肯定其价值，为申遗工作提供参考。

---

　　①乾隆五十一年二月十六日《吏部尚书刘墉等奏遵旨清查〈四库全书〉字数书籍完竣缘由折》："办理三分全书，每分计字七万万三千零八十一万九千字。"见中国第一历史档案馆编：《纂修四库全书档案》，上海古籍出版社，1997年，第1928页。

一、文溯阁《四库全书》抄装时间考订

关于文溯阁《四库全书》的抄成装订完成时间,目前主要有四种说法:

(一)乾隆四十七年(1782年)七月。杨家骆《〈四库全书〉概述》言:"乾隆四十七年七月,第二第三第四三分书成。"[1]任松如《〈四库全书〉答问》同。[2]

(二)乾隆四十七年(1782年)十月。郭伯恭《〈四库全书〉纂修考》认为:"乾隆四十七年十月,二分书已完全蒇工。"[3]

(三)乾隆四十七年(1782年)十一月二十八日(辛酉)。张崟《七阁四库成书之次第及其异同》一文认为,文溯阁《四库全书》成书于乾隆四十七年十一月辛酉。[4]吕坚《〈四库全书〉七阁成书时间考》[5]、黄爱平《〈四库全书〉纂修研究》[6]、郭向东《文溯阁〈四库全书〉的成书与流传研究》[7]等亦同此说。

(四)乾隆四十八年(1783年)。陈垣先生认为:"乾隆四十八年癸

①杨家骆:《四库全书概述增附五种本》,学典馆复馆筹备处(台北),1975年,第101页。

②任松如:《四库全书答问》,上海书店出版社,1992年,第34页。

③郭伯恭:《四库全书纂修考》,商务印书馆,1937年,第132页。

④张崟:《七阁四库成书之次第及其异同》,《国立北平图书馆馆刊》第7卷第5号,书目文献出版社,1992年,第5585—5599页。

⑤吕坚:《四库全书七阁成书时间考》,《文献》第21辑,书目文献出版社,1985年,第134页。

⑥黄爱平:《四库全书纂修研究》,中国人民大学出版社,1989年,第152页。

⑦郭向东:《文溯阁本〈四库全书〉研究》,甘肃省图书馆编《四库全书研究文集(2006—2015)》,甘肃人民出版社,2016年,第177页。

卯,第二分《四库全书》成,令原办内阁学士陆费墀送往盛京,会同将军永玮等弆庋文溯阁。"①王伯祥《〈四库全书〉述略》②同。

上述诸说只能有一种说法是正确的。我们知道,文溯阁《四库全书》是继第一分(文渊阁)《四库全书》之后抄成的第二分《四库全书》。因此,要弄清这一问题,必须从第一分《四库全书》的抄出装订完成说起。

据《乾隆四十六年十二月初六日内阁奉上谕》云:"《四库全书》第一分,现在办理完竣,所有总校、分校人员等,着该总裁查明咨部,照例议叙。"③以及《候选从九品陈遽奏为铨选无期吁恳圣恩施仁及时报效折》曰:"窃微臣系江苏武进县人。前于乾隆四十四年(1779年)六月,在四库馆自备资斧,充当供事。至四十六年(1781年)十二月初六日第一分全书告竣,钦奉恩旨议叙从九品,归于双月五缺选用,年满回籍候选在案。"④可知第一分《四库全书》于乾隆四十六年(1781年)十二月初六日告竣是当时官方的统一认识。

第一分《四库全书》告竣之后,紧接着就进行第二、三、四分书的缮写。据《乾隆御制诗》中《题文津阁》"六年期固非遥耳"的自注云:"《四库全书》第一部已成,其第二、三、四部分庋盛京之文溯阁、山庄之文津阁、御园之文源阁者,据馆臣等奏通限六年全竣,行见装潢贮

①陈垣:《纂修四库全书始末》,陈智超编《陈垣四库学论著》,商务印书馆,2012年,第13页。
②王伯祥:《四库全书述略》,《中国图书·文献学论集》,明文书局(台北),1983年,第497页。
③《乾隆四十六年十二月初六日内阁奉上谕》,中国第一历史档案馆编:《纂修四库全书档案》,上海古籍出版社,1997年,第1446页。
④中国第一历史档案馆编:《纂修四库全书档案》,上海古籍出版社,1997年,第2343页。

阁,次第观成云。"①根据四库馆臣奏折所保证完成的时限,乾隆四十七年(1782年)七月初八,乾隆皇帝谕令内阁云:"朕稽古右文,究心典籍,近年命儒臣编辑四库全书,特建文渊、文溯、文源、文津四阁,以资藏度。现在缮写头分告竣,其二、三、四分限于六年内按期蒇事,所以嘉惠艺林,垂示万世,典至巨也。"②乾隆皇帝的这个谕令,说的是第一分文渊阁《四库全书》现已抄竣,第二、第三、第四分《四库全书》限期在六年内抄成。依此,至迟在乾隆五十三年将这三分书全部完成。

杨家骆《〈四库全书〉概述》称:"乾隆四十七年七月,第二第三第四三分书成。"将第二三四分书的抄竣装订完成时间说成是乾隆四十七年(1782年)七月,此时,距第一分《四库全书》告竣的时间(乾隆四十六年十二月初六),仅仅七个月,与乾隆皇帝限六年完成第二、三、四分书抄写的谕令发出的时间(乾隆四十七年七月)相同。由此看出,杨家骆先生在此是读书未细,将乾隆皇帝发出期限要求谕令的时间,当成了第二、三、四分书的抄迄装订完成时间,显然是错误的。

郭伯恭在《〈四库全书〉纂修考》中将文溯阁四库全书抄迄装订完成的时间定于乾隆四十七年(1782年)十月。郭氏通过和珅等人的奏折、军机处的奏折来证明自己的观点,论曰:"本年十月和珅等奏云,'臣等将应送盛京文溯阁收贮之《四库全书》,分作五拨;起程日期,公同各总裁等商酌:其第一拨拟于本年十月二十日起运,第二拨拟于十一月二十日起运,第三拨于明年正月初五日起运,第四第五拨运送之书,照例间月一起行走,至三月初五日可以全数运竣'。又军机处于本

①故宫博物院编:《乾隆御制诗集》四集十四册卷91,海南出版社,2000年,第155页。
②中国第一历史档案馆编:《纂修四库全书档案》,上海古籍出版社,1997年,第1589页。

年十月二十八日奏云:'本年十月十八日,金简告知臣等,于召见时面奉谕旨:俟第二分存贮文溯阁书成,交军机大臣提奏总校王燕绪朱钤。钦此。今据四库馆奏:第二分存贮文溯阁全书,业经办理完竣,理合将总校王燕绪朱钤遵旨提奏。谨奏。'据此,则乾隆四十七年(1782年)十月,二分书已完全蒇工,陆续送贮盛京文溯阁。"①

然而,和珅等奏折的内容,是奏告拟自乾隆四十七年(1782年)十月起,把文溯阁《四库全书》依时间先后分作五拨运送到盛京文溯阁。我们知道,文溯阁《四库全书》是装订为36000余册的大丛书,每一分丛书即使全部抄迄,要全部装订出来,也需要相当的时日。由此,总是每装订用印出一批书,就集为一拨运往盛京书库。从而,第一拨书的运出时间不可能是文溯阁《四库全书》全部抄迄装订完成的时间。仔细阅读相关奏折可知,和珅等人的这份奏折是《多罗仪郡王永瑢等奏运送盛京文溯阁陈设全书事宜请旨遵行折》的一个补充。乾隆四十七年(1782年)九月十一日,永瑢等上呈《运送盛京文溯阁陈设全书事宜请旨遵行折》,折曰②:

> 恭照盛京文溯阁应行陈设《古今图书集成》一部、《四库全书》一部,现在陆续上紧装订,并前后敬谨用宝入匣,自应随时分拨起运……相应奏明请旨,以便行文直隶总督及盛京将军、奉天府尹衙门,令其预行雇夫,并派员赴京领运,沿途押运。

四库馆为何急于将文溯阁四库全书分批运送盛京。原来,乾隆皇帝定于次年八月巡幸盛京,因此催促他巡幸时能在盛京看到该书。

---

①郭伯恭:《四库全书纂修考》,商务印书馆,1937年,第131—132页。

②中国第一历史档案馆编:《纂修四库全书档案》,上海古籍出版社,1997年,第1638—1639页。

正如其在癸卯年《题文源阁》诗中所云："文渊昨岁庆筵行，文溯因巡亦促其成。"①四库馆初步决定："先将《古今图书集成》五百七十六函，并《四库全书》一千函，作为第一拨，即于九月下旬起程。其余《四库全书》五千一百四十四函，分作四拨陆续启运。"经过"公同各总裁等商酌，其第一拨拟于本年十月二十日起运，第二拨拟于十一月二十日起运，第三拨拟于明年正月初日起运，其余第四、第五拨运送之书，照例间月一起行走"，预计次年三月初五日全书可以运竣。从永瑢等的奏折，我们可以知道。乾隆四十七年（1782年）九月文溯阁《四库全书》正在抓紧装订和用宝（御印），以备分拨运贮盛京文溯阁，并不能因此得出第二分全书在乾隆四十七年（1782年）十月告竣的结论。我们查考甘肃省图书馆编《影印文溯阁四库全书四种》中四书书前提要之末所署该书进呈时间，有两种为乾隆四十七年十月，有两种为四十七年十一月，也从事实上否定了乾隆四十七年十月抄竣的说法。

而郭氏所引军机处奏疏，倒是问题的关键。该奏疏云："本年十月十八日，金简告知臣等，于召见时面奉谕旨：俟第二分存贮文溯阁书成，交军机大臣提奏总校王燕绪朱钤。钦此。今据四库馆奏：第二分存贮文溯阁全书，业经办理完竣，理合将总校王燕绪朱钤遵旨提奏。谨奏。"②该奏折系录自王重民所编《办理四库全书档案》八十八页A面。原书折文下以小字注："（乾隆四十七年）十月二十八日陈。"十月十八日，乾隆皇帝要求军机处等书成时提奏奖赏总校王燕绪和朱钤，即此时第二分四库全书尚未告竣，仅仅过了十天（十月二十八日），第二分《四库全书》就奇迹般地告竣了，因而要提请皇帝奖励办理第二分《四

①故宫博物院编：《乾隆御制诗集》四集十四册卷95，海南出版社，2000年，第218页。
②郭伯恭：《四库全书纂修考》，商务印书馆，1937年，第131—132页。

库全书》的有功人员,我们不能不怀疑王重民先生所注此份奏折的上陈时间是有问题的。又,若所注之奏折上陈时间正确,则在此奏之前,应该有四库馆报告第二分文溯阁全书业经办理完竣的奏折,以及乾隆皇帝奖赏王燕绪和朱钤的圣谕。我们查阅《办理四库全书档案》该年十月及其以后的谕折,寻得:"乾隆四十七年(1782年)十一月二十八日奉旨第二分《四库全书》校缮完峻(竣),办理尚属迅速,其承办之总校王燕绪着加恩……遇有中允缺出,即行补用。朱钤,着即授职编修……钦此。"①军机处题请奖赏与皇帝下谕奖赏的时间竟然相差一个整月,完全不符合清代惯例。而永瑢奏报第二分《四库全书》告竣的奏折在此年及次年的录文中皆阙如。查上海古籍出版社出版之《纂修〈四库全书〉档案》知,军机处奏请奖励王燕绪、朱钤的折子,乾隆皇帝所下奖励王、朱的谕旨,四库馆关于第二分《四库全书》告竣的奏折都在乾隆四十七年(1782年)十一月二十八日。影印《乾隆朝上谕档·乾隆四十七年正月至四十九年二月》中所载奖励王、朱的上谕也是在乾隆四十七年十一月二十八日。②我们才明白,原来是王重民《办理四库全书档案》③将军机处奏请奖励王、朱奏折的时间注错,提前了一个月,郭伯恭未曾用其他材料佐证就引用了该材料④,正所谓"差之毫厘,谬之千里",引用的材料不正确,其得出的结论也会有误。故此,第二种说法是错误的。

第四种,陈垣先生乾隆四十八年文溯阁《四库全书》告竣的说法,源于《乾隆御制诗集》四集中几首诗的自注文。其卷九十五《题文源

①中国第一历史档案馆编:《纂修四库全书档案》,上海古籍出版社,1997年,第1689—1690页。

②中国第一历史档案馆编:《乾隆朝上谕档》(乾隆四十七年正月至四十九年二月),中国档案出版社,1991年,第468页。

③王重民:《办理四库全书档案》,国立北平图书馆,1934年,第88页。

④详见《〈四库全书〉纂修考》第131页注7,第132页注8。

阁》"文渊昨岁庆筵行,文溯因巡亦促成"诗句的自注云:"昨岁(乾隆四十七年)《四库全书》第一分完竣,适春仲,经筵礼成于文渊阁,赐宴赏赍有差,以落其成。其二分书,照式誊写,易于蒇事。因命馆臣上紧督办,送至盛京文溯阁庋藏,亦于今春(乾隆四十八年)告竣。至三分书应弆此文源阁者,又可接续缮办,明春想亦可藏事。"①同集卷九十八《题文津阁》自注云:"昨壬寅(乾隆四十七年)春,《四库全书》第一分告成,弆置文渊阁;癸卯(乾隆四十八年)春第二分全书亦竣,命内阁学士陆费墀送往盛京,会同将军永玮等弆庋文溯阁。"②同集卷一百《题文溯阁》诗句"老方四库集全书,竟得功成幸莫如。京国略欣渊已汇,陪都今次溯其初"自注云:"昨岁壬寅(乾隆四十七年)仲春四库全书第一分告成,弆置文渊阁。今癸卯(乾隆四十八年)春,第二分全书亦竣,勒总校内阁学士陆费墀送至盛京,弆置此文溯阁。"③这几处确实注明乾隆四十八年第二分《四库全书》告成,并弆庋于文溯阁。

但是《乾隆御制诗集》自注中关于文溯阁《四库全书》成书时间的记载,并不是完全一致的。如《乾隆御制诗集》五集卷九中《题文源阁迭去岁诗韵》自注云:壬寅年(乾隆四十七年)第二分盛京文溯阁书成④、《题文津阁》自注云"嗣于第二年(壬寅年)盛京文溯阁书成"⑤,同集卷

①故宫博物院编:《乾隆御制诗集》四集十四册卷95,海南出版社,2000年,第218页。
②故宫博物院编:《乾隆御制诗集》四集十四册卷98,海南出版社,2000年,第267页。
③故宫博物院编:《乾隆御制诗集》四集十四册卷100,海南出版社,2000年,第305—306页。
④故宫博物院编:《乾隆御制诗集》五集十五册卷9,海南出版社,2000年,第272—273页。
⑤故宫博物院编:《乾隆御制诗集》五集十五册卷9,海南出版社,2000年,第276页。

十七《文津阁作歌》自注云"壬寅年(乾隆四十七年)第二部成,贮盛京之文溯阁"。①

《乾隆御制诗集》四集、五集的诗皆出自乾隆皇帝一人之手,为何所书第二分《四库全书》的成书并装订用印完成的时间会出现前后舛互? 郭伯恭先生分析道:"或帝至此年已晚莫(暮),追溯往事,不无健忘乎? "②诗作不是史书,史书要求时、地、人的准确,诗作则主要在于其意境和文辞,至于所涉之时、地、人则不必尽求无误。陈垣先生以诗证史没有错,但未曾注意到乾隆皇帝之诗在述及第二分《四库全书》完竣时间上的相互抵牾,却贸然引用其一说,以至出现万一之差误,实在令人扼腕。

第三种说法,乾隆四十七年(1782年)十一月辛酉(二十八日),是符合史实的说法。文溯阁本系四库馆缮写的第二分《四库全书》,四库馆臣在文渊阁《四库全书》完竣之后,上奏乾隆皇帝请勒限六年抄成第二、三、四分全书,而乾隆皇帝认为二、三、四分书系"照式誊写,易于藏事",故明确要求,在一年内完成第二分书的抄写和装订等事宜。四库馆加紧工作,于是在不到一年时间,就完成了第二分《四库全书》的缮写和装订工作。据乾隆四十七年十一月二十八日《多罗质郡王永瑢奏第二分应缮全书缮校全竣折》云:

> 臣永瑢等谨奏,为盛京文溯阁陈设《四库全书》缮校全竣,恭折奏闻事。窃臣等奉命办理第二分全书,遵旨限以一年完竣。随经奏明,专派提调、编修吴裕德经管督办,并派进士吴树萱、柴模充作收掌,专司一切稽查、核对、收发事件。

①故宫博物院编:《乾隆御制诗集》五集十五册卷17,海南出版社,2000年,第402页。

②郭伯恭:《四库全书纂修考》,商务印书馆,1937年,第134页。

又于各总校内专派中允衔王燕绪、编修朱钤二员总司校勘。自本年二月二十七日起,除《永乐大典》及各馆未办成书酌留空函外,陆续共呈进过三万二千册有零。该员等俱各奋勉出力,昼夜赶办,并无贻误稽延。所有第二分应缮各书,业经全数呈览。①

在永瑢上奏的当日,军机大臣也上陈了题请奖励第二分书二位总校的奏折。

这两份奏折上陈关于第二分《四库全书》全竣都是乾隆四十七年(1782年)十一月二十八日。乾隆皇帝在当日即下谕,对"其承办之总校王燕绪,着加恩于服阕后,遇有中允缺出即行补用;朱钤着即授职编修;收掌吴树萱、柴模着加恩授为内阁中书,即行补用"②。

对第二分全书告竣以及赏赐谕旨,《乾隆朝上谕档》③、《清高宗实录》④、《十朝东华录·东华续录》乾隆卷⑤,都明确记载为"乾隆四十七年(1782年)十一月二十八日(辛酉)"。因此,张岂、吕坚、黄爱平、郭向东诸先生的说法是正确的,第二分文溯阁《四库全书》抄装全竣的时间是乾隆四十七年(1782年)十一月二十八日。

①中国第一历史档案馆编:《纂修四库全书档案》,上海古籍出版社,1997年,第1688页。

②中国第一历史档案馆编:《纂修四库全书档案》,上海古籍出版社,1997年,第1690页。

③中国第一历史档案馆编:《乾隆朝上谕档》(乾隆四十七年正月至四十九年二月),中国档案出版社,1991年,第486页。

④《清高宗实录》卷1169,中华书局,1986年,第682页。

⑤[清]王先谦:《十朝东华录·东华续录》乾隆卷96,1899年,第416页。

二、文溯阁《四库全书》的播迁

誊抄完竣的文溯阁《四库全书》,总计收书3476种,79897卷,抄为36315册,装为6144匣。文溯阁《四库全书》用开化榜纸朱丝栏抄成,每一部书都以香楠木二片上下为夹,并束以绸带,再装入香楠木匣内。书册都是用绢面封皮包背装。根据春、夏、秋、冬的顺序,书皮以四色装潢,"经部"用绿色绢,"史部"用红色绢,"子部"用蓝色绢,"集部"用灰色绢。每匣上面均刻有书名。每册书的首页都钤有"文溯阁宝",末页用"乾隆御览之宝",作为御用的标志。

文溯阁《四库全书》自乾隆四十七年十月二十日起至乾隆四十八年(1783年),分五拨起运盛京(沈阳)文溯阁,并陆续排次上架藏讫。乾隆五十五年(1790年)和乾隆五十七年又由陆锡熊率员两次复校,纠正错误,使其质量更臻完善。文溯阁"内贮藏《四库全书》,经部二十架,九百六十函;史部三十三架,一千五百八十四函;子部二十二架,一千五百八十四函;集部二十八架,二千零十六函。统计经史子集共一百〇八架,六千一百四十四函,三万六千册"。文溯阁另外还保存有《四库全书总目》二十函一百二十七册,《四库全书考证》十二函七十二册,以及大型类书《古今图书集成》五百七十六函,五千零二十册。①其中钤有文溯阁印的《四库全书总目》后流落在天津图书馆,兰州文溯阁馆内亦藏有一套《四库全书总目》,尚无人查考其由来。《古今图书集成》一万卷,是皇子侍读陈梦雷(1650—1741)于康熙四十五年(1706年)编成的,雍正四年(1726年)经尚书蒋廷锡修订,以铜活字刊印六十五部。乾隆中,文渊、文源、文津三阁建成时,《四库全书》尚在

---

① 《钦定盛京通志》卷20《文溯阁》,《景印文渊阁四库全书》第501册,第10页。

赶制之中,阁中空旷。乾隆皇帝下令仿照四库书函样式,于此三阁各庋藏铜活字版《古今图书集成》一部,文溯阁亦照例收藏一部。文溯阁本《四库全书》庋藏于盛京。盛京曾是清太祖、太宗两朝帝都,迁都北京之后又立为陪都,被誉为"龙兴之地"。正是因为盛京的特殊地位,乾隆在纂修《四库全书》之始,盛京便被确定为贮《四库全书》之地,随后在盛京故宫建造藏书阁。乾隆皇帝钦定其名为"文溯",以表示"不忘祖宗创业之艰,示子孙守文之模"①。文溯阁《四库全书》入阁庋藏后,专门在盛京设立文溯阁衙门负责保管此书。

乾隆四十八年(1783年)文溯阁《四库全书》入藏盛京以后,历经曲折。

1900年八国联军侵华时期,盛京被俄军占领,文溯阁《四库全书》遭受一定程度的破坏,部分卷册流散。1914年,袁世凯欲废除共和,复辟帝制,下令将文溯阁《四库全书》运抵北京,保存于故宫保和殿。后袁氏复辟失败,文溯阁《四库全书》遂留置北京。1922年,蜗居故宫的溥仪小朝廷,受日本人驱使,以经济困难为由,欲将文溯阁《四库全书》盗售给日本人,价格议定为120万元。消息为北京大学教授沈兼士获知,他于4月22日率先致函教育部,竭力反对此事。迫于社会各界的强烈反对,溥仪小朝廷不得不取消了这项交易。1924年,经张学良、冯广民等奔走交涉,文溯阁《四库全书》运回沈阳。保管委员会派人进京依文渊阁本将文溯阁所佚之十六种七十二卷书补抄完备。1932年文溯阁《四库全书》划归伪满洲国立奉天图书馆。中华人民共和国成立后由东北图书馆(后改名辽宁省图书馆)收藏。

1966年10月,我国的外交环境有所变化,出于战备考虑,经辽宁

①《御制文二集》卷14《文溯阁记》,《景印文渊阁四库全书》第1301册,第5页。

省申请,国家文化部报请周恩来总理同意,正式行文将文溯阁《四库全书》拨归甘肃省保存。在甘肃省图书馆,该书先后庋藏于永登连城鲁土司衙门大经堂和榆中甘草店书库。甘肃省拨巨资于2005年在兰州九州岛岛台建成文溯阁《四库全书》馆,漂泊多半个世纪的文溯阁《四库全书》终于有了安身立命之地,正式入住这座外形严格仿古而内部设施现代化的藏书馆。九州岛岛台文溯阁《四库全书》藏书馆,与其他藏书阁一样,是仿明代宁波"天一阁"的建筑规制而成。文溯阁主阁外二内三,一二层为展厅,三楼存放《四库全书》影印本。文溯阁之东是一座黄琉璃瓦顶的碑亭,内立影镌的乾隆皇帝御撰《文溯阁记》碑。副楼占地1400平方米,主要用于学术研究,而文溯阁《四库全书》的真本则藏在设备先进的地下书库内。

甘肃省长期以来花费无数人力财力,妥善保管了这部18世纪抄成的人类珍贵文化遗产。

三、文溯阁《四库全书》抄写品质的考察

20世纪80年代以来,学者日益重视《四库全书》的学术和社会价值,兴起影印和研究的热潮。其中收藏于台北"故宫博物院"的文渊阁本于1986年由台湾"商务印书馆"影印出版,化一为万,使学界如沐甘霖,推动了四库学的大发展。2005年商务印书馆影印出版收藏于国家图书馆的文津阁本。2006年杭州出版社影印出版补抄齐全的杭州文澜阁本。2008年以来,台湾又印制仿古版文渊阁《四库全书》。影印出版各种《四库全书》,是为了更好地发挥其学术价值和社会价值,并有利于该书原本的更好保护。长期以来,甘肃省相关部门和学界为之进行了大量的努力,2016年底,甘肃省已经正式启动文溯阁《四库全书》的影印工作。

文溯阁《四库全书》的抄写质量,是其学术价值及是否有必要影

印的关键。该书长期秘藏深阁，外人无法究其真貌。2003年7月，上海古籍出版社出版了由甘肃省图书馆编选的《影印文溯阁四库全书四种》。编选者介绍，他们从馆藏文溯阁《四库全书》中选择"书写优美，文图并茂，艺术性、可视性、可读性均强，而且能充分体现文溯阁《四库全书》书品的经、史、子、集各一种，汇为一函，严格仿古、仿真影印出版"①。该书的出版，将深藏书库的文溯阁《四库全书》打开了一扇窄窗，学者由之可以略窥豹之一斑。

《影印文溯阁四库全书四种》所选四种书，经部为宋代吴仁杰撰《易图说》，史部为元代李好文撰《长安志图》，子部为明代沈继孙撰《墨法集要》，集部为明代康万民撰《璇玑图诗读法》。

《易图说》是宋代学者吴仁杰撰著的一部演绎古周易卦象为图，以明其旨的易经研究专著。该书认为六十四正卦为伏羲所作，故其书首列八纯卦各变八卦之图；认为卦外六爻及六十四覆卦为周文王所作，故其书列一卦变六十四卦图，及六爻皆变则占对卦、皆不变则占覆卦图；又认为《序卦》为伏羲所作，《杂卦》为文王所作，今之爻辞当为《系辞》传，今之《系辞》传当为《说卦》传。其说颇新奇，与先儒之说迥异，在易学研究史上独树一帜，后世对此毁誉不一。

元代学者李好文撰成于至正三年（1343年）初以前的《长安志图》，是长安及其周围地区宫阙、陵寝、名胜及泾渠沿革制度的一部地理类著作。全书共分上中下三卷。卷上收图12幅②，直观地标明汉唐至元代长安地区宫阙、陵寝、墓葬、寺庙、城池、名胜等的情况，并以文字

---

① 甘肃省图书馆编：《影印文溯阁四库全书四种》，上海古籍出版社，2003年，随书附《〈四库全书〉简介》文字。

② [清]毕沅校本：《长安志图》卷上增《奉元州县图》《唐皇城图》，与四库诸本不同。

说明其始建、沿革、四至、碑铭、事迹等,对研究古都长安的历史风物有极为重要的价值。卷中收图5幅,详绘其城邑、宫室、庙观、墓葬、村寨、池囿等,其图说录入了元代所见诸碑的文字状况,极为宝贵。还论说了龙首山等关中名胜古迹典故的来龙去脉,考证了长安城的兴废及秦先君陵寝所在,补充了地方志的阙佚。卷下收图两幅,详细绘出诸灌溉渠的走向、闸斗、支分,沿境村屯、城池、管理机构位置等,以及作者关于泾渠因革制度及利弊等的六篇论说,对关中农田水利建设以及社会民生有着十分重要的意义。

《墨法集要》是明初墨师沈继孙(字学翁)通过向民间制墨大师学习,杂取众长,又亲自长期实践,总结制作佳墨经验的科学技术专著。成书于洪武戊寅岁(1398年)。其中有图21幅,直观地显示了制墨的设备及过程,是中国科技史和文化史上的重要文献。原书本已失传,底本系乾隆皇帝于乾隆四十一年(1776年)发现于《永乐大典》中,谕令馆臣收录于《四库全书》子部谱录类。

《璇玑图诗》又称《织锦回文诗》,是前秦苻坚(357—385年在位)时,始平(治在今陕西兴平县东北19里)青年女子苏蕙写给任官远方的丈夫窦滔表达离别之情的闺阁回文诗。该诗以五彩丝线绣于一块八寸见方的锦帕上,诗共29行,每行29字,中心空缺1字,总计840字。后人感慨其诗图之妙,在中央增一"心"字,成为后来流传的841字。苏蕙在诗心绣有"璇玑图诗"四字,则《璇玑图诗》系作者自命名。诗以璇玑命名,喻其如日月七星在天体运行,错综复杂,却又有其内在规律。840字的文字方阵纵横反复、上下左右、里外交互、顺逆循环、斜角隔行阅读,皆可以成诗,是撰成较早、影响最大的一部回文诗。历代释读《璇玑图诗》者众。署名武则天《记》称从中读出二百余首诗,唐宋间僧人起宗①将其用五彩分为7图147段,读出三言、四言、五言、六言、七言诗共3752首。②明朝武功人康万民,在僧人起宗的基础上,又采用正读、反读、起头读、逐步退一字读、倒数逐步退一字读、横读、斜读、四角读、中间辐射读、角读、相向读、相反读等12种读法,增读得五言、六言、七言诗4206首,加上起宗所读诗,总计读得诗7958首,撰成《璇玑图诗读法》一书,是古代《璇玑图诗》读法的集大成者。

为了正确评估文溯阁本《四库全书》的学术价值,我们用两年时间,对《影印文溯阁四库全书四种》中的四种古籍分别进行了研究,并且以其与文渊阁本同书进行仔细对勘。发现《易图说》《长安志图》《墨法集要》《璇玑图诗读法》四种书的文溯阁本和文渊阁本的文字或图片的差异分别为119处、438处、87处和257处,总计901处。其中,各自用不同异体字的59处,不同简化字的139处,不同古今字的56处,不同假借字或避讳字的139处,小计393处。两者皆误者四书分别为2处、12处、3处、8处,小计25处;文溯阁本正确而文渊阁本错误或缺佚的四书分别为21处、91处、17处和32处,小计161处,文渊阁本正确而文溯阁本错误或缺佚的四书分别为33处、99处、12处和56处,小计200处。其他尚有或可能底本有误,或二者难辩正误,或两者皆可的122处。

通过校勘研究,我们发现文溯阁本与文渊阁本四种书还存在一

---

①起宗究竟是何时代人,道士还是和尚,明清学者有不同说法。郎瑛《七修类稿》卷39《苏若兰织璇玑图诗》称"皇朝起宗和尚"。"皇朝"指明朝。《四库全书》子部杂家类杂纂中所收元陶宗仪《说郛》卷78上《织锦璇玑图》按语中,称:"起宗道人分图析类,独得其旨。"文溯阁本《璇玑图诗读法·凡例》称,"起宗道人"。我们据宋人桑世昌编《回文类聚》(文渊阁《四库全书》本)卷1"又五色读法"中录宋太宗至道元年(995年)十一月六日广慧夫人之文,断起宗为宋太宗以前人,或径称为唐宋之际人。

②[清]郎瑛:《七修类稿》卷39,上海书店出版社,2001年,第411页。

些篇段不同和可以互补的缺佚。具体说,《易图说》文溯阁本书首有纳兰性德463字的《序》,而文渊阁本缺佚;同书文渊阁本书末有宋端平丙申(1236年)吴人何元寿刊后跋语170字,文溯阁本无。文溯阁本与文渊阁本《长安志图》有6句段文字差别很大,各说各的,难分伯仲。文渊阁本《长安志图》卷下页2《泾渠总图》及页3《富平县境石川溉田图》,顺序颠倒。文溯阁本《墨法集要》比文渊阁本多出一篇乾隆皇帝撰述的《御制题墨法集要图说》,却少了文渊阁本有的沈继孙撰《墨法集要原序》以及《墨法集要目录》。文溯阁本《璇玑图诗读法》正文卷上页18A至页20A,与文渊阁本有大幅度的文句颠倒。《璇玑图诗读法》两本卷数标示不一(称一卷或二卷)、对皇帝之名避讳或不避讳,文渊阁本书首缺佚清前期学者康吕赐识言的标题《苏若兰织锦回文璇玑图诗暨诸读法合刻识言》,文溯阁本书前提要与文渊阁本书前提要和《四库全书总目》提要相比少了一段计264字的考证文字,缺少的这一段文字考证发明《璇玑图诗》五色读法的僧人起宗为宋元间人,其证据有问题,结论更是错误的,大概其间馆臣们发现这一考证结论站不住脚,所以在抄写文溯阁本就将其悄悄地删除了。①

长期以来,学界有一种说法,现存诸四库本的抄写校勘质量,以文渊阁本为最佳,其他诸本较差。其理由是:"文渊阁在文华殿后,每岁仲春经筵毕,例于此赐茶。乾隆翻阅,时所有之,诚恐再见错误而获罪,故校勘亦较他处为精。再文渊阁之书,系第一部告成者,字亦工整。"②我们校勘文溯阁《四库全书》影印的四种书,从总体差错看,文

---

①文渊阁本与文溯阁本四种书的差异及我们的分析,详见汪受宽、安学勇校释:《文溯阁〈四库全书〉四种校释研究》,兰州大学出版社,2017年。

②施廷镛:《故宫图书记》(1925年),《图书馆学季刊》第1卷第1期。该文收入《中国古代藏书与近代图书馆史料(春秋至五四前后)》,中华书局,1982年,第452—453页。

溯阁本《墨法集要》抄校品质优于文渊阁本同书,差错为12:18;文溯阁本《长安志图》抄校质量与文渊阁本差距不大,差错为91:98,文溯阁本《易图说》和《璇玑图诗法》的抄校质量却不如文渊阁本同书,前书的差错为21:33,后书的差错为32:56。文溯阁本《长安志图》中"癸巳年",文渊阁本抄成"癸已年";"分郊画畿",文渊阁本抄成"分效画几",显见文渊阁该书抄写者的学识不及文溯阁本的抄写者。由此可见,两阁书的抄写与校勘质量虽然存在每本书的个体差异,但从总体看,文溯阁本《四库全书》的抄写质量绝不在文渊阁本之下,有的书比文渊阁本书的文字错误更少、篇章更多,价值在文渊阁本之上。

　　文溯阁本与文渊阁本诸书之所以文字缮写校勘质量相差无几,原因是多方面的。首先因为文溯阁本是在文渊阁本抄出以后的第二分四库抄本。一般情况下,第一分抄本(文渊阁本)经过一段时间的阅读查检,会发现一些不足或问题,在抄第二分书时就可以有所改正。其次,第二分书也是抄校一批,随即进呈皇帝御览一批,制度严密,由于其间陆续有馆臣因为第一分书抄校质量问题而受罚,故而在进行文溯阁本抄校工作时抄校诸臣"如履薄冰",谨慎的程度可能比抄校第一分书时更甚。第三,文溯阁《四库全书》的编撰,与乾隆皇帝即将赴盛京巡幸有关,馆臣加倍认真。乾隆皇帝在癸卯年《题文源阁》诗中云:"文渊昨岁庆筵行,文溯因巡亦促成。拟可明年束阁藏,况当熟路驾车轻。"自注云:"昨岁《四库全书》第一分完竣,适春仲经筵礼成,于文渊阁锡宴赏赉有差,以落其成。其二分书照式誊写,易于藏事,因命馆臣上紧督办,送至盛京文溯阁庋藏,亦于今春告竣。"[1]文溯阁《四库全书》于乾隆四十八年五月在盛京旧宫文溯阁排次上架迄,当年八

---

①故宫博物院编:《乾隆御制诗集》四集十四册卷 95,海南出版社,2000 年,第 218 页。

月,乾隆皇帝亲诣盛京,驻跸旧宫。文溯阁即在盛天旧宫之内,馆臣岂敢不加倍精心缮写校勘?第四,文溯阁本在入藏盛京书库后,曾由陆锡熊、刘权之等负责于乾隆五十五年和乾隆五十七年两次复校,对文溯阁本中的文字查出不少问题,一一予以抽补改正。我们在文溯阁本《长安志图》中发现页码有明显改写痕迹者22处,它们说明,抽换本抄成后,又查出缺页或页码错误,故而再次补抄或对所标页码进行了改写。陆锡熊等人的复校,保证了文溯阁本较高的抄写品质。而通过对两阁书的校勘,纠正各本中的错误与纰漏,达到两阁本子互证的目的,提高了四库本古籍书的文献价值,嘉惠学林。

通过对四种书的仔细校勘,我们发现文溯阁《四库全书》有着极为宝贵的版本价值。第一,两百多年来,不少古籍收入文溯阁本《四库全书》以后,从未有过单行本出版,其文献和版本价值当然很高。例如,中国科学技术史的重要文献《墨法集要》,是乾隆皇帝从《永乐大典》中发现,谕令馆臣编抄进《四库全书》的。当代除影印诸《四库全书》本及个别丛书中收有此书外,尚无任何出版家出版过单行本。《璇玑图诗读法》一书,除收入《四库全书》之外,未见它处著录。当代除影印文渊阁、文津阁四库本中收有此书外,亦无任何出版家出版过单行本。由两书的版本状况可以推想,在文溯阁《四库全书》中尚有许多原本早已佚失、两百年多来未见付梓的珍稀典籍,应该引起出版界关注。第二,文溯阁《四库全书》与其他阁的同一部书很可能不是根据同一种底本抄出的,它保存了这种书的某一古老版本的真实状况,有版本学的价值。例如,辛德勇研究,今存各种《长安志》(包括《长安志图》)的版本都来源于明成化本和嘉靖本。[①]而据我们的比较研究断

---

①辛德勇:《考〈长安志〉〈长安志图〉的版本——兼论吕大防〈长安图〉》,载辛氏著《古代交通与地理文献研究》,中华书局,1996年,第304—341页。

定，文溯阁本《长安志图》既非源于明成化本，又非源于明嘉靖本，而是以乾隆中新发现的某种不知名的古版为底本缮写而成的。第三，我们知道，印刷本书籍同一版本中的文字一般完全一致。而手工誊抄本的同一种书，由于种种原因，往往不可能完全相同。《四库全书》全部是手抄本书，书手的写字习惯、文化水平、负责程度不尽相同，校勘者的学识和治学态度存在差异，在撰修《四库全书》过程中由于种种原因，尤其是乾隆皇帝的干预，曾多次抽换、删节、修改书中的篇章或文字，而并不一定每一阁的书都同样进行改动，就使得四库不同阁的同一部书出现了或多或少的文字差异。从而，可以说，每一阁的每一本书都是两百年前形成的该书的一个独特的手抄本，是一个新的版本。因此，我们不能将《四库全书》各库本视为一种版本看，而应明确各自版本之不同。在研究和引用时，必须明确标示其为文渊阁本、文溯阁本或文津阁本，否则就可能因无法查证，而出现问题。这是必须引起学者严重关切的。

我们还发现了《四书全书》撰述过程中的不少问题。例如，四库馆对全书的誊抄仅要求用馆阁体，而无规范字体的要求，以至誊写人员抄书时，不一定完全按照底本的写法，而是凭个人书写习惯写来，因而造成诸书同一字的写法各异。再如，通过对《易图说》的研究，我们发现清军机处对纳兰性德年龄的说法是错误的，从而有意或无意地造成了乾隆皇帝关于《通志堂经解》辑者的文化冤案。《长安志图》提要称该书系作者"再任陕西时作也"，而我们查考后发现乃是其第一次任职陕西时所作。《璇玑图诗读法》书首有武则天序，我们通过考证基本认定该序不是武氏所撰。《璇玑图诗读法》提要中称"起宗道人"是宋元间人，而我们考定起宗是宋初的佛教僧人，等等。都是读者在阅读文溯阁《四库全书》四种时应该予以注意的。

我们对文溯阁《四库全书》四种进行研究，并以其与文渊阁本同书仔细校勘，发现了上述诸多问题，本意在于使广大读者，包括学术界同僚，以及相关领导，对文溯阁四库全书有更真切的认识，了解其学术价值和文献版本价值，推动文溯阁《四库全书》的影印出版。在国家拟为《四库全书》申请世界记忆遗产的今天，经历230余年波折而侥幸收存于世的文溯阁《四库全书》钞本，其很高的钞校质量和抄妥善的保存状况，说明这一分书与文渊阁书和文津阁书同样是我国文化的稀世珍宝，在申请世界记忆遗产时，不能忽视文溯阁《四库全书》的珍贵价值。

（见《中国四库学》第2辑，中华书局，2018年）

附录

汪受宽先生论著要目

一、著作

1.《据鞍录校注》,兰州大学出版社,1988 年。

2.《读史基础手册》,吉林文史出版社,1990 年。

3.《姓名的奥妙》,三秦出版社,1991 年。

4.《谥法研究》,上海古籍出版社,1995 年。

5.《西北史鉴》,甘肃文化出版社,1997 年。

6.《青铜时代》,上海古籍出版社,1997 年。

7.《史记(二十五史新编)》(简体本),上海古籍出版社,1997 年。繁体本,香港中华书局有限公司,1998 年。

8.《孝经译注》,上海古籍出版社,1998 年。

9.《汉书选评》,上海古籍出版社,2003 年。

10.《西北史札》,甘肃文化出版社,2008 年。

11.《西部大开发的反思》,兰州大学出版社,2009 年。

12.《甘肃通史·秦汉卷》,甘肃人民出版社,2009 年。

13.《骊靬梦断——古罗马军团东归伪史辨识》,兰州大学出版社,2012 年。

14.《陇史新探》,中国文史出版社,2014 年。

15.《历史研究基础》,兰州大学出版社,2015 年。

16.《史学史论文自选集》,兰州大学出版社,2015 年。

二、合著

1.《古代开发西北人物志》，兰州大学出版社，1990 年。

2.《中国古代的重大战役》，北京科技出版社，1995 年。

3.《中国古代的太平盛世》，北京科技出版社，1995 年。

4.《宋史（中国通史青少年版）》，吉林人民出版社，1997 年。

5.《20 世纪中国史学论著要目》，北京师范大学出版社，2007 年。

6.《文溯阁〈四库全书〉四种校释研究》，兰州大学出版社，2017 年。

三、主编、副主编

1.《中国史学史纲要》，东北师范大学出版社，1992 年。

2.《365 天读名人》，甘肃人民美术出版社，1998 年。

3.《中国历史文选》，甘肃文化出版社，1998 年。

4.《千古兴亡史鉴丛书》（共六册），中共中央党校出版社，1999 年。

5.《赵俪生先生纪念文集》，甘肃民族出版社，2009 年。

四、论文

1.《拔延山考》，《西北史地》1981 年第 2 期；《青海社会科学》1981 年第 2 期。

2.《中国历史上朝代名称的由来》，《少年文史报》1981 年第 19、20、21 期。

3.《略述青海省化隆县人口史》，《西北人口》1981 年第 4 期。

4.《〈左传〉结尾年代辨证》，《中国古代史论丛》1981 年第 3 辑。

5.《大会门宦考辨》，《青海师大学报》1981 年第 4 期。

6.《试论清代同治年间西宁回族撒拉族起义的原因和性质》,《青海民院学报》1982 年第 1 期。

7.《〈清史稿杨应琚传〉笺校》,《青海师大学报》1982 年第 4 期。

8.《〈左传〉对编年史体的贡献》,《兰州大学学报》1983 年《中国古代史论文辑刊》。

9.《〈豫师青海奏稿〉补校》,《青海民院学报》1983 年第 3 期

10.《化隆县历史地理概略及考证》,《敦煌学辑刊》1983 年第 4 辑。

11.《化隆回族撒拉族人民的反清民族斗争》,《青海社会科学》1984 年第 2 期。

12.《1860—1873 年西宁回族撒拉族大起义》,《西北民族文丛》1984 年第 2 辑。

13.《隽永笃实的清代西北游记——〈据鞍录〉》,《青海史志研究》1985 年第 1、2 期。

14.《杨应琚和他有关西北的著作》,《兰州学刊》1985 年第 3 期。

15.《司马迁笔下的秦始皇》,《兰州大学学报》1986 年第 1 期。

16.《刘歆作〈左传〉说质疑》,《河南古籍整理》1986 年第 2 期。

17.《马援的功业和精神》,《西北史地》1986 年第 2 期。

18.《谥法的产生和谥号的种类》,《文史知识》1986 年第 9 期。

19.《〈通鉴目录〉初探》,刘乃和、宋衍申主编《司马光与资治通鉴》,吉林文史出版社,1986。

20.《隋代的古籍整理》,《文献》1987 年第 2 期。

21.《史料的搜集鉴别和运用》,《甘肃党史资料通讯》1987 年第 2 期。

22.《〈隋书〉曲笔论》,《兰州大学学报》1988 年第 1 期。

23.《历代谥法著述考略》,《古籍整理》1988 年第 2 期。

24. 《排橐革船和汤饼》,《西北民族研究》1989 年第 1 期。

25. 《皮筏是羌人的发明吗——与聪喆先生商榷》,《青海民院学报》1989 年第 4 期。

26. 《中国历史文选课教学改革》,《教学与研究》1989 年第 2 期。

27. 《古籍整理史要略》,《古籍整理》1990 年第 1 期。

28. 《〈逸周书谥法解〉成书年代与作者蠡测》,《中国历史文献研究》第 3 辑。

29. 《谥法之学与历史文献研究》,《历史文献研究》新第 1 集。

30. 《熔教学科研于一炉的开创性著作》,《江汉大学学报》1990 年第 5 期。

29. 《马归源历史考辨八题》,《青海民族研究》1991 年第 1 期。

30. 《试论钱大昕的历史考证学》,《兰州大学学报》1991 年第 2 期。

31. 《历史学家赵俪生》,《甘肃高教发展战略研究》,1992 年。

32. 《丁日昌〈抚闽奏稿〉篇序厘正》,《古籍整理》1992 年第 3 期。

33. 《赵俪生教授的学术成就》,《史学史研究》1992 年第 2 期。

34. 《思晰渊微 门墙多杰》,《兰州大学学报》1992 年第 2 期。

35. 《说"谥""謚"二字》,《古籍整理与研究》第 7 期,1992 年。

36. 《关于〈光绪朝东华录〉撰写的几个问题》(合著),《近代史研究》1993 年第 2 期。

37. 《〈平定陕甘新疆回匪方略〉的撰述与价值》,《青海民院学报》1993 年第 3 期。

38. 《论皇室乳母》,《历史教学与研究》1993 年第 11 期。

39. 《百科全书和〈永乐大典〉》,《澳门日报学海副刊》1993 年 11 月 28 日。

40. 《藏族饮茶文化杂考》,《西藏研究》1994 年第 2 期。

41.《以救国为己任的顾颉刚西北之行》,《西北史地》1994 年第 1 期。

42.《皇帝短寿原因新说》,《澳门日报·学海副刊》1994 年 4 月 3 日。

43.《钟鐮金人十二为宫悬考》,《文史》第 40 辑,1994 年。

44.《五凉史家刘昞与实录史体》,《敦煌学辑刊》1995 年第 2 期。

45.《高原飞舟——皮筏》,《民俗研究》1996 年第 1 期。

46.《〈左传〉史学理论初探》,《兰州大学学报》1996 年第 1 期。

47.《〈左传〉在历史文学上的两大特色》,《史学史研究》1996 年第 1 期。

48.《藏族饮茶文化》,《文史知识》1996 年第 3 期。

49.《〈左传〉史学简论》,《赵俪生先生八十寿辰纪念论文集》,山东大学出版社,1996 年。

50.《实录史体起源于〈敦煌实录〉说》,《史学史研究》1996 年第 3 期。

51.《关于〈十三州志〉的几个问题》,《敦煌学辑刊》1996 年第 2 期。

52.《二十五史的书名称谓》,《史学论丛(七)》,兰州大学出版社,1997 年。

53.《〈左传〉在经学上的地位》,《经学讨究(一)》,兰州大学出版社,1997 年。

54.《以史资政的〈吕氏春秋〉》,《兰州大学学报》1997 年第 4 期。

55.《黑发、白发和假发》,《文史与鉴赏》1997 年第 3、4 期合刊。

56.《〈永乐大典〉"谥"字残卷的价值》,《中华文史论丛》第 56 辑,1998 年。

57.《贵州历代贡品考略》,《贵州文化国际学术讨论会论文集》,

贵州人民出版社,1998 年。

58.《驳古罗马军团安置骊靬城说》,《甘肃社会科学》1999 年第 6 期。

59.《〈孝经〉的作者、流传与影响》,《历史文献研究》第 18 辑。

60.《近代北方史地学要著——〈辛卯侍行记〉》,《兰州大学学报》2000 年第 2 期。

61.《史学大用论》,《兰州铁道学院学报》2000 年第 2 期。

62.《骊靬县名由来与设置时间检论》,《敦煌学辑刊》2000 年第 1 期。

63.《晚清官修史书述论》,《历史文献研究》第 19 辑。

64.《关乎天下兴亡的古代甘肃》,《兰州教育学院学报》2000 年第 2 期。

65.《武都紫泥和秦汉封泥》,《甘肃文史》2000 年第 1 期。

66.《紫泥用途及陇南贡品》,《天水师院学报》2000 年第 2 期。

67.《培养适应信息化时代要求的历史学人才》,《国家历史学基地建设研究论文集》,兰州大学出版社,2000 年。

68.《划时代的史学丰碑——资治通鉴》,《光明日报》理论周刊史学版 2001 年 7 月 31 日。

69.《唐先祖李虎与清水李虎墓志铭》,《天水师院学报》2001 年 6 期。

70.《狮子和狮子舞》,(台北)《历史月刊》2002 年第 4 期。

71.《赵俪生教授访谈录》,《史学史研究》2002 年第 2 期。

72.《畴祭原始说》,《兰州大学学报》2002 年第 5 期。

73.《秦国西部大开发的历史反思》,《西北第二民院学报》2002 年第 3 期。

74.《秦国成功的人才战略》,《光明日报》理论周刊历史版 2002

年 7 月 23 日。

75.《中国历史文选的教材和教学改革》,《高等理科教育》(教学成果专辑)2001 年。

76.《酒泉地名来历考》,《光明日报》理论周刊历史版 2004 年 4 月 20 日。

77.《辛树帜建设国立兰州大学》(合著),《民主协商报》(文史版)2004 年 9 月 24 日。

78.《〈四库全书〉研究的回顾与思考》(合著),《史学史研究》2005 年第 1 期。

79.《河西古酒考》,《敦煌学辑刊》2005 年第 2 期。

80.《〈史记〉点校本勘误》,《龙门论坛》,华文出版社,2005 年。

81.《巩昌汪氏的族属及其与徽州汪氏的通谱》,《民族研究》2006 年第 3 期。

82.《顾颉刚先生 1937—1938 年在甘肃》,《顾颉刚先生学行录》,中华书局,2006 年。

83.《建立全民族的中国史学史》(合著),《兰州大学学报》2007 年第 1 期。

84.《司马迁关于汉代西部开发的实践和思想》,《文明演进源流的思考——中国古代史学研究》,北京师范大学出版社,2007 年。

85.《古罗马军团到过中国吗?》《文史知识》2008 年第 2 期。

86.《中国少数民族史学产生与初步发展》,《史学史研究》2008 年第 1 期。

87.《邓渊〈国记〉考释》(合著),《中国少数民族史学研究》,北京图书馆出版社,2008 年。

88.《近三十年来〈四库全书〉研究现状与思考》(合著),《图书与情报》2008 年第 3 期。

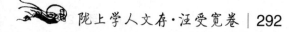

89.《论〈青史〉的综合体体例及其特点》(合著),《西北师大学报》2008 年第 5 期。

90.《沐风侍砚数十载——怀念赵俪生教授》,《文史知识》2008 年第 10 期。

91.《学术通人赵俪生先生》,《兰州大学学报》2008 年第 6 期。

92.《豳国地望考》,《中华文史论丛》2008 年第 4 辑。

93.《可信与不可信——对漳县〈汪氏族谱〉的剖析》,《天水师院学报》2008 年第 6 期。

94.《〈史记〉〈汉书〉项羽本传对读记——以项羽自刎地为中心》,《信阳师院学报》2009 年第 1 期。

95.《华亭历史二题》,《陇右文化论丛》第 3 辑,甘肃人民出版社,2008 年。

96.《秦汉时期甘肃地区的婚丧习俗》,《甘肃文史》2009 年第 2 期。

97.《两汉凉州畜牧业述论》,《敦煌学辑刊》2009 年第 4 期。

98.《从〈长安志图〉的校勘看文溯阁本〈四库全书〉的文献版本价值》,《文献研究》第 1 辑,学苑出版社,2010 年。

99.《隋唐重建一统文化的功臣牛弘》,《河北传媒研究》2010 年第 1 期。

100.《两汉凉州士人研究》,《甘肃社会科学》2010 年第 5 期。

101.《文溯阁四库全书本〈璇玑图诗读法〉校勘研究》,《河北传媒学院学报》2011 年第 2 期。

102.《大师写作的史学入门书——读张舜徽先生著〈中国历史要籍介绍〉》,《张舜徽百年诞辰纪念学术讨论会论集》,华中师范大学出版社,2011 年。

103.《大型地域通史的精品力作——〈庆阳通史〉评介》,《兰州大学学报》2012 年第 3 期。

104.《中华文明的重要渊源——先秦陇文化》,《先秦文学与文化》第 3 辑,上海远东出版社,2012 年。

105.《古罗马军团东归伪史案的终结》,《西北民族研究》2013 年第 1 期。

106.《礼县鸾亭山西畤遗址的文献解读》,《天水师院学报》2013 年第 1 期。

107.《文溯阁本〈四库全书〉的价值》,《甘肃文史》2013 年第 1 期。

108.《酒泉地名与酒泉酒》,《酒泉文化遗产保护利用研究文集》,甘肃人民出版社,2013 年。

109.《文溯阁本四库全书〈易图说〉校勘研究》,《历史文献研究》第 32 辑。

110.《礼县春秋编钟的学术价值》,《陇右文博》2013 年第 1 期。

111.《西汉武都郡属凉州刺史部辨》,《西北师大学报》2013 年第 5 期。

112.《礼县春秋编钟与〈周礼〉编钟规定》,《嬴秦西垂文化——甘肃秦文化研究会首届学术研讨会论文集》,甘肃人民出版社,2013 年。

113.《陇东:中国传统农耕文明的肇始地》,《甘肃日报》2014 年 3 月 25 日。

114.《肩水金关汉简“黑色”人群体研究》,《中华文史论丛》2014 年第 3 期。

115.《周人从陇上崛起》,《甘肃文史》2014 年第 1 期。

116.《宋代史学与〈资治通鉴〉》,《文献研究》第 4 辑,学苑出版社,2014 年。

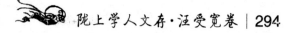

117.《礼县博物馆藏战国铜人研究》(合著),《陇右文博》2015 年第 3 期。

118.《唐瓜州保卫战述评》,《甘肃文史》2015 年第 4 期。

119.《古代丝路研究对丝绸之路经济带建设的意义》,《甘肃文史》2016 年第 1 期。

120.《汉武帝移民河西和设置四郡》,《甘肃文史》2016 年第 5 期。

121.《汉代丝绸之路甘肃段》,《敦煌文化研究》第 1 辑,甘肃人民出版社,2016 年。

122.《义渠戎历史钩沉》,《甘肃社会科学》2017 年第 1 期。

123.《古丝绸之路黄金段上的明珠——玉门》,《甘肃文史》2017 年第 1 期。

124.《周亮工知遇吴嘉纪》,《历史文献研究》总第 39 辑,华东师大出版社,2017 年。

125.《"伏羲之宇"天水是中华文明孕育地》,《天水师院学报》2017 年第 4 期。

126.《中国少数民族史学的特点与定位》,《河南师大学报》2018 年第 1 期。

127.《中国少数民族史学史的分期》,《史学史研究》2018 年第 2 期。

128.《孔子对中国传统文化主干内容的构建》,《社科纵横》2018 年第 2 期。

129.《文溯阁四库全书的播迁与价值》,《中国四库学》第 2 辑,中华书局,2018。

《陇上学人文存》已出版书目

第四辑

《刘天怡卷》赵　伟编选　　　《韩学本卷》孔　敏编选
《吴小美卷》魏韶华编选　　　《初世宾卷》李勇锋编选
《张鸿勋卷》伏俊琏编选　　　《陈　涌卷》郭国昌编选
《柯　杨卷》马步升编选　　　《赵荫棠卷》周玉秀编选
《多识·洛桑图丹琼排卷》杨士宏编选
《才旦夏茸卷》杨士宏编选

第五辑

《丁汉儒卷》虎有泽编选　　　《王步贵卷》孔　敏编选
《杨子明卷》史玉成编选　　　《尤炳圻卷》李晓卫编选
《张文熊卷》李敬国编选　　　《李　恭卷》莫　超编选
《郑汝中卷》马　德编选　　　《陶景侃卷》颜华东　闫晓勇编选
《张学军卷》李朝东编选　　　《刘光华卷》郝树声　侯宗辉编选

第六辑

《胡大浚卷》王志鹏编选　　　《李国香卷》艾买提编选
《孙克恒卷》孙　强编选　　　《范汉森卷》李君才　刘银军编选
《唐　祈卷》郭国昌编选　　　《林家英卷》杨许波　庆振轩编选
《霍旭东卷》丁宏武编选　　　《张孟伦卷》汪受宽　赵梅春编选
《李定仁卷》李瑾瑜编选　　　《赛仓·罗桑华丹卷》丹　曲编选

———— 第七辑 ————

《常书鸿卷》 杜　琪编选　　　《李焰平卷》 杨光祖编选

《华　侃卷》 看本加编选　　　《刘延寿卷》 郝　军编选

《南国农卷》 俞树煜编选　　　《王尚寿卷》 杨小兰编选

《叶　萌卷》 李敬国编选　　　《侯丕勋卷》 黄正林　周　松编选

《周述实卷》 常红军编选　　　《毕可生卷》 沈冯娟　易　林编选

———— 第八辑 ————

《李正宇卷》 张先堂编选　　　《武文军卷》 韩晓东编选

《汪受宽卷》 屈直敏编选　　　《吴福熙卷》 周玉秀编选

《蹇长春卷》 李天保编选　　　《张崇琛卷》 王俊莲编选

《林　立卷》 曹陇华编选　　　《刘　敏卷》 焦若水编选

《白玉岱卷》 王光辉编选　　　《李清凌卷》 何玉红编选